绩效管理
理论、体系与流程

Performance Management
Theory, System and Process

王怀明 编著

图书在版编目(CIP)数据

绩效管理:理论、体系与流程/王怀明编著.—北京:北京大学出版社,2022.6
21世纪经济与管理规划教材.工商管理系列
ISBN 978-7-301-33054-8

Ⅰ.①绩⋯ Ⅱ.①王⋯ Ⅲ.①企业绩效—企业管理—高等学校—教材 Ⅳ.①F272.5

中国版本图书馆CIP数据核字(2022)第091807号

书　　　名	绩效管理：理论、体系与流程
	JIXIAO GUANLI: LILUN、TIXI YU LIUCHENG
著作责任者	王怀明　编著
责 任 编 辑	刘冬寒　王　晶
标 准 书 号	ISBN 978-7-301-33054-8
出 版 发 行	北京大学出版社
地　　　址	北京市海淀区成府路205号　100871
网　　　址	http://www.pup.cn
微信公众号	北京大学经管书苑（pupembook）
电子信箱	em@pup.cn　　　QQ:552063295
电　　　话	邮购部 010-62752015　发行部 010-62750672　编辑部 010-62752926
印 刷 者	北京圣夫亚美印刷有限公司
经 销 者	新华书店
	787毫米×1092毫米　16开本　14.25印张　332千字
	2022年6月第1版　2022年6月第1次印刷
印　　　数	0001—2000册
定　　　价	39.00元

未经许可，不得以任何方式复制或抄袭本书之部分或全部内容。
版权所有，侵权必究
举报电话：010-62752024　电子信箱：fd@pup.pku.edu.cn
图书如有印装质量问题，请与出版部联系，电话：010-62756370

丛书出版前言

教材作为人才培养重要的一环,一直都是高等院校与大学出版社工作的重中之重。"21世纪经济与管理规划教材"是我社组织在经济与管理各领域颇具影响力的专家学者编写而成的,面向在校学生或有自学需求的社会读者;不仅涵盖经济与管理领域传统课程,还涵盖学科发展衍生的新兴课程;在吸收国内外同类最新教材优点的基础上,注重思想性、科学性、系统性,以及学生综合素质的培养,以帮助学生打下扎实的专业基础和掌握最新的学科前沿知识,满足高等院校培养高质量人才的需要。自出版以来,本系列教材被众多高等院校选用,得到了授课教师的广泛好评。

随着信息技术的飞速进步,在线学习、翻转课堂等新的教学/学习模式不断涌现并日渐流行,终身学习的理念深入人心;而在教材以外,学生们还能从各种渠道获取纷繁复杂的信息。如何引导他们树立正确的世界观、人生观、价值观,是新时代给高等教育带来的一个重大挑战。为了适应这些变化,我们特对"21世纪经济与管理规划教材"进行了改版升级。

首先,为深入贯彻落实习近平总书记关于教育的重要论述、全国教育大会精神以及中共中央办公厅、国务院办公厅《关于深化新时代学校思想政治理论课改革创新的若干意见》,我们按照国家教材委员会《全国大中小学教材建设规划(2019—2022年)》《习近平新时代中国特色社会主义思想进课程教材指南》和教育部《普通高等学校教材管理办法》《高等学校课程思政建设指导纲要》等文件精神,将课程思政内容融入教材,以坚持正确导向,强化价值引领,落实立德树人根本任务,立足中国实践,形成具有中国特色的教材体系。

其次,响应国家积极组织构建信息技术与教育教学深度融合、多种介质综合运用、表现力丰富的高质量数字化教材体系的要求,本系列教材在形式上将不再局限于传统纸质教材,而是会根据学科特点,添加讲解重点难点的视频音频、检测学习效果的在线测评、扩展学习内容的延伸阅读、展示运算过程及结果的软件应用等数字资源,以增强教材的表现力和吸引力,有效服务线上教学、混合式教学等新型教学模式。

为了使本系列教材具有持续的生命力,我们将积极与作者沟通,争取按学制周期对教材进行修订。您在使用本系列教材的过程中,如果发现任何问题或者有任何意见或建议,欢迎随时与我们联系(请发邮件至 em@pup.cn)。我们会将您的宝贵意见或建议及时反馈给作者,以便修订再版时进一步完善教材内容,更好地满足教师教学和学生学习的需要。

最后,感谢所有参与编写和为我们出谋划策提供帮助的专家学者,以及广大使用本系列教材的师生。希望本系列教材能够为我国高等院校经管专业教育贡献绵薄之力!

北京大学出版社
经济与管理图书事业部

21世纪经济与管理规划教材

工商管理系列

前　言

现代管理学之父彼得·德鲁克(Peter Drucker)曾经说过:"企业只有一项真正的资源——人。管理就是充分开发人力资源以做好工作。"随着知识经济时代的到来,人力资源在企业发展中的作用越来越大,已成为企业的首要资源,又叫战略性资源,由此人力资源管理也进入战略人力资源管理时代。在战略人力资源管理阶段,人力资源管理是企业管理的核心工作,而绩效管理在人力资源管理中处于核心地位,这体现在两个方面:一是人力资源管理中每一个环节的工作最终都是为了有效提高员工和组织的绩效;二是人力资源管理中每一个环节的决策都需要绩效管理提供相关的信息,决策结果的科学性与有效性又需要随后的绩效考评加以检验。在这一背景下,绩效管理引起了理论界学者与实践领域管理者的高度关注,有关绩效管理的研究论著与教科书如雨后春笋般涌现出来,企业也高度重视绩效管理工作,积累了大量的实践经验,企业绩效管理方面的培训也开展得如火如荼。绩效管理在理论方面和实践领域都取得了丰硕的成果,极大地促进了我国绩效管理学科的发展。但是,在多年的绩效管理教学以及参与企业的绩效管理项目咨询的过程中,以下这些问题一直萦绕在我心头:(1)著名管理大师麦格雷戈指出:"任何管理工作都是建立在设想、假设与归纳的基础之上的,也就是说,管理工作是以一定的理论为基础的。"那么,绩效管理的理论基础是什么?现在的绩效管理教科书大多在谈论绩效管理的实务操作,分析绩效管理应该如何做,但鲜有论及其背后的理论依据。绩效管理究竟应该建立在什么理论基础之上?绩效管理发展到今天,是该深入思考这个问题了。(2)众所周知,绩效管理是人力资源管理系统里的一个子模块,要使绩效管理取得成功,必须基于系统论处理绩效管理中的问题。构建绩效管理系统是一项重要工作,不少教科书开始探讨绩效管理体系的构成要素,但到目前为止,各位学者众说纷纭、莫衷一是,比较有代表性的观点有:四阶段说,把绩效管理分为四个环节,即绩效计划、绩效监控、绩效评价、绩效反馈;五阶段说,在四阶段说基础上增加绩效改进;四因素说,即绩效管理的目标体系、过程体系、制度体系、组织保证体系;三层四维说,三层即组织绩效、部门绩效、个人绩效三个层面,四维即平衡计分卡的四个维度;三四五模型,即三个目的、四个环节、五项关键决策。绩效管理体系究竟该怎么构建?这个体系应包含哪些内容?这些也是值得探讨的问题。(3)关键绩效指标是绩效管理的重要工具,几乎每部教科书都对其进行了介绍,但关于关键绩效指标的内容与来源,不同学者的观点存在明显分歧。比如,关键绩效指标究竟是驱动性指标还是结果性指标?或者两者兼有?在关键绩效指标的来源上,有学者认为只有由组织战略目标分解下来的指标才是关键绩效指标,由部门或岗位职责提取的指标是一般绩效指标;但也有学者认为不论是从组织战略目标分解下来的指标,还是从部门与岗位职责提取的指标,甚至来源于组织流程的指标,都可以是关键绩效指标。那么,关键绩效指标究竟是单一来源还是多来源?这一问题也需要厘清。(4)平衡计分卡也是一个重要的绩效管理工具与组织绩效考评方法,在组织层面或企业战略业务单元使用平衡计分卡没有任何问题,但是这一工具能不能应用于一般的部门或岗位的绩效管理,目前对此也存在观点分歧。如果要在部门或岗位层面构建平衡计分卡,那么该如何构建?能否像KPI那样由组织的平衡计分卡直接分解得到?这个问题也值得探讨。(5)同一职位员工的绩效目标是否应该一致?是否应该给工作能力不同的员工设定不同的绩效目标?如果同一部门、同一职位上的员工承担的绩效任务不同,如何保证绩效考评的公平性?会不会出现"鞭打快牛"或"老实人吃亏"的现象?如何保证所设定的绩效目标符合SMART原则,使每个人的绩效目标都具有挑战性?本书将尝试回答这些问题,力图为我国绩效管理理论和实践的发展贡献微薄之力。

根据国家教育部2020年5月印发的《高等学校思政课程建设指导纲要》精神,本书在保证绩效管理基本理论的系统性与科学性的前提下,努力挖掘课程思政教育内容,做到教书与育人的有机统一,使学生充分理解中国特色社会主义制度下绩效管理的理念与特征。

绩效管理方案的制订需要征求员工的意见与建议,确保员工的充分参与;绩效管理体系或方案实施之前,一般要经过职工代表大会讨论通过,这是"从群众中来,到群众中去"的工作作风在绩效管理中的具体体现,既是保证绩效管理顺利实施的基础,也是社会主义民主管理思想的具体体现。

对组织绩效与个体绩效的学习,可以使学生充分理解自己在企业发展和社会发展中所肩负的责任;对绩效考核过程中各种偏差的分析,可以使学生树立实事求是的意识;对绩效管理体系制衡机制的学习,则可以使学生养成严谨认真的作风,为未来从事绩效管理工作打下坚实的基础。

通过本课程的学习,学员不仅可以掌握绩效管理的基本理论与操作技能,而且在课程思政方面可以实现以下目标:

(1)树立开放的、系统的、权变的观点,从联系的、发展的、动态的角度理解绩效管理,进一步巩固辩证唯物主义世界观。

(2)通过对规范的绩效管理方法与制度的学习,进一步巩固和强化公正、平等、诚信、敬业等社会主义核心价值观。

(3)通过定量化、行为化的关键绩效指标的制定方法的学习,读者可以树立以结果为导向、以事实为依据进行绩效考评的意识;

(4)通过绩效反馈技巧的学习,可以培养读者的平等意识与民主作风,并进一步提高合作意识与团队精神。

　　本书的出版得到了北京大学出版社赵学秀老师的大力支持,没有赵老师的热情关心与无私帮助,本书不可能顺利与读者见面。本书还得到山东大学优秀教材项目(绩效管理:理论·体系·流程,项目编号:11030061120002)的资助和山东省软科学重点项目(山东省产业技术研究院运行机制与绩效考核研究,项目编号:11030004042101)的资助,在此一并表示感谢。在写作过程中,本书吸收和借鉴了很多国内外绩效管理方面的最新研究成果,参考和引用了大量国内外学者的论文、专著、教材、案例及其他文献资料,在此谨向原作者深表谢忱。由于作者水平有限,本书可能存在一些谬误,对本书中的错误与不足之处,恳请各位读者不吝批评指正!(邮箱:whm1999@sdu.edu.cn)

王怀明
2021 年 8 月于济南

21世纪经济与管理规划教材

工商管理系列

内容简介

本书内容围绕绩效管理的理论基础、体系构建与操作流程三个主题展开,分析了绩效管理的理论基础,系统介绍了绩效管理领域的基本理论,对当前绩效管理领域一些有争议的问题进行了探讨,以系统论、信息论、控制论为指导构建了系统的绩效管理理论体系,并探讨了其运行机制。本书主要特色体现在以下几个方面:(1) 当前众多的绩效管理教科书存在重实践、轻理论倾向,较少论述绩效管理的理论基础,本书从系统论、控制论、信息论、目标设置与目标管理理论、行为科学理论、测量学理论等方面构建了绩效管理理论基础,力图为绩效管理实践提供相关的理论支撑;(2) 探讨了绩效管理体系的构成要素,设计了绩效管理体系,并剖析了其运行机制;(3) 对当前关键绩效指标存在的争议进行了研究,对关键绩效指标的来源与内容进行了分析与论证;(4) 分析了综合平衡计分卡在部门及岗位层面的应用中存在的争议,并给出了解决问题的思路。

本书兼具理论性与应用性,既有严谨的理论论证,又有具体的实践操作。全书共分八章,第一章是绩效管理导论,界定了绩效的含义,论述了绩效管理的作用,重点分析了绩效管理的实施条件。第二章介绍了绩效管理的六大理论基础。第三章以开放的、系统的观点分析了绩效管理体系的构成要素,并解释了绩效管理体系的运行机制。第四章介绍了绩效管理工具,除了当前应用最广的关键绩效指标(KPI)与综合平衡计分卡(BSC)两大工具,还对标杆基准法、主基二元法、三维考评法、目标与关键成果法(OKR)进行了介绍。第五章到第八章分别介绍了绩效管理操作流程,即绩效计划、绩效监控、绩效考评、绩效反馈与考评结果应用,分析了绩效管理的具体操作细节。

在一般教科书上,绩效考评又叫绩效评价、绩效评估、绩效考核等。由于员工的工作绩效既包括结果绩效,又包括行为绩效,工作任务完成情况需要考核,工作行为表现需要评价,因此绩效考评是最恰当的说法。但是,如果不做严格区分,这几个概念通常可以交替使用,本书中绩效考评、绩效评价、绩效考核没有本质差别。

本书既注重绩效管理系统的理论分析,又注重绩效管理系统的实践操作,适合高等学校管理类专业本科生、研究生、MBA学员作为教材或参考书使用,也适合广大企事业单位、政府机关管理者及其他对绩效管理感兴趣的人士阅读。

21世纪经济与管理规划教材
工商管理系列

目 录

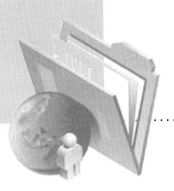

第一章 绩效管理导论	1
第一节 绩效与绩效管理	2
第二节 绩效管理的作用	9
第三节 绩效管理的前提与实施条件	17
第二章 绩效管理的理论基础	21
第一节 绩效管理的方法论	22
第二节 目标设置理论与目标管理理论	27
第三节 行为科学理论	35
第四节 测量学理论	47
第三章 绩效管理体系与运行机制	55
第一节 绩效管理体系概述	56
第二节 绩效管理体系设计	63
第三节 绩效管理体系的运行机制	72
第四章 绩效管理工具	79
第一节 关键绩效指标	80
第二节 综合平衡计分卡	90
第三节 其他绩效管理工具	102
第五章 绩效计划	115
第一节 绩效计划概述	116
第二节 绩效计划的内容	121
第三节 绩效指标权重设计	131

第四节 绩效计划过程 …………………………………………… 139

第六章 绩效监控 …………………………………………………… 147
  第一节 绩效监控概述 …………………………………………… 148
  第二节 绩效沟通与绩效信息收集 ……………………………… 152
  第三节 绩效辅导 ………………………………………………… 160

第七章 绩效考评 …………………………………………………… 169
  第一节 绩效考评概述 …………………………………………… 170
  第二节 绩效考评主体的选择与培训 …………………………… 174
  第三节 360度绩效评价系统 …………………………………… 180
  第四节 绩效考评方法 …………………………………………… 184

第八章 绩效反馈与考评结果应用 …………………………………… 193
  第一节 绩效反馈概述 …………………………………………… 194
  第二节 绩效反馈面谈与绩效申诉 ……………………………… 198
  第三节 绩效考评结果的应用 …………………………………… 205

参考文献 ………………………………………………………………… 212

21世纪经济与管理规划教材
工商管理系列

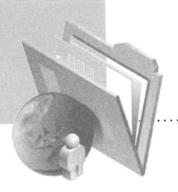

第一章

绩效管理导论

一个企业的成功与否,不仅取决于战略选择是否正确,还取决于战略执行是否有效。绩效管理是化战略为行动的手段。在企业管理过程中,企业的战略目标要分解为各部门和团队的业务目标,每个部门和团队的业务目标又要落实为各岗位上员工的工作目标。只有员工实现了自己的工作目标,部门和团队的业务目标才能得以实现,部门和团队业务目标的实现又是组织战略目标得以实现的前提。因此,如何激发每一个团队与每一个员工的积极性和创造性,持续地提高绩效水平,是组织战略成功的关键。不论是组织的绩效、团队和部门的绩效还是员工个人的绩效,都需要进行有效的管理,完善的绩效管理可以为组织战略目标的实现提供强有力的保障。

第一节 绩效与绩效管理

一、绩效的含义与特点

要进行绩效管理,首先必须明确绩效究竟指的是什么,对绩效的理解不同,所设定的绩效指标、绩效追踪方式、考评手段等绩效管理的具体内容也不一样。因此,弄清绩效的含义和特点是有效地进行绩效管理的第一步。

(一)绩效的含义

究竟什么是绩效呢?《牛津现代高级英汉词典》对英文"performance"的解释是"执行、履行、表现、成绩",这个界定本身就很不清晰。实际上,对于绩效的含义,一直以来不同的人有着不同的理解,存在几种不同观点。

(1)绩效的结果观。Bernardin和Beatty(1984)将绩效定义为"在特定时间范围内,对特定工作职能或活动产出结果的记录"。他们认为,对于绩效管理来说,采用结果导向的方法较为可取,因为它是从顾客角度出发的,而且可以使个人努力与组织目标联系在一起。

(2)绩效的行为观。Jensen和Murphy(1990)指出:"绩效被定义为一套与组织或组织单位的目标相互关联的行为,而组织或组织单位则构成个人工作的环境。"Ilgen和Schneider(1991)指出:"绩效是个人或系统的所作所为。"Campbell等(1993)认为:"绩效可以被视为行为的同义词,它是人们实际采取的行动,而且这种行动可以被他人观察到。绩效应该只包括那些与组织目标有关且可以根据个人能力进行评估的行动或行为。"赫尔曼·阿吉斯(2008)也认为:"绩效管理体系通常包含对行为(员工做了什么)和结果(员工的行为产生了什么结果)两方面因素的衡量。然而,绩效本身却不包括员工个人行为所产生的结果,而只包括他们的行为。绩效是关于行为的概念,而不是关于员工产出的概念。"

(3)绩效的能力(素质)观。能力观强调员工潜能与绩效的关系,不再认为绩效是历史的反映,而更关注员工的能力和素质,关注未来的发展和绩效的提高。这一观点把个人能力、素质纳入绩效考评的范围。

林筠等(2006)认为,素质、行为和结果是绩效的三种不同形态,素质是投入类绩效,行为是转化(过程)类绩效,而结果则是产出类绩效,员工的工作过程就是员工的能力或素质通过员工的工作行为转化为实际业绩的过程,如图1-1所示。

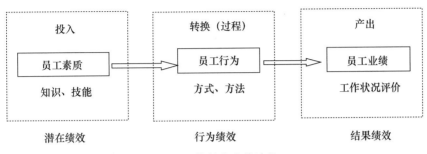

图1-1 绩效产生的过程

以上三种观点各有合理性,但也都存在一定的不足之处。就结果观来说,其合理性在于:第一,结果与企业目标紧密相连,企业是追求效益的,企业雇佣员工需要付出一定的成本,因此员工必须完成工作目标,为企业创造价值;第二,把绩效定义为产出和结果也符合人们的直观感受,便于理解;第三,以结果为导向的绩效操作性较强,有利于设定明确、具体、客观的考核指标,如产量、质量、销售额等。其不足有两点:一方面,结果或产出受很多因素影响,其中很多是员工无法控制的因素,把员工不能控制的因素纳入其绩效存在一定的不合理性,也不利于日后的绩效改进;另一方面,强调结果可能诱发员工为达结果而不择手段的投机行为。

行为观的优点是,把绩效限定为员工工作过程中可控制的行为因素,消除了其他因素的干扰,比较合理,同时有利于下一步绩效的改进;其不足在于,行为与组织目标的关联性较差,仅仅关注行为而忽视结果容易导致战略稀释现象。

绩效的能力(素质)观的优点是面向未来,关注员工的潜在绩效,强调未来绩效的提升,这一观点符合现代绩效管理的理念。但其不足是:第一,潜在绩效不等于实际工作绩效。能力和素质只是影响绩效的潜在因素,实际绩效并不完全由能力和素质决定,把能力或素质直接视作绩效容易使一些员工觉得缺乏公正。第二,对员工的能力或素质进行评价难度较大,需要专门的测评工具。在人力资源管理中,绩效测评与素质测评是两个不同的测评系统,绩效测评结果可以为判断员工的能力或素质水平提供信息或依据,但一般的绩效评价方法并不能直接应用于能力或素质测评,能力或素质测评需要专门的人员素质测评手段与技术。第三,能力或素质作为相对稳定的心理特质,短期内是难以改变的,把这种较稳定的心理特质纳入日常的绩效评价意义不大,同时会大幅增加管理成本。

由此可见,在绩效管理的发展史上,对于"究竟什么是绩效"这一最基本的问题,曾经出现过意见分歧。经过几十年的理论研究与实践探索,人们在一些方面逐渐达成共识。比如现在一般认为,绩效既包括组织成员实现的工作目标,也包括其在实现目标过程中所付出的努力,即不仅包括"功劳"成分,也包括"苦劳"成分。但关于"绩效是否包括能力或素质"这一问题,依然存在观点分歧。比如当前不少绩效管理方面的论著认为,绩效包括结果、行为与能力三个方面，不少企业的绩效考评指标也分为业绩类指标、态度类指标和能力类指标。但也有学者指出，绩效指标中的能力指标在实践上难以量化，在理论上也不合逻辑。郭京生(2007)指出："不是所有岗位任职者都要进行能力考核，并以此作为绩效水平高低的判断标准，就以能力预测绩效水平而言，更适用于关键岗位和支撑企业战略发展的核心人才。能力考核作为绩效考评方法新的发展，即使在西方发达国家的应用也只处于探索阶段，其运用需要完备的制度设计和高超的管理水平。而且，企业总是以结果为导向的，单纯强调能力对绩效的决定性作用，而不强调控制、不关注具体目标的完成、不注重绩效的持续改进，对我国企业而言是行不通的。"

廖泉文(2003)指出："绩效评估也称业绩评估或业绩评价等，是指对被评估者完成岗位(或某项)工作的结果进行考量与评价。""绩效评估不同于素质测评。素质测评是指对被测评者能力和潜能的考量与评价。素质测评相对于绩效评估而言，更多的是针对个体的心理、性格、个性特征、兴趣、特长、知识、能力、经验等，通过一定的测量工具和方法获得其现有的能力等级和专业方向，用于预测其未来可能的行为、职业发展方向和职业高度等。但素质测评与绩效评估在管理功能上有交叉，在结果使用上相互影响。"如图1-2所示。

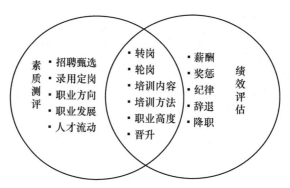

图1-2 素质测评与绩效评估的应用范围

方振邦教授在其2003年第1版的《绩效管理》和2007年第2版的《战略性绩效管理》中指出，绩效评价指标包括业绩评价、能力评价、潜力评价、态度评价等指标(方振邦，2003，2007)；但从2010年第3版一直到2018年第5版的《战略性绩效管理》都把绩效评价指标限定为工作业绩评价指标与工作态度评价指标，不再包含能力指标和潜能指标(方振邦，2010，2014；方振邦，唐健，2018)。方振邦和唐健(2018)在2018年第5版的《战略性绩效管理》中明确指出，能力是影响工作绩效的关键因素，而不是绩效本身，是工作行为与工作结果间的调节变量。如图1-3所示。

人力资源管理中的绩效评价体系与素质测评体系侧重点是不同的。前者对事而非对人，评价的是员工的工作结果与具体行为表现，即员工对企业的实际贡献和产出；而后者则主要对人而非对事，是对员工所具备的能力或素质进行评价，而不是这种能力或素质引致的工作结果。当然，这两个系统也不是完全割裂的，尽管绩效评价不是直接测评员工的能力或素质，但其结果可以为员工能力或素质测评提供依据。

综合以上观点，本书认为，绩效指组织中不同层次的绩效主体在实现组织目标过程中的行为表现及其结果。我们应综合地看待员工的绩效，绩效反映了员工在一定时间内以

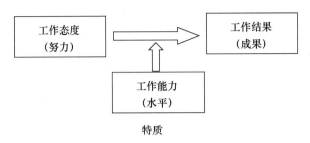

图 1-3　工作态度、工作能力与工作结果的关系

某种方式实现某种结果的过程,绩效既包括工作结果,也包括工作行为,但不包括员工的素质或能力。因此,在进行绩效评价时,常常把行为与结果结合起来综合考虑。但对于不同类型和职级的员工来讲,工作行为和工作结果在总体绩效中所占比例可能是不同的。第一,对于工作结果可量化程度较高的员工来讲,如生产人员或销售人员等,工作结果在总体绩效中所占比例较大,而对于工作结果可量化程度较低的员工来讲,如办公室、企管部等职能部门的工作人员,其工作行为表现在总体绩效中所占比例较大;第二,对于工作结构化程度较高的员工来说,如生产装配线上的操作工、质量和安全检查人员,其工作具有明确、具体的操作标准,工作行为在总体绩效中所占比例较大,而对于工作结构化程度较低的人员来说,如战略规划师、新产品开发工程师、营销策划经理等,很难给其工作确定明确具体的行为标准,主要根据工作结果判断其绩效高低;第三,对于基层岗位的员工来说,他们处在执行层,主要任务是执行上级领导的既定决策,对结果的影响程度较小,因此行为在总体绩效中占较大比重,而对于高层管理人员来说,他们处于决策层,理应对自己的决策结果承担相应的责任,同时他们所从事的是高度复杂的非程序化工作,很难为其确定明确的行为标准,因此结果绩效在总体绩效中所占比例较大。

(二)绩效的特点

要对绩效进行有效管理,除了明确绩效的含义,还要明确绩效的特点。绩效具有以下三个特点:

(1)多因性。所谓多因性指员工的绩效是由多方面因素共同决定的。现代科学技术与心理学的研究表明,员工绩效的影响因素如图 1-4 所示。

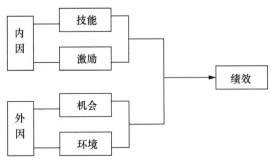

图 1-4　绩效的影响因素模型

技能指员工的工作技巧与能力水平,它取决于个人天赋、智力、经历、教育与培训等因

素。激励指员工的工作态度与积极性,它取决于员工个人的需要结构、个性、感知、学习过程与价值观等个人特点,其中需要结构的影响最大。技能与激励属于内因。外因包括环境因素和机会。环境因素包括企业内部的微观环境,如劳动场所的布局与物理条件(室温、通风、粉尘、噪声、照明等)、任务的性质、工作设计的质量、工具、设备与原料的供应、上级的领导作风与监控方式、公司的组织结构与规章政策、工资福利、培训机会以及企业的文化、宗旨及氛围等。环境因素也包括企业之外的宏观环境,如社会政治、经济状况、市场竞争强度等宏观条件,但这些因素对员工绩效的影响是间接的。机会指员工得到某一工作岗位或承担某一工作任务的机会,或者工作中的运气等偶然因素。出于种种原因,公司中某些岗位较其他岗位更容易做出明显的业绩,某些偶然因素对员工的工作结果也会产生影响。对员工来讲,运气和机会是偶然的不可控因素。

了解绩效的多因性在绩效管理中具有十分重要的意义。绩效管理的核心目的在于进一步提高员工的绩效、促进员工的发展与进步。因此,在绩效考评结束后,要对员工的绩效考评结果进行诊断,特别是对于绩效不理想的员工,要帮助其找出影响绩效的关键因素,从而拟订有针对性的绩效提升计划,不断提升员工的绩效水平。

(2)多维性。绩效的多维性是指员工的绩效表现为多个方面,需要从多个方面或维度对其进行分析与评价。如前所述,我们不仅要考核员工的工作结果,还要评价其工作行为表现。比如对一名生产线上的员工进行绩效考评时,我们不仅要考核其产量指标完成情况,还要综合考虑其产品的质量、原材料消耗、能源消耗、设备保养状况,以及该员工的出勤、纪律、服从意识,与其他岗位的沟通、协作与配合等。通过综合评价各种软、硬指标,得出最终的考评结果。绩效考评结果与每一个员工的切身利益息息相关,所以考评的维度对员工的行为无疑会起到指挥棒的作用。如果无视绩效的多维性,考评指标不全面,对于没有被纳入考评的方面,员工就不会努力去做。而绩效考评指标系统一旦纳入与绩效无关的指标,就会诱导员工做很多无用功,对正常工作产生干扰,从而对组织目标的实现造成不利的影响。因此,在绩效管理中,要确保绩效考评指标的内容效度,既要防止指标的缺失,又要避免指标的污染。

(3)动态性。由于影响员工绩效的因素是多方面的,而每一个因素又处于不断变化之中,因此员工的绩效也会随着时间的推移而发生动态变化。原来绩效较差的员工,可能由于知识经验的积累或能力的提高、工作条件的改善或积极性的提升而变好了;而原来绩效较好的员工,出于种种原因后来也可能变差了。因此,在进行绩效考评时不能以一成不变的观点看待员工的绩效,而应该根据员工在某一考评周期内的实际工作结果和行为表现进行客观评价,而不能受其先前绩效表现的影响,防止溢出误差的出现。

二、绩效的类型

根据不同的标准,可以把绩效分为不同的类型。

(一)组织绩效、部门或团队绩效和个人绩效

按照绩效的层次或实施主体的不同,可以把绩效分为组织绩效、部门或团队绩效以及个人绩效。

(1)组织绩效。所谓组织绩效是指在一定时期内整个组织所取得的绩效。组织绩

包含的内容一直在随时间而演变。20世纪六七十年代，人们大多从财务的角度界定组织绩效，比如销售额、利润率、投资报酬率等，后来又开始重视非财务指标。到20世纪80年代，在对公司进行绩效考评时，逐渐形成一套以财务指标为主、非财务指标为辅的公司绩效考评指标体系。到了90年代，非财务指标受到更多的关注。1992年，哈佛商学院教授罗伯特·S.卡普兰和复兴全球战略集团创始人兼总裁大卫·P.诺顿在《哈佛商业评论》上发表了《综合平衡计分卡：良好的绩效测评体系》一文，为组织绩效考评提供了一个全面的框架，用于把公司的战略目标转化为一套系统的绩效考评指标。这些指标从财务、客户、内部流程、组织学习与创新四个方面对组织绩效进行评价，把财务指标与非财务指标、短期指标与长期指标、滞后指标与引导性指标结合起来，成为目前世界范围内广泛流行的组织绩效考评指标体系(Robert，David，1992)。

（2）部门或团队的绩效。在实现组织战略目标的过程中，组织的目标要落实到每一个部门或团队，部门或团队绩效目标的实现是组织战略目标实现的基础和前提。部门或团队的绩效包括部门或团队的任务目标完成情况，以及为其他部门或团队的服务、支持、协调、配合、沟通等方面的行为表现。在对部门或团队绩效进行评价时，一方面要从完成工作任务的数量、质量、时限与费用等方面进行评价，另一方面还要引入内部客户的概念，对组织进行业务流程分析，确定内部客户关系。只要一个部门或团队为其他部门或团队提供产品或服务，那么接受其产品或服务的部门或团队就是该部门或团队的一个内部客户，绩效评价时内部客户满意度也是部门或团队绩效的重要组成部分。

（3）个人绩效。部门或团队是由个人组成的，只有充分激发了部门或团队内每一个员工的积极性与创造性，才能有效实现部门或团队的绩效目标。个人绩效指在员工完成工作目标的过程中对组织绩效的贡献，个人绩效既包括结果方面的绩效，也包括行为表现方面的绩效。

（二）任务绩效和周边绩效

按照绩效内容的不同，可以将绩效分为任务绩效和周边绩效。

任务绩效(task performance)和周边绩效(contextual performance)是Borman和Motowidlo(1993)提出的概念，也有人将周边绩效翻译成"关系绩效"或"关联绩效"。当员工在组织关键技术流程中运用与工作有关的技术和知识生产产品或提供服务，或完成某项特定的任务以支持组织关键职能时，他们的表现被视为任务绩效；当员工主动帮助工作中有困难的同事，努力保持与同事间良好的工作关系，或通过额外努力准时完成某项任务时，他们的表现被称为周边绩效。

Borman和Motowidlo(1993)认为，周边绩效与组织行为学中的组织公民行为研究有关。美国印第安那大学的Organ(1988)将组织公民行为定义为：未被正常的报酬体系明确和直接规定的、员工的一种自觉的个体行为，这种行为有助于提高组织功能的有效性。这些行为一般超出员工的工作描述，完全出于个人意愿，既与正式奖励制度无任何联系，又非角色内所要求。一般认为任务绩效与员工职内表现有关，即上级要求或工作说明书明确规定的工作要求；而周边绩效与员工的职外表现(即组织公民行为)有关，包括岗位奉献与助人行为。但是，把属于职外表现的组织公民行为作为周边绩效纳入绩效评价系统后，组织公民行为的性质就发生了变化，不再是与正式奖励制度无任何联系的因素。

三、绩效管理及其特点

（一）绩效管理的概念

绩效管理是在组织战略指导下，通过管理者与被管理者间的双向沟通，达成关于绩效目标、标准、完成期限和所需条件等方面的协议，通过绩效计划、绩效监控、绩效考评和绩效反馈等循环过程，不断提高个人和团队的工作绩效，最终实现组织目标的管理过程。

（二）绩效管理的特点

绩效管理具有以下几个方面的特点。

（1）绩效管理以组织战略为导向，是综合管理组织、部门（团队）和员工绩效的过程。战略目标是绩效管理的核心目的之一。通过绩效管理，把组织的目标分解为各部门（团队）的目标，并进一步将部门（团队）的目标落实为各员工的目标，确保员工、团队、组织的目标相一致。因此，通过绩效管理，可以把组织目标落到实处，防止组织战略目标被稀释。

（2）开放的沟通行为贯穿绩效管理的全过程。绩效管理特别强调上下级之间双向、持续、开放的沟通。不论是绩效计划阶段的绩效目标确定、绩效监控过程中绩效追踪和辅导、绩效考评阶段的考评依据确认，以及绩效反馈阶段绩效改进计划的制订，都需要上下级进行有效的沟通。只有通过开放的沟通，才能使员工对绩效目标产生高度的使命感，并使管理者与员工及时、准确地了解绩效计划实施过程中存在的障碍与不足之处，然后采取有效措施帮助员工克服工作过程中的困难，对绩效考评结果达成共识，并制订下一步的绩效改进计划，从而不断提高员工绩效水平。

（3）绩效管理是提高工作绩效的有力工具。提高工作绩效也是绩效管理的核心目的之一，绩效管理的各个环节都是为实现这个目的服务的。绩效管理的目的并不是要把员工的绩效分出上下高低，或仅仅为奖惩措施寻找依据，而是针对员工绩效管理过程中存在的问题，采取恰当的措施，提高员工的绩效，从而保证组织目标的实现。

（4）绩效管理是促进员工进步与发展的重要手段。通过完善的绩效管理促进人力资源开发职能的实现，已成为人力资源管理的核心任务之一。通过绩效沟通与绩效考评，可以发现员工工作过程中存在的问题，如知识、经验与能力方面的不足，从而通过有针对性的培训措施及时加以弥补；更为重要的是，通过绩效管理还可以了解员工的潜力，从而为人事调整及员工的职业发展提供参考，以达到把最合适的人放到最合适岗位上的目的。

（5）绩效管理是一个完整的过程。绩效管理包括绩效计划、绩效监控、绩效考评和绩效反馈四个基本环节，这是一个周而复始的闭环系统。

绩效计划指绩效管理周期开始的时候，管理者与下属就本绩效管理周期的绩效目标、具体方案、所需的支持与资源、考核指标与标准等进行双向沟通以达成绩效契约的过程。

绩效监控指绩效计划确定后，员工按照绩效计划所确定的各项工作任务与目标积极开展工作，管理者对员工各项工作的进展情况进行追踪，并及时收集和记录员工绩效达成情况，对员工工作中所遇到的困难和问题及时提供指导和帮助，确保绩效目标顺利实现。

绩效考评指绩效管理周期结束时，管理者对本绩效周期内员工工作结果和工作行为表现进行考核与评价。

绩效反馈指绩效考评结束后,管理者就绩效考评结果与员工进行沟通,并对绩效考评结果达成共识。同时,管理者需要肯定员工的成绩和进步,指出当前存在的问题与不足,对绩效不佳的方面进行分析,找出造成这一结果的具体原因,并拟订下一步的绩效提升计划。

(6) 绩效管理是一个开放的系统。作为人力资源管理系统的一个模块,绩效管理必须纳入人力资源管理系统才能发挥应有的作用。绩效管理的最终目的是不断提高员工的工作能力与绩效水平,确保组织战略目标的实现。绩效管理能否发挥应有的作用,在很大程度上取决于绩效管理系统与企业战略及人力资源管理的其他子系统之间是否实现了有效对接。

绩效考评结果必须应用于员工奖惩、人事调整、员工培训与开发、员工职业生涯管理等方面的人力资源管理决策。只有当绩效考评结果与每一个员工的切身利益挂钩,才能真正对员工产生激励与牵引作用。如果脱离人力资源管理系统单独进行绩效管理,绩效管理就必然流于形式。

四、绩效管理与绩效考评的联系与区别

绩效考评与绩效管理关系密切。一方面,绩效考评是绩效管理的关键环节与核心工作,绩效管理所需的大量信息都由绩效考评提供,离开绩效考评,绩效管理就失去了支撑点;另一方面,绩效管理为绩效考评提供了平台与基础,离开绩效管理,绩效考评就失去了标准和依据。

绩效考评是绩效管理系统中的一个环节或子系统,绩效考评并不能涵盖绩效管理的全部。绩效管理与绩效考评的侧重点是不同的,两者的区别如表1-1所示。

表1-1 绩效管理与绩效考评的区别

	绩效管理	绩效考评
定位	一个完整的管理过程	绩效管理过程中的一个环节
目的	促进员工能力提高与绩效改善	对员工的绩效高低进行判断
时间点	伴随管理的全过程	只出现在特定时期
侧重点	事先的沟通与承诺	事后评价
管理者角色	教练	裁判

第二节 绩效管理的作用

一、绩效管理在企业发展中的作用

一个企业能否取得成功,不仅取决于战略制定的合理性,还取决于战略执行情况。因为企业战略能否最终落到实处,取决于组织目标能否层层分解并落实到各个部门和岗位,

每位员工都为实现企业的战略目标而努力,这正是绩效管理的重要内容。绩效管理是化战略为行动的重要工具,离开了绩效管理,再好的战略也无法实施。绩效管理在企业发展中的作用体现在三个方面。

(一)绩效管理是组织战略目标实现的基础

通过绩效管理过程将组织的战略目标分解到各个业务单元,并根据每个岗位的基本职责进一步分解到各个岗位,形成每个岗位的绩效目标,这样就可以把每个岗位员工的工作目标加以有效整合,形成合力,促进组织目标的实现。因此,通过为每一个员工设定有效的绩效目标,就可以使战略、职位与人合为一体。对每个员工的绩效进行有效管理、改进,就能实现部门的整体绩效目标,部门绩效目标的实现又为组织战略目标的实现奠定了基础,如图 1-5 所示。

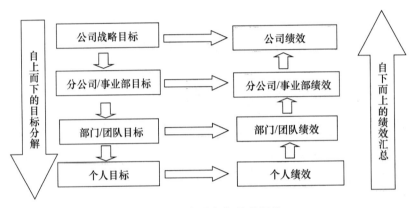

图 1-5　目标分解与绩效汇总

(二)绩效管理是企业文化落地的载体

企业文化是企业内以价值观为核心的群体共同意识。这种价值观被员工认同并内化后,会在无形中影响员工的行为,员工会自觉地把自己的行为与企业倡导的价值观相比较,一旦发现自己的行为与企业价值观不一致,就会自觉地调整自己的行为,从而实现自我调节和自我控制,这样就把"要我做"变成了"我要做"。企业文化经常表现为企业的传统、风俗、习惯,作为一种无形的力量对员工的行为产生潜移默化的影响。从这个意义上说,有人认为通过企业文化进行管理就是不需要管理的管理,而不需要管理的管理才是管理的最高境界。

当前,很多企业高度重视企业文化建设。有人指出,企业文化是企业核心竞争力的重要组成部分。甚至有人认为,文化的竞争是企业竞争的制高点。因此,企业文化建设在很多企业内开展得如火如荼。但是,出于种种原因,企业文化建设也出现了一些误区:有的企业认为提出几个响亮的口号,写几条振奋人心的标语就是企业文化,比如很多制造业企业提出"以质量求生存,以信誉求发展",很多商业服务业企业提出"顾客是上帝"的口号、一些企业更是众口一词地提出"团结、拼搏、求实、创新"口号等,但是在实际工作中往往存在口号与员工行为不一致、企业精神或价值观与员工行为"两张皮"的现象。还有企业认为,企业文化建设就是搞一个企业标识,设计出企业的标准字、标准色,并把它应用到各种识别系统中;甚至还有企业认为,企业文化建设就是为了丰富员工业余文化生活;等等。这些现象反映出企业文化建设过程中对企业文化的曲解。这些曲解造成的直接后果就是企业文化曲高和寡,成了虚无缥缈的东西,难以发挥应有的积极作用。因此,企业文化建设的关键是将企业倡导的核心价值观根植于员工内心深处,成为员工的价值准则和行为指南,最终影响员工的实际行为,并落实到为顾客提供满意的产品和服务上。企业文化建设中最核心的工作是企业文化的落地。

从企业文化的构成要素看,企业文化包括精神文化、制度文化、行为文化和物质文化四个层次,如图 1-6 所示。

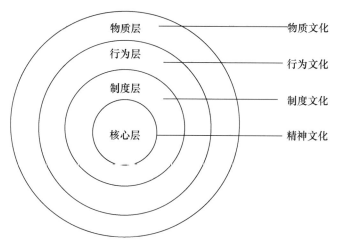

图 1-6 企业文化的同心圆模型

要实现企业文化的落地,就必须把企业的精神文化特别是企业的核心价值观外化为企业的制度文化,把制度文化进一步转化为行为文化,最后落实为企业的物质文化。从企业文化发挥作用的过程来看,有一个从里往外逐渐外化的过程,如果没有制度文化作为纽带,企业的精神文化就难以对员工的行为产生影响,企业文化就会成为空中楼阁。对员工来说,企业的核心价值观最初也是外在的东西,这种外在的东西要经过严格的行为规范训练,通过员工的认同和内化才能逐渐变为员工内在价值观体系的有机组成部分。

绩效管理在企业文化建设中发挥着重要作用。绩效管理是塑造员工行为的有力工具,在绩效管理过程中,通过绩效考评指标、标准及权重的设定,可以对员工的行为进行有效的引导。比如我们从 n 个维度对员工的绩效进行考核,可用以下加权求和的模型计算员工的绩效考核结果:

$$A = \sum_{n=1}^{i} b_i w_i$$

上式中,A 表示总的绩效考评分数,b 表示绩效考评指标,n 表示绩效考评指标的数量,w 表示各指标所占的权重。

在绩效考评过程中,通过评价指标的选择与权重的设定,可以对员工的行为起到指挥棒的作用,从而强化员工的正向工作行为,使之与公司的价值导向保持一致。例如,如果一个公司强调团队协作,那么在设计绩效评价指标时,就要把部门横向之间或上下游岗位的协作、配合与支持等指标纳入绩效评价指标体系并赋予较大的权重。在奖酬分配时,每个人所分配的奖酬既取决于个人的绩效考评结果,也取决于部门和团队的绩效考评结果,部门和团队内部形成利益共同体,真正激发员工互相帮助的助人动机。如果一个公司强调可持续发展,在对销售人员进行考评时就不能仅仅考核销售额,还要关注产品的相对市场份额增长率、新产品销售率以及新市场开拓效果。如果公司提倡以客户为导向的价值观,在对员工进行考评时就要设计客户评价指标,将客户满意度作为对员工绩效进行评价的重要依据,使每个员工尽力为客户提供满意的服务。因此,在企业文化建设中,只有通过完善的制度设计,特别是考评制度与分配制度设计,才能把企业的核心价值观落到实处,从而实现企业文化的落地。

（三）绩效管理是企业价值分配的基础和进一步价值创造的动力

企业的使命是不断为社会创造价值。要使企业持续地为社会创造价值,就必须解决价值评价和价值分配问题。价值创造、价值评价和价值分配是企业价值创造循环的三个环节,只有把每个环节做好了,三个环节紧密相联,才能使企业持续不断地创造价值（王怀明,2004),如图1-7所示。

图1-7　企业价值创造循环

价值分配时结果公平与否直接影响到价值创造者创造价值时是否积极。要做到分配公平,首先要解决价值评价的准确性问题。通过绩效管理对不同团队和个人在企业价值创造过程中的实际贡献进行客观的评价,就为价值分配提供了合理依据,从制度上保证了企业价值分配的公平性,从而为下一循环的价值创造提供源源不断的动力。

二、绩效管理在人力资源管理系统中的地位与作用

人力资源管理是企业管理系统中的一个子系统,从静态的角度看,传统的人力资源管理由六大板块组成:人力资源战略规划、员工招聘与甄选、员工培训与开发、绩效管理、薪酬管理、员工关系管理。从动态的角度看,人力资源管理包括员工的选、育、用、留四大环节。绩效管理在人力资源管理系统中居于核心地位,是人力资源管理的核心模块,与其他模块之间存在密切关系。

绩效管理在人力资源管理中的核心地位与作用体现在两个方面:一是人力资源管理各个环节和模块的最终目标都是为了有效提高组织的绩效;二是人力资源管理各个环节和模块的管理决策都需要绩效管理提供关键的决策信息。绩效管理在人力资源管理系统中的地位与作用见图1-8(方振邦,唐健,2018)。

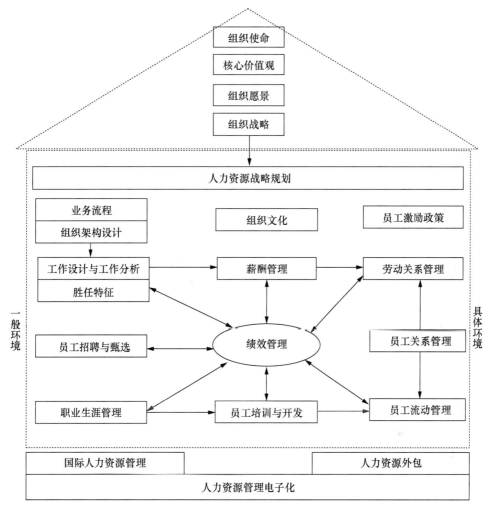

图 1-8 绩效管理在人力资源管理系统中的地位

（一）绩效管理与工作分析、工作设计间的关系

工作分析是对企业各类岗位的性质、职责、劳动条件和环境，以及员工承担本岗位任务、应具备的资格条件进行的系统分析与研究，并据此编制工作说明书、工作规范等人力资源管理文件。工作设计是指根据组织需要，兼顾个人的需要，规定每个岗位的任务、责任、权利以及组织中与其他岗位关系的过程，它把工作的内容、任职条件和报酬结合起来，以满足员工和组织双方的需要。

工作设计与工作分析是人力资源管理的基础，通过工作设计与工作分析可以确定各岗位的基本工作职责、工作内容与绩效标准。工作分析、工作设计与绩效管理间的关系体现在两个方面。

（1）工作分析与工作设计的结果是绩效管理的基础。通过工作设计与工作分析所确定的各岗位工作职责、工作内容及绩效标准，是绩效管理中绩效指标与评价标准确定的依据。绩效评价指标应根据各岗位的实际工作内容来确定，这样才能具体体现被考评者的实际贡献，帮助被考评者发现工作中存在的问题，从而确定具体的绩效改进措施。脱离被考评岗位具体工作内容的笼统的、模糊的、通用的绩效指标，难以为管理者提供客观有效的评价标准。因此，没有工作设计与工作分析的前期准备，绩效管理工作难以开展。

（2）工作分析与工作设计结果的合理性又要通过绩效管理加以验证。绩效考评结果也可以反映出工作设计与工作分析中存在的问题，如各岗位的工作负荷是否合理，工作中是否存在忙闲不均的现象，所确定的各岗位任职资格标准是否合适等，都可以通过绩效管理加以检验。

（二）绩效管理与员工招聘、甄选的关系

员工招聘与甄选，指根据企业发展需要，吸引、选拔与安置潜在职位候选人的过程。绩效管理与员工招聘、甄选的关系体现在以下三个方面。

（1）绩效考评结果是企业做出招聘决策的重要依据。如果某些员工的绩效达不到所在岗位绩效标准，公司的目标就难以达成。公司一般首先考虑通过培训或内部的岗位调整解决问题，如果以上方式不能奏效，就必须进行人才招聘。

（2）绩效考评结果是检验招聘工作有效性的标准。在招聘过程中，要通过简历筛选、面试、笔试、情景模拟、背景调查等一系列手段对应聘者进行筛选，从众多应聘者中选拔出最适合的人选。这些选拔手段效果如何，又要通过新员工上岗后的工作绩效考评结果反映出来。因此，绩效考评是检验招聘工作中各种选拔手段有效性的标准。

（3）应聘者已有的绩效记录是做出录用决策的重要依据。员工招聘时按照招聘渠道分为外部招聘与内部招聘，按照应聘者身份分为校园招聘与社会招聘。一般来讲，校招主要考察应届生的潜能与素质，而社招特别是内部招聘，候选人已有的绩效记录是应聘者实际工作能力的具体体现，是录用决策的重要参考依据。

（三）绩效管理与员工培训、开发的关系

培训与开发可以提高员工的能力与综合素质，从而提高其工作绩效。绩效管理对培训开发也有重要的影响，两者间的关系体现为以下两个方面：

（1）绩效考评结果是进行培训需求分析的参考依据。培训工作需要企业付出巨大的直接成本与间接成本，因此培训效果是企业非常关注的问题。要保证培训的有效性，就必须提高培训的针对性，即确定哪些人最需要培训、最需要接受哪些方面的培训。因此，准确的培训需求分析是做好培训工作的前提。培训需求分析通常从三个方面进行：组织分析、工作分析与个人分析。组织分析是根据组织的战略目标或者企业未来将采用的新技术、新设备要求员工必须具备哪些知识与技能，以此为依据确定培训内容。工作分析指根据相关岗位的工作职责确定该岗位的任职资格标准，把员工当前知识技能水平与任职资格标准相比较，二者的差距就是需要通过培训解决的问题。个人分析指通过绩效考评，对绩效欠佳的员工进行分析，以确定影响绩效的因素，如果是因为知识、技能欠缺，这些员工就需要接受相关知识、技能的培训。因此，个人层面的培训需求分析主要以绩效考评结果为依据。

（2）绩效管理是检验培训效果的重要手段。员工参加培训后能否达到预期效果，要通过员工参加培训后的绩效考评结果加以检验。通过培训前后的绩效对比，发现员工培训后的绩效明显好于培训前的绩效，或者把员工按照随机性原则分成对照组（不参加培训）和实验组（参加培训），如果培训后实验组的绩效明显高于对照组的绩效就说明培训确实有效。

（四）绩效管理与薪酬管理的关系

薪酬管理事关每个员工的切身利益，是人力资源管理的关键环节之一。薪酬管理最重要的原则是公平性，一旦企业的薪酬公平性出现问题，就会严重挫伤员工的工作积极性。薪酬公平性包括外部公平、内部公平与个人公平三个方面。外部公平指一个企业的各岗位薪酬水平应该与本地区、同行业的其他企业具有可比性。要实现外部公平通常需要进行外部薪资调查，以确定企业的总体薪酬水平。内部公平指同一企业内部不同岗位间薪酬水平应有可比性。通过岗位评价确定各岗位的岗位工资，以岗定薪、薪随岗变，以此实现内部公平。个人公平指每个人的薪酬应与其对企业的实际贡献成正比。通过绩效考评结果确定每个员工的可变薪酬，以实现个人公平。因此，绩效管理是薪酬管理决策的基础。此外，公司的薪酬制度是否合理，能否激发员工的积极性，又需要通过绩效管理加以检验。

（五）绩效管理与员工流动管理的关系

员工流动包括人员的流入、流出，以及在组织内不同部门、岗位间发生的人员变动，通常把前者称为员工组织外流动，把后者称为员工组织内流动。绩效管理与员工流动管理的关系体现在以下两个方面：

(1) 绩效管理与组织内的员工流动。组织内的员工流动指组织内部不同部门、岗位间的人事调整。绩效管理与人事调整间的关系是双向的，一方面，绩效管理是做出人事调整决策的重要依据。如果员工在当前岗位上的业绩表现突出，并有进一步发展的愿望与潜力，就可能会被调整到更加重要的岗位上，承担更大责任；相反，如果员工达不到当前岗位的绩效标准，又不能通过培训解决问题，就可能会面临调岗或降职。另一方面，人事调整的效果需要通过随后的绩效考评加以检验。人力资源管理的核心任务是把最合适的人放到最合适的岗位上，适才适用，既要防止大材小用，也要避免小材大用。人事调整的效果究竟如何，需要通过员工在新岗位上的绩效考评结果加以检验。

(2) 绩效管理与组织外的员工流动。组织外的员工流动包括员工的流入和流出。流入其实就是员工招聘；流出包括主动流出与被动流出，主动流出指员工辞职或跳槽，被动流出包括退休与解雇。

绩效管理与组织外员工流动的关系也是双向的。一方面，员工的主动辞职或跳槽对企业的正常运行会产生很大的影响，因为主动辞职的员工往往是企业的核心员工，这种人才的流失会削弱企业竞争力，降低企业绩效；另一方面，绩效管理不善，员工的贡献得不到客观的评价与公平的回报，往往又是造成员工流失的重要原因。因此，提高绩效管理水平，是减少人才流失的重要手段。

在员工被动流出方面，绩效管理是做出解雇决策的重要依据。根据《中华人民共和国劳动合同法》的要求，企业要终止与员工的劳动关系，必须有足够的证据证明员工不能胜任工作岗位要求，并且在给员工提供培训或调整岗位的机会后，员工依然达不到绩效标准,企业才能解除劳动合同。因此,如果缺乏充分有效的绩效信息,解雇决策就可能招致一定的法律风险。

（六）绩效管理与职业生涯管理的关系

职业生涯管理指组织和员工个人对员工的职业生涯进行设计、规划、执行、评估和反馈的过程,是人力资源管理的重要内容。职业生涯管理分为组织职业生涯管理和员工个人职业生涯管理。组织职业生涯管理指组织根据自己的发展战略以及相应的人力资源战略规划,建立适合员工发展的职业通道,针对员工职业发展需要给予员工必要的职业指导和培训,帮助员工在职业生涯中取得成功;员工个人职业生涯管理指员工个人根据自己的主客观条件,对自己未来的职业生涯进行规划和设计,为实现自己的职业目标不断积累知识、开发技能的过程。绩效管理与员工职业生涯管理的关系体现在以下两个方面:

(1) 有效的绩效管理能促进员工在职业生涯中取得成功。一方面,通过绩效管理,组织与员工可以了解员工的特长与潜能,在哪一职业领域更容易取得成功,从而确定合适的职业发展道路;另一方面,通过绩效管理,还能发现员工知识、技能中的薄弱环节,从而确定为实现未来的职业目标需要从哪些方面进一步提高,需要接受哪些方面的培训,以便为职业生涯的成功打下坚实的基础。

(2) 有效的职业生涯管理也能促进绩效的提高。有效的职业生涯管理把员工个人的职业发展规划与组织的人力资源规划联系起来,在员工实现自己职业发展目标的同时满足组织的战略发展需要。根据马斯洛的需求层次理论,每个员工都有成长发展、自我实现的需求,职业目标的实现是自我实现的具体体现,员工工作积极性的提高有助于提升员工的绩效水平,从而确保组织绩效目标的实现。

（七）绩效管理与劳动关系管理的关系

劳动关系是劳动者与用人单位之间在劳动过程中确立的关系。劳动关系管理包括员工劳动合同管理、员工社会保障管理、安全生产和卫生管理、员工参与和沟通管理、员工激励、集体谈判、冲突管理等。绩效管理与劳动关系管理的关系体现在以下两个方面:

(1) 劳动关系管理是影响绩效管理的重要因素。劳动关系管理与员工利益密切相关,是影响员工满意度和工作积极性的重要因素。通过劳动关系管理,可以维护员工合法权益,给员工提供发表意见和参与管理的机会,有效化解员工与管理者之间、员工与企业之间的矛盾与冲突,营造出和谐融洽的组织氛围,增强员工对组织的承诺,提高员工的工作积极性,从而使员工理解、支持与配合绩效管理工作,进一步促进绩效目标的实现。

(2) 绩效管理也会影响劳动关系管理。有效的绩效管理可以促进员工与管理者间的沟通,使双方对绩效目标、标准、考评结果达成共识,确保每个员工的绩效得到公正合理的评价,每个员工的合法权益得到有效维护,减少工作中的矛盾与冲突,保证劳动关系的和谐。

第三节 绩效管理的前提与实施条件

一、绩效管理的前提

在实施绩效管理之前,必须满足两个重要的前提:一是组织战略明确,二是岗位职责清晰。只有这两大前提确定之后,绩效管理过程才能有序展开。

(一)组织战略目标是确定部门与岗位绩效目标的基础

作为化战略为行动的工具,绩效管理的逻辑起点是组织的战略目标。组织的战略目标是在组织的使命与愿景指导下进行战略规划的结果。组织的使命说明一个组织存在的根本理由,描述一个组织存在的目的、活动范围、所要服务的客户以及所要提供的产品和服务等信息。组织的使命明确以后,就可以对组织的愿景进行描述。一个组织的愿景是关于其未来发展愿望的一种陈述,是对一个组织希望在未来(大约 10 年之后)成为的那种组织所做的一种陈述。赫尔曼·阿吉斯(2008)指出:有时组织的使命与愿景是结合在一起的,很难对两者进行区分。在这种情况下,愿景陈述常常包括两部分:一是核心理念,它常常被视为组织使命;二是预想中的未来,它常常被视为愿景。核心理念包括一个组织的核心目标与价值观,而预想中的未来具体说明组织的长期目标,以及组织期望成为的那种组织的总体蓝图。

组织的使命与愿景明确以后,就可以对组织进行战略规划。通过对组织内外环境的分析,明确组织自身的优势与劣势以及环境中存在的机会与威胁,在此基础上确定组织的努力方向和期望达到的目标,以及采取哪些战略来实现这些目标。组织目标确定后,才能在此基础上对目标进行层层分解,为每个部门和岗位设定具体的绩效目标,建立由上而下层层支配、由下而上层层支持的目标体系,从而使组织的战略目标真正落到实处,使全体员工的工作方向明确、目标一致,在组织内部形成强大的合力,以取得正向的协同效应。如果组织的战略目标不明确,就无法确定不同部门与岗位的绩效目标,绩效管理就失去了方向,不仅绩效计划无从谈起,后续绩效管理的其他环节也失去了标准与依据。

(二)工作职责是组织战略目标分解的依据

组织战略目标确定以后,还必须把它分解到每个部门、落实到每个岗位,使组织每一项工作都有具体的责任主体,每一个部门和员工也都有明确具体的工作任务,做到人人有事干、事事有人管,整个组织的绩效管理才能有条不紊地运行,也可以有效避免战略稀释现象与偏离组织战略目标的现象发生。因此,组织战略确定以后,就要进行组织结构与工作流程设计,并进行工作分析,以确定每一个部门和岗位在组织结构与工作流程中所担负的工作职责,包括工作活动、任务、产品、服务、输入与输出等。明确界定员工为履行这些职责必须具备的知识、经验、技能、能力和其他综合素质,并在此基础上编制各岗位的工作说明书。组织战略目标分解的依据就是各部门和岗位在组织结构与工作流程中所担负的职责。如果工作职责不清晰,目标分解就缺乏依据。因此,组织设计和工作分析是人力资源管理的平台和基础,也是任何一个组织绩效管理体系有效运行的另一个前提。

战略明确与职责清晰是组织绩效管理的两大前提,缺一不可。这两项工作做好了,就可以着手设计绩效管理的工具——关键绩效指标,绩效管理工作就有了抓手。这样,在绩效管理过程中,绩效计划有了基础、绩效监控有了重点、绩效考评有了标准、绩效反馈有了依据。

二、绩效管理的实施条件

除了战略明确、职责清晰两大前提,绩效管理体系的有效运行还必须满足一系列的具体条件。

(一)组织高层领导的全力支持

绩效管理是人力资源管理工作的核心模块,人力资源部在绩效管理中发挥着重要作用,但这项工作单靠人力资源部是无法取得成功的。人力资源部作为公司的职能管理部门,对公司其他部门没有直线指挥权利。要使公司绩效管理的制度、政策在各个部门真正落实到位,就必须依靠公司高层领导的大力支持与有力推进,由公司老总至少是分管人事的副总亲自挂帅,主导绩效管理工作,把绩效管理纳入公司常规管理工作,成为每一部门管理工作的核心内容。

(二)各部门经理的高度重视

现代组织中,人力资源管理工作辐射的范围远远超出了人力资源部,非人力资源部门的经理在人力资源管理中肩负的责任越来越重。因此,美国著名人力资源管理专家加里·德斯勒(2007)指出:"从某种意义上说,所有的管理者都是人力资源管理者。"绩效管理要取得成功,需要人力资源部经理与各业务部门经理的通力合作。人力资源部是公司绩效管理的组织者、制度制定者与技术支持者,各业务部门的经理是公司绩效管理制度的实际执行者,是本部门绩效管理的第一责任人。若没有各部门经理的高度重视与配合,绩效管理将举步维艰。

(三)全体员工的积极参与

绩效管理过程中,员工并不是消极被动的被管理者,而应当是积极的参与者。在绩效管理过程中,管理者与员工之间不是监督与被监督、控制与被控制的关系,而是绩效伙伴关系,需要通过双方的有效合作才能顺利实现绩效目标。每一个经理都要对本部门的最终绩效结果负责,但在绩效管理过程中,整个部门的绩效目标需要全体员工的共同努力才能完成,因此只有有效激发全体员工的主动性与积极性,使员工明确目标与方向,才能顺利实现绩效目标。不论是绩效目标的确定、绩效信息的收集、绩效结果的确认,还是绩效改进计划的制订,都离不开员工的参与。

(四)绩效管理工作的宣传与组织

绩效管理事关每一个员工的切身利益,牵一发而动全局。因此,只有得到全体员工的理解和支持,这项工作才有可能取得成功。在绩效管理工作开展之前,必须在公司范围内开展宣传工作,对相关人员进行培训,使员工了解绩效管理的必要性、目的、绩效管理体系的基本内容,如绩效指标与标准确定的依据、绩效考评方法、绩效考评结果的应用等。一个绩效管理体系能否取得成功,不在于设计的系统多么复杂且科学,而在于是否得到这一体系使用者的理解与接受。如果使用绩效管理体系的管理者与员工对这一体系不理解,甚至存在抵触情绪，那么再好的绩效管理体系也难以发挥应有的作用。有学者（李宝元等，2014）认为，绩效管理的实质不是"科学技术"，而是一种"人文艺术"，要解决的是有关人的问题。因此，绩效管理体系实施前，要在公司范围内进行充分讨论与反复沟通，及时解答员工的疑问，充分听取员工的意见与建议，及时采纳合理部分以获得员工的理解与支持。在国有企业中，绩效管理体系或方案实施之前，一般要经过职工代表大会讨论通过。

（五）绩效管理体系要先在组织内小范围试用后再推广

尽管事先进行了周密的设计，绩效管理体系在推行过程中依然会碰到一些新情况与新问题。因此，组织在引入一套新的绩效管理体系时，应先选择一个有代表性的部门或单位作为试点，在小范围内进行运行，针对实施过程中所显现的问题及时进行改进和完善。待系统稳定后再在公司范围内推广，从而降低实施过程的风险。

（六）配套的人力资源管理制度必须健全、合理

如前所述，绩效管理是人力资源管理系统的一个子系统，只有将其纳入人力资源管理系统进行操作，才可能取得成功。因此，在引入绩效管理体系时，必须建立、健全与绩效管理配套的人力资源管理制度，特别是绩效管理过程中的责、权、利要相统一，使与绩效管理有关的各项工作有法可依、公开透明、公平公正，尽可能减少人为因素的干扰，确保绩效管理在规范的轨道上有序运行。

（七）建立完善的信息管理系统

从信息论的角度看，绩效管理是绩效信息的收集、传输、存储、处理与反馈的过程。没有完善的信息管理系统，绩效管理难以进行。随着信息科学与互联网技术的发展，e-HR（电子化人力资源管理）在人力资源管理中的作用越来越大，成为新经济时代人力资源管理的发展趋势。e-HR 的应用极大地提高了企业人力资源管理的工作效率，使管理者与被管理者之间的沟通更加通畅，绩效信息的收集和处理更加高效，强大的数据库使绩效管理各环节的决策更加可靠。完善的信息管理系统不仅使一些先进的绩效管理手段（如 360 度绩效反馈系统）的应用成为可能，而且实现了绩效管理系统与人力资源管理系统中其他模块的有机对接，使绩效考评结果能够及时应用于各项人力资源管理决策，对员工的工作行为发挥了良好的牵引作用。

（八）建立以绩效为导向的企业文化

绩效管理与企业文化之间存在相互影响关系。一方面，绩效管理是企业文化建设的有力工具；另一方面，绩效管理的有效实施离不开以绩效为导向的企业文化。任何一套绩效管理体系的推行，都需要一定的企业文化氛围，企业文化中的传统、风俗、习惯、价值观是影响员工对一套绩效管理体系的接受度的重要因素。双如华为公司奉行的"以奋斗者为本""决不让雷锋吃亏"的企业文化，为华为的绩效管理体系提供了重要的文化保障。杰克·韦尔奇在通用电气公司任 CEO 时，实行严格的末位淘汰制，要求经理根据绩效考评结果把员工分为三部分，即最好的 20%、中间的 70% 和最差的 10%。拔尖的 20% 会得到大量褒奖，而考评结果最差的 10% 必须离开公司。在很多公司，末位淘汰制饱受争议，但这一套严格的绩效管理体系在通用电气公司为什么能够成功呢？杰克·韦尔奇和苏茜·韦尔奇（2005）说："我们在通用电气公司的时候，区别性考评制度曾是公司争论的焦点之

一,但几年下来,绝大多数人成为它的热烈拥护者。我们花费了大约10年时间建立坦诚和信任的企业文化,为实施区别性考评制度打下了坚实基础。当我们退休时,它已不再是争论不休的话题了。"因此,不同的绩效管理体系需要相应的企业文化作为基础,如果缺乏相应的企业文化,员工对绩效管理的方法、制度难以认同,绩效管理体系也就难以发挥应有的作用。

❏ 重点与思考题

1. 绩效的观点有哪些?各有什么优缺点?
2. 绩效有哪些特点?了解这些特点在绩效管理中有何意义?
3. 绩效管理和绩效考评的联系与区别是什么?
4. 绩效管理包括哪些基本环节?为什么说绩效管理是一个闭环系统但不是封闭系统?
5. 绩效管理与人力资源管理其他模块之间存在什么关系?
6. 绩效管理的前提与具体实施条件是什么?

21世纪经济与管理规划教材
工商管理系列

第二章

绩效管理的理论基础

著名管理大师道格拉斯·麦格雷戈(2008)指出:"任何管理工作都是建立在设想、假设与归纳的基础之上的。也就是说,管理是以一定的理论为基础的。"绩效管理作为最重要的人力资源管理实践活动,要真正发挥应有的作用,就必须建立在科学的理论基础之上。经过几十年的发展,目前国内外出版的绩效管理方面的著作颇丰,取得了不少研究成果。但是,王艳艳(2011)认为:"绩效管理研究文献的基本特征是从管理者视角出发,以'应当怎样'的知识形式出现,而对绩效管理理念、原则所依赖的理论和实证基础的研究则非常少见,重视具体实践、弱化理论基础是绩效管理教材存在的一个普遍特点。"到目前为止,只有个别论著明确提出绩效管理的理论基础,大多数绩效管理方面的著作只是在论述绩效管理的具体措施时简单联系相关的理论,理论基础的系统性、完整性有待提高。本章将尝试从系统论、控制论、信息论、目标设置与目标管理理论、行为科学理论、测量学理论等方面构建绩效管理的理论基础,为绩效管理体系的设计提供必要的理论支撑。

第一节 绩效管理的方法论

从哲学的角度来说,方法论就是关于人们认识世界、改造世界的方法理论。方法论说的是人们要用什么样的方式、方法来观察事物和处理问题,描述了人们从事实践活动必须遵循的基本准则。绩效管理作为一种重要的实践活动,要想取得成功也必须以正确的方法论为指导。绩效管理体系构建、运行、维护的方法论包括系统论、控制论与信息论。

一、系统论

系统论的奠基人是奥地利的生物学家贝塔朗菲(Bertalanffy),他把系统定义为相互作用的诸要素综合体,认为只有把有机体当作一个整体或系统来研究,才能发现不同层次上的组织原理。所谓系统就是由相互依存的若干要素以一定的结构形成的具有特定功能的有机整体。系统与要素是相互联系的,一个要素相对于由它和其他要素构成的系统而言是要素,而相对于构成它的更小的要素而言又是一个系统。对于一个系统来说,构成它的要素也是这个系统的一个子系统。系统论是一门研究系统的一般模式、结构和规律的学问。系统论的主要任务就是以系统为对象,从整体出发研究系统整体和组成系统整体的各要素间的相互关系,从本质上说明其结构、功能、行为和动态,以把握系统整体,达到最优的目标(萧浩辉,1995)。

(一)系统的基本特征

(1)整体性。系统的整体性指系统具有各个要素孤立状态下所没有的新的性质和功能。系统的整体性表现为系统整体与要素、要素与要素、系统与环境相联系的统一性和有机性;要素之间的相互作用会使系统具备新的性质与功能,要素之间的关系不同,系统表现的整体特性就不一样。根据系统整体性原理,整体不等于各部分的简单加和,各要素间的协同作用效果可能为正,也可能为零,甚至还有可能为负。如果构成系统的各要素的素质和系统的有序程度较高,整体功能就大于各部分之和,即"三个臭皮匠,赛过诸葛亮";如果构成系统的要素素质较低或要素组合的有序程度不高,整体功能就会小于各部分之和,即"三个和尚没水喝"。

(2)层次性。一个复杂的系统由许多子系统组成,每个子系统又可能由更小的子系统组成,而这个复杂的系统本身又是一个更大系统的一部分。因此,系统是有层次的,一般来说,层次越多,系统越复杂。企业是一个复杂的系统,由研发系统、生产系统、营销系统、财务系统、人力资源系统等子系统组成,而人力资源系统又是由招聘系统、培训系统、薪酬系统、绩效管理系统等子系统组成的,体现了系统的层次性特征。

(3)目的性。系统的目的性指每个系统都有自己的目标,系统的各要素或子系统也有自己的分目标,这些分目标都是为达成系统的总体目标服务的,在实现系统总体目标的过程中,各要素或子系统需要分工协作,系统追求的是整体最优,而不是局部最优。

(4)相关性。系统内各要素(子系统)相互依存、相互制约、相互作用,从而形成一个相互关联的有机整体。系统中每个要素的存在都依赖于其他要素的存在,每个要素的变化都会引起其他要素和系统整体的变化。系统内各要素相互依存和相互制约的关系可以保证系统在正确的轨道上运行,防止以牺牲系统总体目标为代价追求局部最优和系统运行失控现象的发生。

(5)环境适应性。任何系统都处在一定的环境中,不断与环境进行物质、能量与信息的交换。系统受到所处环境的制约,环境条件直接影响系统的结构与功能,不同环境条件下的系统具有不同的特性。只有与所处的具体环境相适应,系统才能正常运行,缺少环境适应性的系统是没有生命力的。

(6)稳定性与可变性。系统的环境适应性决定了系统既具有一定的稳定性,又具有一定的可变性。处在特定环境中的系统,在运行过程中会受到环境中各种因素的干扰,系统要想稳定地运行,正常地发挥功能,就必须具备一定的抗干扰能力,保持一定的稳定性。当环境的变化相对缓慢或外界的干扰较少时,系统本身具备的自我调节能力可以维持系统的正常运行,表现出一定的稳定性;当环境变化或外界干扰超过一定限度后,系统的目标、构成要素、结构或运行机制必须进行一定的调整,才能重新适应环境,因此系统又具有一定的可变性。

(二)系统的结构与功能

系统是由若干要素组成的,但系统并不是这些要素杂乱无章的简单堆砌。任何系统都有一定的内在结构,系统的结构是在内部对系统的描绘。系统的结构是组成系统的各要素相互联系、相互作用的内在方式。系统是各要素按并列与层次规律组成的,并列与层次结构是系统结构的普遍形式。第一,系统是由多个并列的要素或子系统组成的,在实现系统目标的过程中,这些要素或子系统不断进行物质、信息与能量的交换,协同发挥作用。第二,系统中还包含不同的层次,同一层次的各要素构成上一层次系统的子系统,上一层次的系统又与同一层次的其他系统一起构成更高一个层次系统的要素或子系统。

系统的功能是系统与环境在相互作用中所表现出的能力,即系统对外部表现出的作用、效用、效能或目的。它体现了一个系统与外部环境进行物质、能量、信息交换的关系,即从环境接受物质、能量、信息,经过系统转换,向环境输出新的物质、能量、信息的能力(何盛明,1990)。

系统的结构决定了系统的功能,构成系统的要素不同,或者要素与要素间的连接方式不同,系统的功能就会不同。例如,金刚石与石墨都是由碳元素构成的,是由相同元素构成的同素异形体,但由于原子排列方式不同,金刚石中碳原子间是立体的框架结构,而石墨中碳原子间是平面的层状结构。金刚石和石墨虽然是由完全相同的元素组成的,但由于结构不同,物理性质差异巨大,金刚石硬度极大,而石墨却很软。

(三) 系统功能的影响因素

(1) 构成系统的要素的素质或子系统的功能。系统是由若干要素或子系统组成的,尽管整个系统的功能不是各要素或子系统功能之和,但如果构成系统的各要素素质较高或各子系统功能较强,就为整个系统发挥较强的功能提供了基础。

(2) 系统的结构。如前所述,系统的结构直接影响系统的功能。系统的结构良好,能够使系统中的每个要素或子系统扬长避短,充分发挥其作用,从而增强整个系统的功能;如果系统结构不良,每个要素或子系统的作用也就难以正常发挥,导致整个系统的功能减弱。例如,团队之所以比群体有优势,就是因为团队里不同成员在能力、性格、经验等方面可以优势互补,形成合理的结构,从而团队才能取得更高的绩效。

(3) 要素或子系统之间的协调配合。在整个系统的运行过程中,为实现系统的整体目标,各要素或子系统之间要进行协调与配合,各要素或子系统间协调配合能力直接影响到系统整体的功能发挥。团队之所以比群体更有效,除团队结构合理、成员之间可以优势互补外,另一个重要原因就是团队内部有全通道的沟通网络,团队成员之间可以及时分享信息,每个成员既对自己的工作目标承担责任,同时又对团队的共同目标承担责任,工作中互相支持与协作,由此团队工作效率大大提高。

(4) 环境因素。每个系统都存在于特定的环境中,系统的正常运行需要及时与外部环境进行物质、信息与能量的交换。如果这种交换过程顺利,系统运行效率就高,一旦交换受阻,系统功能就难以正常发挥。因此,系统的运行必然受到环境的制约。如团队作为组织中的一个子系统,组织就构成了团队的外部环境。环境的支持是团队正常运行的必要条件,如果能及时得到组织在人力、资金、信息、技术等方面的支持,团队就容易取得成功;否则,团队的运行效率必然受到影响。

(5) 系统对各要素或子系统的控制能力。系统是由若干要素和子系统构成的一个有机整体,系统运行过程中,需要各要素或子系统的相互配合才能使系统发挥正常功能。当外部环境发生较大变化时,系统的目标需要进行相应的调整,各子系统的目标也要及时进行相应的调整。但是,出于种种原因,子系统未必能充分认识到这种变化。此外,当各子系统的利益不一致时,也不会自发地进行协调与配合。因此,系统对各子系统的控制能力是系统正常运行和功能发挥的重要保障。系统对各要素或子系统的控制能力越强,就越能够使各子系统及时调整自己的分目标和运行机制,自觉与系统总体目标保持一致,从而增强整个系统的功能。

系统论对绩效管理具有重要影响,要想绩效管理在实现组织战略目标的过程中发挥应有的作用,就必须按照系统论的要求构建完善的绩效管理体系,建立完善的绩效管理运行机制,确保绩效管理体系的正常运行。

二、控制论

(一)控制论的基本原理

控制论是综合研究各类系统的控制、信息交换、反馈调节的科学,是横跨人类工程学、控制工程学、通信工程学、计算机工程学、一般生理学、神经生理学、心理学、数学、逻辑学、社会学、经济学、管理学等众多学科的交叉学科。1948年维纳的《控制论》(*Cybernetics*)的出版,标志着控制论诞生。控制论认为,任何一个系统,不论是机械系统、神经系统、经济系统还是社会系统,都是一个自动控制系统。在系统的运行过程中,有专门的调节装置会自动纠偏,并维持系统的稳定,以确保系统功能的实现。维纳认为,一切通信和控制系统都通过信息传输、处理反馈对系统的运行进行有效的控制。一个通信和控制系统总能根据系统运行的需要传输各种信息,并根据周围环境的变化自行调整运行模式。具体来说,控制系统发出指令,作为控制信息传递到系统的各个部分(即控制对象),它们按照控制系统的指令去执行命令,再把执行结果信息反馈给控制系统,作为下一次调整控制的依据。整个控制过程就是信息流动的过程,通过信息的传输、变换、利用和反馈来实现控制。

(二)控制的类型

根据控制的时机、对象和目的的不同,可将控制分为前馈控制、过程控制与反馈控制。

(1)前馈控制。前馈控制是在系统正式运行之前就实施的控制,其目的是防止问题的发生,起到防患于未然的作用。因此,前馈控制是一种成本最小的控制手段。这种控制需要系统具备强大的信息收集、分析和预测能力,对系统运行过程中可能发生的问题提前进行预测,把预测结果和预期目标相比较,并对计划反复进行修订以确保万无一失。例如,在企业的经营过程中,为了保证经营的顺利进行,管理人员必须在经营活动开始前就检查企业是否已经拥有或能够筹措到符合计划要求的各类资源,对未来可能发生的各种突发情况是否做好了相应的应变对策。

(2)过程控制。过程控制又叫现场控制,是指在系统运行过程中,控制系统对运行情况进行追踪、监督和检查,及时发现系统运行过程中偏离系统目标的现象,一旦出现这种现象,及时进行干预和调整,把各种偏差消除在萌芽状态,以确保系统各部分按照预先制订的计划有序运行,顺利实现计划目标。

(3)反馈控制。反馈控制又叫结果控制或事后控制,是指系统运行活动结束以后,把最后取得的结果与计划目标进行对比,以确定在哪些方面达到预期目标,哪些方面没有达到,并分析这一结果是什么原因造成的,在以后的工作中应采取什么措施加以优化。反馈控制在系统运行过程中非常重要,通过反馈控制可以帮助组织及时总结经验教训,防止被同一块石头绊倒两次。但是,由于这种控制是在过程结束以后进行的,不论分析如何中肯,结论如何正确,已经造成的损失是无法弥补的,因此反馈控制是成本最大的控制手段。

绩效管理过程中,为了顺利实现组织的战略目标,防止偏离组织目标,必须建立、健全绩效管理体系的控制机制,进行有效的前馈、过程、反馈控制。

三、信息论

（一）信息论的基本原理

信息论是关于信息的本质和传输规律的科学理论，是研究信息的计量、发送、传输、交换、接受和存储的一门新兴学科。控制论与信息论联系密切，控制过程离不开信息的传输和反馈，相比较而言，控制论是用抽象的方式揭示包括生命系统、工程系统、经济系统和社会系统等在内的一切控制系统的信息传输和信息处理的特性与规律，研究用不同的控制方式达到不同目的的可能性和途径，而不涉及具体信号的传输和处理；信息论则偏重于研究信息测度的理论和方法，并在此基础上研究系统中信息的收集、传输和有效处理的相关方法和技术问题，如编码、译码、滤波、信道容量和传输速率等。

企业是一个重要的转化器，企业经营过程就是把一定的人力、物力、财力等投入转化成产品与服务的过程。在企业的经营过程中，同时进行着两种流动，一是看得见的人力、物力、财力的流动，另一个是看不见的信息流动，表现为大量的数据、报表与资料。企业经营过程中的各种决策都是建立在一定的情报与信息基础上的，因此人流、物流、财流畅通与否，取决于信息流是否畅通与准确。信息传输的任何失真与迟滞都将直接导致决策失误，造成人流、物流与财流的混乱，从而影响企业经营成果。因此，现代企业经营离不开强大的信息系统，必须及时收集、传输、存储与分析企业经营过程中所需的各种信息，才能做出及时、准确的决策，使人力、物力、财力发挥最大的效用，保证企业经营活动的正常进行。

（二）信息论在绩效管理中的意义

从信息论的角度看，绩效管理过程就是信息的传输与反馈的过程。这种信息的传输与反馈首先表现为管理者与被管理者之间（即上下级之间）的信息传输与反馈。绩效管理要想取得预期效果，首先必须在上下级之间就本绩效管理周期的绩效目标、绩效指标、绩效评价标准，各项绩效目标的实现期限、方法、步骤与途径，以及双方在绩效管理过程中的责、权、利等达成共识；其次，上级还必须及时获得下属工作进展相关的信息，如各项目标有没有按时完成，工作过程中有没有出现困难和障碍，有没有发生意外情况，对员工及时进行帮助与指导，以确保绩效管理工作的顺利进行。

绩效管理过程也是业务部门和职能部门间的信息传输与反馈过程。业务部门工作的正常运行离不开职能部门的支持、协作与配合，双方支持、协作与配合的基础就是信息的收集、分析、传输与反馈。此外，及时了解员工的绩效信息是做好绩效管理的关键，员工绩效信息的收集除了通过管理者日常观察、与员工沟通等途径，公司相关职能部门也是重要的信息来源，如公司的企管部、品管部、财务部、客服部、监察部、办公室等往往记录着员工工作绩效的详细数据。因此，管理者必须及时到这些部门了解员工的相关绩效信息，才能对绩效管理过程进行有效的监控。

绩效管理也离不开业务部门与人力资源部间的信息传输和反馈。一般来说，人力资源部是公司绩效管理的组织者，绩效管理离不开人力资源部的支持，如各岗位工作职责的界定、绩效指标的设计都需要人力资源部的参与，对员工绩效结果的诊断与分析以及绩效评价结果运用等信息也需要人力资源部与用人部门经理间及时进行信息沟通。员工的绩效表现与评价结果等信息需要及时提交至人力资源部,以进行储存、汇总和分析,建立员工绩效档案,用于日后的人力资源开发与管理决策。

在绩效管理过程中,上下级之间、业务部门与职能部门之间、业务部门与人力资源部之间必须建立完善的信息传输渠道,形成共同的信息编码规则,进行及时、有效的信息传输与反馈。

第二节 目标设置理论与目标管理理论

作为化战略为行动的工具,绩效管理通过把组织的战略目标层层分解,转化为每一个部门与岗位的分目标,从而使组织的战略目标落到实处,只要每一个员工完成了所在岗位的目标,整个部门的目标就能顺利达成,从而组织的目标就能够如期实现。因此,目标设置理论与目标管理理论是绩效管理的重要理论基础。

一、目标设置理论

目标设置理论(goal setting theory)是美国管理学兼心理学教授爱德温·A.洛克(Edwin A. Locke)提出的,他在研究中发现,外来的刺激(如奖励、工作反馈、监督)都是通过目标来影响员工的工作动机的。目标能引导个体从事与目标有关的行为,使人们根据目标的难度来调整努力程度和行为持久性。于是,在一系列科学研究的基础上,洛克于1967年提出了"目标设置理论",认为目标本身就具有激励作用,能把人的"需要"转变为"动机",使人们朝着一定的方向努力,并将行为结果与既定目标相对照,及时进行调整和修正,从而促进目标的实现。

(一)影响目标激励效果的因素

(1)目标的具体性。大体上,有两种不同的目标设置方式:一种是具体的方式,如明确要求员工完成什么目标、什么时间前完成、应达到什么标准;另一种是模糊的方式,只告诉员工干什么事,希望他尽最大努力去做。与模糊目标相比,具体目标的效果更好。

(2)目标的难度。一般认为,绩效结果与目标难度之间存在线性关系,这是因为人们可以根据不同的任务难度来调整自己的努力程度。当然,前提条件是接受任务的人有足够的能力完成这一任务,在这一前提下,任务越难,绩效越好。由于能力方面存在个体差异,因此最佳的目标难度水平是因人而异的,如对张三合适的目标,对李四来说可能未必合适。给员工设置工作目标时,目标应当有一定难度但经过努力又能达到,设置"跳一跳,够得着"的目标,即有心理挑战性的目标。

(3)个体对目标的公开承诺程度。承诺是指个体发自内心地真正接受和认同目标,即个体被目标吸引,愿意持之以恒地为达到目标而努力。公开承诺是公开地表达自己对目标的接受和认可。这需要强大的心理驱动力,人大多是要面子的,信守承诺有助于维护个人面子、提高自我形象。但是,守信行为往往需要有人监督,公开承诺后就意味着会有人在时时监督自己,个人必须身体力行达到目标。因此,个人对目标做出公开承诺后,会全力以赴地去实现目标,哪怕碰到困难、压力和障碍,也不会轻易放弃。

社会心理学家多伊奇和杰勒德曾做过一个关于承诺形式影响态度转变的经典心理学

实验。实验分为两个阶段,第一阶段,他们首先请被试看一部录像,对录像中的问题形成自己的观点和看法,然后将这些被试分为四组。

第一组为无承诺组,被试不需要将自己对录像的看法作任何公开或私下的说明。

第二组是弱私下承诺组,被试要把自己的观点写在一块儿童写字板上,但不需要公开自己的观点。这种写字板上面有一层透明薄膜,揭下来后写在上面的字会立即消失。

第三组是强私下承诺组,被试要把自己的观点写在一张纸上,写在纸上的字很难擦掉,被试被告知这张纸要收上去,但他们不用签名。

第四组是公开承诺组,被试要把自己的观点写在一张纸上,还要签上自己的名字,并被告知这张纸要收走,贴在公告栏里。

第二阶段,当不同组的被试对某一观点做出不同程度的承诺以后,请代表群体压力的许多假被试发表一致性意见,然后再让这些真被试发表意见,看他们在群体压力下的从众程度有什么不同。

结果表明,在做出不同程度的承诺后,各组被试改变当初意见的情况有很大差异,具体结果如表 2-1 所示。

表 2-1　承诺程度对意见改变的影响

被试组	改变最初意见的百分比(%)
无承诺组	24.7
弱私下承诺组	16.3
强私下承诺组	5.7
公开承诺组	5.7

从实验结果可以看出,不同承诺程度对被试意见改变的影响非常显著。没有将自己的意见明确表达出来,即没有做出公开承诺的被试受到群体压力时,改变自己最初意见的群体占比最高;在儿童写字板上留下自己意见的一组做出了一定程度的承诺,在受到群体压力时,改变自己意见的比例下降了;而做出了比较强的私下承诺和公开承诺的两组被试,在受到群体压力时改变自己最初意见的比例非常低。

这个实验除了验证公开承诺的作用,还发现另一种能提高守信程度的办法,即把承诺视觉化,与口头化的承诺相比,视觉化的承诺让人更难以违背,这就是人们常说的"空口无凭,立字为据"。即便是较弱的视觉化(写在儿童写字板上),也会在内心起到一定的约束作用,从而督促自己信守诺言,减少随波逐流的行为。绩效管理中,当上下级通过沟通确定了下一步的绩效目标后,需要上下级在绩效计划书上签字认可,这种方式就是一种承诺公开化和视觉化的手段,有利于促进绩效目标的实现。

(4)员工的自我效能感。目标激励的效果与个体自我效能感的关系也是目标设置理论中研究得比较多的问题。自我效能感是由美国的社会心理学家班杜拉(Bandura)提出的一个概念,指个体在处理某种问题时对自己能做得多好的一种判断。自我效能感是个体对自己能力的信心,而不是能力本身,它以个体对自己全部资源的评估为基础,包括能力、经验、训练、过往绩效等。

自我效能感不仅有助于个体接受目标,更重要的是,还有助于个体长期坚持,尤其是需要克服困难时,高自我效能感的人倾向于持续更长时间地努力而不会轻易地放弃。

(5) 反馈。反馈指员工能及时得到工作结果信息的程度。目标与反馈的结合能够提高工作绩效。目标给人们指出应达到什么样的结果,同时它也是评价个体绩效的标准。反馈则告诉人们有没有达到预期的目标,哪些地方做得好,哪些地方有待进一步改进。

(6) 任务策略。目标设置理论中有很多关于在复杂情境中如何使用任务策略这一问题的研究。相对于简单任务,在复杂环境中可选择的策略更多,而不同策略的效果是不同的。要顺利完成目标,得到更好的绩效,选择一个正确的策略是至关重要的。Cheslley 和 Locke(1991)在对一个管理情景的模拟研究中发现,只有在使用了适宜策略的情况下,任务难度与被试的绩效才显著相关。

(7) 个体实现目标后的满意程度。个体实现目标后的满意程度是影响其下一步工作积极性的重要因素。个体的满意程度受两个因素的影响:一是当事人实现目标后能否得到所期望的奖赏,如果个体经过努力实现目标后得到了事先所期望的报酬和奖赏,就会感到满意,否则就会感到不满;二是个体对所得到的报酬是否公平的感受,如果他认为组织分配报酬是公平且合理的,他的满意程度就高,否则就会感到不满。

(二) 目标设置的原则

(1) 目标要具体明确。在设置目标的时候,要讲清楚让员工干什么、干到什么样的标准、什么时间之前完成、考核标准,以及该项工作在总体绩效中占多大的权重等,这些问题交代得越清楚,员工越明确自己的工作重点与标准,效果越好。

(2) 目标要具有心理挑战性。目标要有一定难度,但又要在员工能力所及的范围之内,过难、过易的目标都不利于激发员工的积极性。目标过高容易使员工产生心理上的挫折感,失去取胜的信心;目标过低给员工带来的成就感与价值感就较低,而且实现这一目标后所获得的奖励也是有限的,从而对员工的内在激励与外在激励的效果也就是有限的。

(3) 设置目标时要讨论任务策略。管理者在给员工设置工作目标时要就完成任务的方式、方法进行充分的沟通,针对未来工作过程中可能碰到的新情况、新问题,找到具体的应变对策,以确保未来工作的顺利进行。

(4) 目标设置时,要明确绩效追踪的方式及关键点,编制工作进度表和确定监督检查点,及时对员工的阶段性工作进行检查,并向员工反馈检查结果。

(5) 应制定公平合理的奖励政策,对目标达成者给予应有的物质奖励和充分肯定,使员工的付出得到应有的回报,同时让员工感受到成就感与价值感。

(6) 目标制定采取自上而下与自下而上相结合的方式,让员工积极参与这一过程,员工参与目标的设置比强制制定目标更有效。当前不同学者对这一问题还存在意见分歧,设置目标时应由上级独自决定还是与员工一起商讨,并无定论。有学者认为,在执行简单的工作时,上级应该给员工制定目标;在执行复杂的工作时,应该让员工参与目标的制定(马工程教材编写组,2020)。但一般说来,让员工参与目标制定,一方面有助于员工理解并接受目标,从而对目标做出较高承诺;另一方面有助于上级了解员工的工作思路,对员工进行必要的指导。因此,应尽量让员工参与目标的制定过程。

(7) 上下级就工作目标达成一致后,双方要在工作目标计划书上签字,对未来目标做出书面的公开承诺,作为未来工作的指导性文件。这样有助于双方坚守诺言,促进目标的实现。

目标设置理论对绩效管理影响很大,绩效管理过程中设置绩效目标的 SMART 原则就是目标设置理论在绩效管理中的具体应用。

二、目标管理理论

目标管理(management by objectives,MBO)是现代管理学之父,被誉为"大师中的大师"的彼得·德鲁克(Peter Drucker)于 1954 年在其名著《管理实践》中提出的。在该书中他提出了"目标管理和自我控制"的相关理论。彼得·德鲁克(2019)认为,并不是有了工作才有目标,恰恰相反,有了目标才能确定工作。企业的使命和任务必须转化为目标,如果一个领域没有目标,该领域的工作就必然被忽视。因此,管理者应该通过目标对下级进行管理。当组织的最高层管理者确定了组织目标后,必须对其进行有效分解,转变成各个部门和各岗位员工的分目标,管理者根据分目标的完成情况对下级进行考核、评价和奖惩。

除了彼得·德鲁克,其他一些学者也对目标管理理论做出了贡献。McConkey(1965)总结了不同学者关于目标管理的观点后认为,人们对目标管理在以下几个方面达成了共识:(1) 目标应当具体,(2) 目标应当可量化,(3) 应该将个人目标与组织目标联系起来。George(1970)认为目标管理是一种程序,上级和下属共同制定工作目标,考核员工绩效时将个人的岗位职责、工作目标与工作成果相联系,以此作为衡量每一个员工对企业的贡献程度。

目标管理理论批判地吸收了古典管理理论和行为科学理论的优秀成果,认为在目标明确的情况下,个人会对自己的行为负责,通过目标把人与工作统一起来,既关注了人与人之间的关系,又遵循了科学管理的原则。因此,目标管理一经诞生,很快引起世人的瞩目,迅速传遍全球,成为一种重要的管理思想和管理方法。

(一) 目标管理的理论基础

目标管理是管理理论发展到一定阶段的产物,是对已有管理理论的继承和发展。20世纪初的古典管理理论(包括泰勒的科学管理理论、亨利·法约尔的一般管理理论,以及马克斯·韦伯的行政组织理论)强调工作分工,以及规则、制度与程序在管理中的作用,而忽视人在工作中的重要性,在一定程度上存在"重物轻人"的倾向;随后产生的人群关系理论和行为科学理论又走向另一端,过于强调人的因素,在一定程度上忽视物质和技术层面的因素在管理中的作用。实际上,人的因素与物的因素在管理过程中都发挥着不可或缺的作用,两者不可偏废。德鲁克的目标管理理论试图克服这两种极端的局限性,把管理过程中人与物的因素统一起来,从而提高管理工作成效。

任何一种管理思想和管理手段都是以一定的人性假设为前提的。著名管理大师道格拉斯·麦格雷戈(2008)在《企业的人性面》一书中提出了两种有代表性的人性假设理论,一种是强调方向与控制的传统观点,即 X 理论,另一种是主张个人与组织目标一体化的 Y 理论。

1. X 理论的主要观点

(1) 人们与生俱来不喜欢工作,如果有可能的话,他们会选择逃避工作。

(2)因为人们有厌恶工作的天性,所以管理者必须采取强制、管控、指导以及惩罚性威胁的方式,让他们全心全意地为实现企业目标而努力。

(3)人们愿意被管理指挥,希望逃避责任,胸无大志,只图安稳。

X 理论被称为一种消极的人性假设。根据这种假设,在管理过程中,必须对员工进行严格的监督、控制甚至惩罚,才能维持正常的工作秩序,实现工作目标,典型的例子就是"胡萝卜加大棒"的管理方式。

2. Y 理论的主要观点

Y 理论提出了不同于 X 理论的假设,Y 理论的主要内容包括以下几个方面。

(1)和游戏或者休息一样,工作也会消耗体能和脑力。一般人并非天生讨厌工作,他们对工作的态度完全取决于一些可控条件。工作对他们而言,既能带来满足感(人会主动地工作),又可以是惩罚的源泉(人会尽可能地逃避)。

(2)要想带动员工去实现组织的目标,外界控制和惩罚威胁不是唯一手段,人们为了兑现承诺目标会进行自我指挥和自我控制。

(3)人们承诺一个目标,是因为完成目标之后能够获得相应的奖赏。对人而言,目标最重要的奖赏包括物质需求和自我实现需求的满足。这些奖赏可以成为人们工作的最直接动力。

(4)在适合的条件下,人们不但愿意承担责任,还会主动争取承担责任。逃避责任、缺乏斗志和安于一隅的心态通常只和个人经历有关,而和人的天性没有关系。

(5)大多数人有足够的想象力和创造力来解决组织中存在的问题。

(6)在现代的企业条件下,只有一部分人的潜能得到开发,大部分人的潜能还处在沉睡状态。

与 X 理论相比,Y 理论是一种积极的人性假设。根据这种假设,管理过程中没必要也不应该采取严格监督、控制和严厉惩罚的方式,而应充分激发员工的积极性和自主性,给每个人设置有意义的目标,用自我管理代替控制式管理。

目标管理以 Y 理论假设为基础,认为每个人都有责任感与主动性,只要给每个人制定了对其有意义的目标,就能充分激发其强烈的内在工作动机,促使其努力去实现这一目标。

(二)目标管理的含义与特点

1. 目标管理的含义

目标管理是一种程序或过程,它使组织中的上下级一起协商,根据组织使命确定一定时期内组织的总目标,由此决定上下级的分目标,并把这些目标作为组织经营、评估和奖励的标准。

2. 目标管理的特点

(1)参与导向。目标管理是参与性管理,上下级共同确定目标,目标的实现者同时也是目标的制定者。

(2)重视实绩,有明确的评价标准。目标系统内的每个目标责任人,各负其责,目标明确,最后组织以目标达成度对其工作绩效进行衡量,制定相应的奖惩措施。把利益与责任联系起来,能充分调动员工的积极性,鞭策员工按照目标的要求去努力工作。

(3) 强化责任，促进自主管理。德鲁克认为，人是有责任感的，只要环境适当，人不仅会承担责任，还会主动争取承担责任，愿意在工作中发挥自己的聪明才智和创造性。目标管理借助目标把人和工作结合起来，把管理者和被管理者统一起来，用自我控制的管理代替压制性管理，推动企业员工自觉完成工作目标。

(4) 目标管理是一种整体性管理，具有系统性和层次性。目标管理把企业的总目标逐级分解，各分目标都以总目标为依据，用总目标指导分目标，用分目标保证总目标。上级决策部门以提高效益水平为主，下级工作部门以提高能力为主，实行整体管理，方向一致、相互合作、共同努力。

(5) 目标管理是一种权利下放的管理，其核心是"授权"。集权和分权的矛盾是企业管理中的一个基本矛盾，目标管理的推行有助于缓解这一矛盾，促使权利下放，在保证有效控制的前提下，企业的经营管理会更加生动活泼。下属人员参与目标设置，并不意味着他们可以任意行事，上级领导听取下属的想法和意见后，视具体情况批准他们的行动计划。目标一旦确定，上级管理者就要对下级进行授权，让下级独立自主地开展工作，下属同时也要承担相应的责任。上级管理者着重思考一些战略性和综合性的问题，抓整体的平衡和目标网络的协调衔接，并为下属提供信息、解决困难、创造良好的工作环境，努力保障组织目标的如期实现。

（三）目标管理过程

目标管理是一个过程，这一过程包括计划目标、实施目标、结果考核、反馈与奖惩四个阶段。

1. 计划目标

计划目标包括企业总目标的制定，也包括各部门及岗位分目标的制定。一般来说，由高层管理者根据企业的内外环境以及使命与愿景制定企业的总目标，同时审视并适当调整组织结构，厘清各部门、各岗位的责任，这是目标分解的组织保证。然后，通过自上而下和自下而上的双向沟通，确定部门和岗位的工作目标。上级应当鼓励下级根据企业目标拟定自己的目标，然后由上级批准，当上下级之间对工作目标存在意见分歧时，应通过充分沟通达成共识，并拟订双方认可的绩效计划。

制定目标时应注意以下问题。

(1) 体现目标的具体性。目标管理中的目标应该是对期望成果的简要概括，而且是明确、可量化的目标，比如降低部门成本5%，在2小时内完成所有的电话维修等。

(2) 体现目标的心理挑战性。目标应该有一定难度，但又是员工通过努力可以实现的，过高、过低的目标都是不合适的。

(3) 体现目标的动态性。企业所处的环境瞬息万变，因此所制定的目标既要有相对的稳定性，又要有一定的灵活性。要根据客观情况的变化及时调整目标，以便在日益激烈的竞争中不断提高企业的应变能力。

(4) 除制定目标外，还必须讨论并制订实现目标的方法、步骤和程序，配置实现目标所需的各种资源与条件。

2. 实施目标

目标管理重视结果，强调员工的自主性和自觉行为在实现目标中的作用。因此，管理者要给下属充分的工作自主权,使下属能够独立自主地开展工作。但这并不意味着,上级在确定目标后就可以放手不管;相反,由于形成了目标体系,一个环节出现问题就会牵一发而动全局,因此上级在目标实施过程中应进行必要的监控,设立必要的监督检查点,对下级的工作进展进行定期的检查,一旦发现出现偏离组织目标的现象就要及时加以调控,对员工碰到的困难和问题要及时给予指导和帮助。

具体来说,目标实施过程中要注意以下问题:

(1) 坚持定期检查制度。上级定期对下级的目标完成情况进行检查,随时掌握员工目标完成的进度、难度,以及需要做出的调整,把监控与指导结合起来。

(2) 建立建全监控体系。建立周报、旬报、月报和定期会议制度,要求员工定期向上级汇报工作进展,使上级及时掌握各方面工作进展情况。

(3) 把监控和协调结合起来。上级既要抓督查,更要注意协调和服务,根据目标实施中的实际情况,及时解决实施目标中的困难和问题。比如当工作中涉及不同部门与岗位的职责交叉时,要及时组织协调会议,理顺关系,为员工工作目标的完成创造条件。

3. 结果考核

结果考核是把实际取得的结果与预先设定的目标相比较,根据目标达成度确定员工的绩效水平,并分析哪些方面达到甚至超出了预期的目标,哪些方面没有达到预先设定的目标,背后的原因是什么,便于管理者做出合理的决策,对目标管理进行改进。若大多数员工的目标没有完成,则说明目标制定过程中双向沟通做得不够,设定的目标脱离实际,失去了目标管理的意义;相反,若大多数员工都能大幅度地超额完成目标任务,则说明目标制定过程中各级人员回避挑战,设定的目标缺乏心理挑战性,员工难以获得成就感。这既造成了组织资源的浪费,又使目标管理的激励作用被弱化。

4. 反馈与奖惩

(1) 反馈。反馈就是通过双向沟通,管理者与员工共同回顾整个目标管理期间内各项目标的完成情况,肯定取得的成绩与进步,同时分析存在的问题与不足,为下一步工作目标的制定做好准备。

(2) 奖惩。根据目标考核结果进行奖惩也是目标管理的重要组成部分。一是根据考核结果择优奖励,这是鼓励先进的重要措施,对强化目标管理有较大的正面促进作用。在择优奖励时,要把物质奖励和精神奖励相结合,使每个员工的贡献得到应有的物质回报,把多劳多得的分配原则落到实处;同时又要进行表彰,授予一定的荣誉称号,满足员工的成就动机。二是责任追究,对于个别因工作不负责、不努力而不能按期完成工作目标的员工,要依据责任追究制度的有关规定,对当事人和有关责任人进行严格的责任追究,既要追究直接责任,又要追究连带责任;既要进行经济处罚,又要给予适当的行政处罚。只有这样,才能从根本上解决"干多干少一个样,干好干坏一个样"的不公平问题,全面发挥目标管理在企业管理工作中的重要作用。

(四) 对目标管理的评价

目标管理既是一种重要的管理思想,也是一种重要的管理工具,对管理科学的发展以及管理方法的改进做出了巨大贡献。目标管理重视管理行为的结果,而非监控行为本身,把管理的重点从输入端(努力工作)转移到输出端(工作结果),是管理发展史上具有划时代意义的突破。但是,随着社会的发展,目标管理的不足也开始显现。

1. 目标管理的优点

目标管理具有以下几个方面的优点:

(1) 目标管理有利于组织目标的实现。目标管理通过目标分解,把组织目标层层分解落实到每一个部门和员工,使每一个部门和岗位责任具体、目标明确,能够确保组织目标落到实处。同时,在制定目标的过程中,上下级还要讨论实现目标所应采取的方式方法、所需的各种资源,以及可能遇到的问题和困难等,从而找到相应对策,确保目标如期实现。

(2) 客观公正。目标管理以目标达成度作为考核的标准,并作为奖惩措施的依据。结果客观具体,能体现每个人的实际贡献,员工就容易理解和接受。

(3) 目标管理以 Y 理论为基础,重视人的因素,强调"目标管理与自我控制"。工作目标是通过上下级共同协商的方式制定的,目标的实施主要靠自我管理和自我控制并辅以上级的定期检查,有利于及时发现和解决问题,保证目标的顺利实现,也有利于员工不断挖掘自己的潜力,不断提高工作能力,产生内在激励的效果。

(4) 有利于优化组织结构和明确责任。工作职责是目标分解的依据,进行目标分解时首先必须明确各部门与岗位的工作职责,一旦某项目标没有明确的责任主体,就说明组织结构设计及职责划分存在缺陷。因此,目标管理有利于优化组织结构和明确责任。

(5) 有利于改善组织氛围。目标的制定过程强调上下级的双向沟通,重视员工的参与。在目标实施的过程中,员工有充分的自主权,上级监督较少,变传统的控制式管理为员工的自我管理,有助于改善上下级关系,形成民主的组织氛围。

2. 目标管理的缺点

与任何一种管理手段一样,目标管理也不是完美无缺的,出于种种原因,目标管理存在以下缺点:

(1) 目标管理对人性的假设过于乐观,忽视了组织中的本位主义倾向及人的惰性,使目标管理的效果在实施过程中不尽如人意。

(2) 目标的制定需要经过上下级充分沟通、讨论并达成共识,需要耗费大量的时间和成本。

(3) 目标及绩效标准难以确定。目标管理要求目标必须可分解、可量化,实际上,组织中很多工作是难以量化的,真正符合可分解、可量化要求的目标并不多,而这恰恰是影响目标管理成败的重要因素之一。此外,目标管理所强调的目标的心理挑战性导致目标与考核标准因人而异,目标管理的公平性会受到质疑。

(4) 容易导致短期行为。目标管理使员工在制定目标时,倾向于选择短期目标,即在考核周期内需要考核的目标,从而导致企业内部人员为了达到短期目标而牺牲长期目标,不利于组织的可持续发展。

(5) 目标修正不灵活。目标管理要求组织形成网络式的目标体系,这些目标互相关联,一环紧扣一环。因此,一个环节的目标发生了变化,可能会引起连锁反应。尽管目标管理允许对目标进行调整,但当外部环境发生变化,需要对目标进行修正时,由于存在连锁反应,可能牵一发而动全局,这使得目标调整实际上非常困难,最后很可能导致目标管理不得不中途停止。

作为一种重要的管理思想,目标管理对绩效管理的影响很大,整个绩效管理流程实际上就是以目标管理过程为基础构建起来的,绩效管理的四个阶段(即绩效计划、绩效监控、绩效评价和绩效反馈)实际上就是目标管理的四个环节。因此,目标管理提供了绩效管理体系的流程框架。

第三节　行为科学理论

绩效管理过程是管理者与被管理者互相协作以实现组织绩效目标的过程。在绩效管理过程中,员工不是消极被动的被管理者,而是积极主动的参与者,管理者与被管理者之间不是简单的监督与被监督、控制与被控制的关系,而是绩效伙伴关系,双方共同对未来的绩效负责。任何一个部门的管理者都要对所在部门的总体绩效结果承担最终责任,但是对于管理者来说,他对部门最终绩效结果的控制是一种间接控制过程。在绩效管理过程中,管理者能够直接影响的是员工的动机与行为,通过对员工动机与行为的影响,间接地影响员工的绩效结果。因此,如何有效地影响与控制员工的动机与行为,就成为绩效管理能否成功的关键。Andre(2003)指出,由于管理者运用相关信息的主要目的是影响下属人员的行为,要成功地做到这一点,管理者就必须对组织中的人性和行为有清醒的认识。因此,以组织中员工的工作行为特点与规律为研究对象的组织行为学在绩效管理中发挥着重要作用。

一、激励理论

激励理论是组织行为学的核心内容之一。所谓的激励包括"激"与"励"两个方面,两者结合才构成了完整的激励。"激"和"励"的侧重点是不一样的,"激"强调事前,即工作还没有开始之前,给员工一个目标,使其意识到一旦实现了未来的工作目标就会得到什么奖酬与回报,所从事的工作对自己具有什么样的意义与价值,以激发其斗志;"励"则强调事后,指员工完成工作目标后,组织就兑现对他承诺的各种奖酬,论功行赏,使其贡献得到应有的回报。侧重事前"激"的理论是期望理论,强调事后"励"的理论有行为强化理论和组织公平理论。

(一)期望理论

期望理论(expectancy theory)是北美著名心理学家和行为科学家维克托·H.弗鲁姆(Victor H. Vroom)于1964年在《工作与激励》(*Work and Motivation*)一书中提出来的一种激励理论。

1. 期望理论的基本公式

弗鲁姆认为,人渴求实现一定的目标,满足一定的需要。这个目标在尚未实现时表现为一种期望,这时目标反过来对个人的动机又是一种激发的力量,而这个激发力量的大小取决于目标价值(效价)和期望概率(期望值)的乘积。用公式表示就是:

$$M = \sum V \cdot E$$

其中,M(motivation)表示激发力量,是指调动一个人的积极性,激发人的内在动力的强度。V(valence)表示目标价值(效价)大小,这是一个心理学概念,是指达到目标对于满足个人需要的价值。对不同的人来说,由于其主导需要不同,同一目标的效价也就各不相同。同一个目标对不同的人可能有三种效价:正、零、负。效价越高,激励力量就越大。E(expectancy)是期望值,是人们根据过去经验判断自己达到某种目标的可能性大小,即达到目标的概率。

目标价值的大小直接影响人的动机强弱。期望值是一个概率值,反映员工实现目标的信心强弱。如果个体相信通过努力肯定会实现目标,期望值就高。

期望公式说明:假如一个人把某种目标的价值看得越大,估计能实现的概率越高,那么这个目标激发动机的力量越强。

2. 期望理论的扩展模型

经扩展后,期望理论常用图2-1的模型表示。

图2-1 扩展的期望理论模型

这一理论认为,每个人都是一个理性的决策者,在工作中究竟要付出多大的努力,是经过一系列深思熟虑的结果,只有一个人认为某项工作值得的时候,他才会全力以赴地去做。具体来说,他要考虑以下几个因素之间的关系:

(1) 努力和绩效的关系,即一阶结果的期望值 E 的大小。这是当事人事先判断个人努力后,能够实现某一目标、取得较高绩效的主观概率。

(2) 绩效与奖励关系,即二阶结果工具值 I 的大小。这是个人对自己达到一定绩效水平后能得到组织奖赏的可能性大小的判断,也是一个概率值。在这里,绩效是获得组织奖赏的工具,因此这一概率值被叫作工具值。

(3) 奖励和个人需要关系,即奖励效价(V)的大小,指的是组织奖励与员工个人的目标是否一致,即该奖励是不是员工最渴望得到的。只有组织奖励与员工的主导需要相一致,员工才会为得到这种奖励而努力。

根据这一理论,在绩效管理过程中,要给员工设置恰当的目标,建立客观公正的绩效评价制度以及以绩效为依据的奖酬分配制度,并使奖酬内容与员工的主导需要相一致。

(二) 行为强化理论

如果说期望理论研究的是工作开始前员工对未来结果的期望所产生的激励,行为强化理论研究的则是工作完成后,员工所得到的奖酬对其工作积极性的影响。行为强化理论认为,行为是结果的函数,一个行为发生的强度和频次取决于这一行为给行为者带来的结果。如果某一行为能够给行为者带来愉快和满意的结果,这一行为发生的频率就会增加;反之,这一行为就会逐渐减少,甚至消失。

1. 强化的类型

员工的工作行为会带来两类不同的结果——积极的结果和消极的结果,积极结果是员工想要得到的或令其满意的结果,消极结果是员工不想发生的或令其不愉快的结果。

管理者通过施加或撤销这些结果对员工的工作行为施加影响,这样就构成四种权变强化类型:正强化、负强化、惩罚和忽视,如图2-2所示。

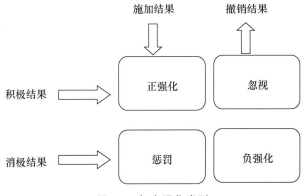

图2-2 权变强化类型

(1) 正强化。正强化又叫积极强化,指当员工做出正确行为、取得高绩效时,给予其积极刺激,使这一行为之后伴随着愉快的事件。所谓积极的刺激指员工渴望得到的刺激,如对员工的高绩效行为给予表扬或奖励。

(2) 惩罚。惩罚是当员工做出错误行为后,对其施加一个消极的事件,从而减少组织不期望的行为发生的频次。充当惩罚物的消极事件包括批评、责备、减少工资、降级使用、解雇等。

(3) 负强化。负强化又叫消极强化,指当正确行为发生时,先于员工行为的不愉快事件就被解除。负强化常常容易与惩罚相混淆,因为两者都用令人不愉快的事件去影响人的行为,但实际上两者之间有根本的区别,负强化是通过撤销消极刺激来增加正确行为的频次,而惩罚则是通过施加消极刺激来减少错误行为的频次。

(4) 忽视。忽视指当员工为了达到特定目的而努力表现出某种行为时,如果这种努力遭到忽视,没有得到期望的结果,员工的目的没有实现,这种行为就会趋于消失。

2. 行为强化理论在绩效管理中的应用

根据行为强化理论,员工的高绩效行为如果得到及时的正强化,员工就会表现出更多的高绩效行为;而高绩效表现一旦遭到忽视,员工的积极性就会受到极大地削弱;惩罚对员工的不良行为具有极大的震慑作用,当受到惩罚的员工表现出进步和改进后,负强化手段会促进其继续进步。在绩效管理过程中,要想使员工表现出高绩效行为,就必须把绩效评价结果应用于随后的人力资源管理实践,比如把绩效结果应用于工资调整、奖金发放、岗位调整、评优选优、培训开发、职业生涯管理等方面,制定公平合理的奖惩制度,并严格执行这一制度,真正做到奖勤罚懒、奖优罚劣,才能在组织内部形成积极向上的绩效文化,使绩效管理取得成功。

(三) 组织公平理论

员工的组织公平感也是影响其工作积极性的重要因素。组织公平感是指组织或单位内人们对与个人利益有关的组织制度、政策和措施的公平感受(李晔,龙立荣,2003)。根据现有的研究成果,组织公平(又称组织公正)的主要内容包括三部分:分配公平(distributive justice)、程序公平（procedural justice)和互动公平(interactional justice)，而组织公平感则是员工对以上公平程度的感知。

1. 分配公平理论

分配公平理论，是美国行为学家约翰·S.亚当斯(John S. Adams)在20世纪60年代提出的一种激励理论，该理论侧重于研究工资报酬分配的合理性、公平性及其对员工生产积极性的影响。

亚当斯分配公平理论的基本观点是：当一个人做出成绩并取得报酬以后，他不仅关心自己所得报酬的绝对量，而且关心自己所得报酬的相对量。因此，他要将自己获得的"报酬"(output，包括工资、奖金、工作安排以及获得的赏识等)与自己的"投入"(input，包括个人绩效、教育程度、所作努力、工作时长、精力损耗等)的比值与组织内其他人进行比较，比较的结果将直接影响其满意度及今后工作的积极性，如图2-3所示。

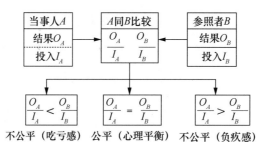

图2-3 亚当斯的分配公平理论模型

在这一模型中，员工 A 的分配公平感的产生过程如下：他把自己所得到的各种报酬与自己的各种投入之比 O_A/I_A，与参照者 B 的报酬与收入之比 O_B/I_B 进行比较。这种比较可能是横向比较，如与自己的同事相比较，也可能是纵向比较，把自己当前的报酬与贡献跟从前的报酬与贡献相比，比较的结果有三种可能的情况。

(1) 若 $O_A/I_A = O_B/I_B$，每个人的报酬与其对组织的贡献成正比，他就感到组织奖酬分配是公平的，要得到更多的报酬，增大对组织的贡献即可。因此，员工的满意度就高，工作积极性也高。

(2) 若 $O_A/I_A > O_B/I_B$，对于员工 A 来说，相对于他对组织的贡献，所分配的报酬偏多了，这也是一种不公平，即因沾光而产生的不公平。在这种情况下，他可能感到不好意思或内疚，甚至主动要求减少自己的报酬，或自觉多做些工作，但一般来说这种情况发生的概率较低。

(3) 若 $O_A/I_A < O_B/I_B$，在这种情况下，员工 A 就会感到自己吃亏了，因吃亏而导致的不公平感是一种严重的心理不平衡状态，这种状态往往伴随有紧张、焦虑、不满、愤怒等消极情绪，会严重降低 A 随后的工作积极性。

2. 程序公平理论

程序公平指员工对用于做出报酬分配决策的方法（程序）所感知的公平程度。当人们认为决策过程不公平时，员工会降低对雇主的承诺，表现出更多的偷懒行为、较高的跳槽（离职）倾向和较低的绩效水平。因此，使影响公平决策过程的因素更清晰、更系统，对组织来说是非常重要的。增加程序公平的有效手段是提高员工的过程控制感,让员工或其代表有参与相关决策、表达自己意见的机会。

3. 互动公平理论

除了分配公平与程序公平,20世纪80年代末,学者们(Bies,Moag,1986)开始关注程序执行时的人际互动方式对员工的组织公平感的影响,他们称这种公平为"互动公平",并将其定义为:在实施组织程序的过程中,人们对自己在人际方面所受到的待遇好坏的感知。后来,Greenberg(1993)又提出将互动公平分成两种:一种是"人际公平"(interpersonal justice),主要指在执行程序或决定结果时,权威或上级对待下属是否有礼貌、是否考虑到对方的尊严、是否尊重对方等;另一种是"信息公平"(informational justice),主要指是否给当事人传达了应有的信息,即向当事人解释为什么要通过某种程序或特定的方式进行分配。如果管理者把员工当作平等沟通的对象,尊重其人格与尊严,并向其提供充分的信息,就能增加员工的互动公平感(Greenberg,1993)。

组织公平理论在绩效管理中具有重要的应用价值。要激发员工的积极性,使绩效管理取得成功,分配公平至关重要,而分配公平包括绩效评价结果的公平和分配奖酬的公平两个方面。除了建立公平合理的绩效评价和奖酬分配制度,程序公平与互动公平也不容忽视。提高程序公平的有效途径就是在绩效管理过程中提高员工的参与度,建立有效的员工参与机制,绩效管理的各项政策、制度的制定必须与员工进行充分的沟通,特别是涉及员工切身利益的政策与制度,必须充分征求员工的意见与建议,及时采纳合理的部分。根据行为科学的研究成果,在进行决策时,只要给员工提供了表达意见和建议的机会,不管其意见和建议有没有被采纳,员工对决策结果的接受程度往往更高。因此,绩效管理是一个全员参与的过程,绩效目标的制定、绩效考核指标和标准及权重的设置、最终绩效评价结果的确定等,都必须采取双向沟通的方式。在整个绩效管理过程中,员工的参与程度越高,他对绩效管理制度的理解以及对绩效评价结果的接受程度也越高,绩效管理的效果就越好。

除了程序公平,互动公平在绩效管理中也非常重要。如前所述,在绩效管理过程中,上下级之间不是控制与被控制、监督与被监督的关系,而是绩效伙伴关系。在绩效管理过程中,管理者不能高高在上地以权威自居,而应把员工视为平等沟通的对象,尊重员工的人格与尊严。哪怕员工犯了错误,要对其进行批评或惩戒,也不能伤害其人格与尊严。管理工作中应对事不对人,就事论事,采取建设性批评的方式,这样才能增加员工的人际公平感。

信息公平在绩效管理中也很重要,信息公平意味着在绩效管理过程中,管理者必须及时与员工分享与绩效有关的信息。特别是在绩效监控阶段,管理者必须设立必要的监督检查点,及时向员工反馈阶段性绩效结果信息,及时肯定员工的成绩与进步,同时指出存在的问题与不足,并给员工提供相应的对策与建议。这样不仅能够使员工得到及时的鼓励,而且能够有效避免工作中的偏差行为,保证绩效目标的顺利实现。如果上级管理者看到了员工工作中存在问题,却并不向员工及时反馈,等到绩效评价时给员工一个较低的绩效评价等级,那么必然会引起员工的严重不满。员工会认为管理者及时反馈和提醒的话,这些问题可能早就解决了,而不会影响最终的绩效评价结果。

二、人际沟通理论

互动公平理论揭示了上下级间的双向沟通在绩效管理中的重要性。实际上,整个绩效管理过程是一个上下级之间双向、持续、开放的沟通过程,不论是绩效计划阶段绩效目标的设置、绩效监控阶段对员工绩效信息的了解以及对员工的辅导和帮助、绩效评价阶段评价依据的确认,还是绩效反馈阶段评价结果的确认、经验总结以及下一个绩效管理周期绩效目标的设置,都离不开上下级间的双向沟通。因此,从某种意义上说,沟通效果直接影响到绩效管理的成败。

(一) 沟通过程模型

沟通指两个或两个以上的主体之间,借助一定的工具与媒介,传递、交流信息与情感的过程。

沟通过程就是信息发送者将特定信息通过选定的渠道传递给信息接收者的过程。这一过程包括九个要素:发送者、信息、编码、通道、解码、接收者、背景、反馈、噪声。沟通过程模型如图2-4所示。

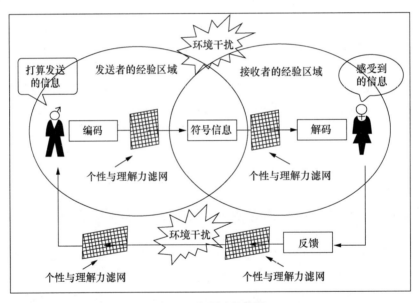

图 2-4　沟通过程模型

具体来说,沟通过程就是信息发送者把要沟通的信息进行编码,选择一定的信息沟通渠道传递给信息接收者,信息接收者对接收到的信息进行分析解码,然后再把自己的意见进行编码,沿着一定的通道反馈给信息发送者,从而形成一个完整的沟通环路。

在整个沟通过程中,很多因素会影响到沟通效果,特别是两个重要的黑箱操作过程:一个是发送者对信息的编码过程,另一个是接收者对信息的解码过程。这两个子过程之所以被视为黑箱,是因为我们无法监测而且难以控制这两个人脑思维活动过程。前者是反映事实、数据和信息如何经过发送者的大脑处理、加工成双方共知符号的过程;而后者是接收方如何把接收到的数据和信息,经过搜索大脑中已有的知识并与之相匹配,从而理解并还原成事实、事件的过程。在沟通过程中,双方共享经验区域越大,沟通效果就越好。

但是,在编码与解码阶段各有一张个性与理解力滤网,这两张滤网会使被传递的信息受到一定的过滤和扭曲。在编码阶段,信息发送者的个性与理解力滤网会使他对要沟通的信息进行选择性加工,以自己已有的态度、动机、情感和需要有选择地进行信息加工,并以自己已有的知识经验对所选择的信息进行编码;在解码阶段,信息接收者的个性与理解力滤网同样会使接收者对接收到的信息进行选择性知觉,从而导致信息接收者最终获得的信息与信息发送者所要传递的信息之间出现一定的差异,最终导致沟通障碍。

除了这两个黑箱过程会对沟通效果造成影响,信息发送者与信息接收者的知识经验、文化背景、心理因素方面的差异,以及沟通渠道中存在的环境噪声也是造成沟通障碍的重要原因。

(二)有效沟通的原则

(1)完整性原则

沟通过程中,每个人都是基于自己已有的经验对当前的信息进行理解。由于信息发送者与接收者的经验背景存在一定的差异,因此信息发送者要表达的意思跟信息接收者理解的意思之间出现差异是很普遍的现象。信息发送者要全面系统地掌握信息,对传递的信息有详尽的准备,尽可能地为信息接收者提供完整、全面的信息,防止因信息表述不充分而使信息接收者出现理解偏差。比如在绩效计划阶段,要员工完成什么工作目标,达到什么标准,在什么期限内完成,工作过程中对员工有什么具体要求,要注意哪些问题,这些都要详细地向员工说明,使员工完整、准确地理解领导的要求和意图。

(2)准确性原则

当沟通者所用的语言能被接收者理解时,沟通才有价值。准确性原则首先要求沟通过程中双方要使用严谨、准确的词汇,避免容易引起歧义的模糊语言,并用容易理解的方式加以表达。由于沟通双方在文化背景和语言风格上的差异往往会导致他们对同一词汇有不同的理解,特别是在跨文化沟通时,这种情况更容易发生。在沟通过程中,除注意使用规范用语外,必要时还要做一定的解释和补充说明。比如上下级之间讨论绩效指标时,某些定性指标不像定量指标那样具体、明确,如纪律性、协作性、主动性等,指标的具体含义是什么,哪些方面的行为表现属于该指标评价的内容,各评价等级的标准是什么,这些问题需要用关键行为加以说明。准确性原则的另一个要求就是信息来源对沟通双方来说都应是准确和可靠的。比如上级对下属工作中存在的问题进行批评时,必须使用双方都认可的信息。比如甲跟乙之间存在矛盾,上级根据从甲员工那里了解到乙员工的工作存在问题,对乙提出批评,那么乙很容易质疑信息的真实性和准确性,认为甲添油加醋甚至无中生有,故意在领导面前诋毁自己。很显然,这种情况下的沟通难以取得理想的效果。

(3)及时性原则

在沟通过程中,无论是主管人员同下级沟通,还是下级同上级的沟通,都要注意沟通的及时性,这样才能及时发现问题和解决问题,这也是信息公平的基本要求。

(4)双向沟通原则

要减少沟通过程的障碍,改善沟通效果,就需要信息接收者及时进行信息反馈,变单向沟通为双向沟通。通过信息反馈,信息发送者判断信息接收者是否接收到并完整、准确地理解自己传递的信息。一旦发现对方所理解的信息与自己想表达的信息之间存在偏差,就要及时进行澄清。例如,在绩效计划阶段向员工布置工作任务时,如果任务较多或任务比较复杂,那么员工有没有真正理解自己的任务要求呢?在绩效监控阶段对员工进行绩效辅导时,员工有没有弄明白辅导意图呢?上级可以要求员工进行复述,看看员工复述的内容跟自己要表达的是否一致,如果不一致,那么这次沟通肯定出了问题,需要在出问题的地方加以澄清。

(5) 对事不对人的原则

根据前述人际公平要求,在上下级的互动过程中,尽管双方在权利、地位方面不对等,但每个人的人格尊严是平等的,上级要尊重员工的人格尊严,把下属视作平等的沟通对象,这样才能使员工产生人际公平感。在绩效管理过程中,上下级沟通的主要目的是解决下属工作中存在的问题,顺利实现绩效目标,而不是给员工下一个定论。这就要求在沟通过程中坚持对事不对人的原则,就事论事、坦诚、理性地进行沟通,不能掺杂过多的个人情绪。比如当员工的工作中出现了问题,对员工进行批评教育时不能意气用事,要摆事实讲道理,坚持问题导向而非个人导向,以成人对成人的心态进行沟通,避免父母自我状态和儿童自我状态。沟通时可以遵循以下步骤:第一步,详细描述员工的工作行为表现;第二步,描述这种行为所导致的结果;第三步,给员工机会进行必要的解释和补充,进一步澄清事实;第四步,上下级共同探讨从这件事情中应汲取什么经验教训,未来的工作应注意哪些问题、做哪些改进。通过这种沟通,既解决了问题,又没有伤害员工的自尊。这种沟通不是为了给人贴一个标签,而是为了防止未来工作中这种问题再次出现,从而达到改进员工绩效的目的。这样一来,员工不仅不会产生抵触情绪,而且很容易接受上级的批评意见,并发自内心地对上级的帮助表示感激,这就达到了建设性沟通的目的。

三、社会知觉理论

(一) 社会知觉的概念

"社会知觉"(social perception)的概念是由美国心理学家杰罗姆·S.布鲁纳(Jerome S. Bruner)1947年首次提出的,用于说明知觉的社会决定性,即知觉不仅取决于知觉对象的特点,也取决于知觉者自身的目的、动机、情感、态度、经验等主观因素。后来,这个概念在社会心理学中有了新的含义,人们认为社会知觉是对社会对象的知觉,而社会对象包括个人、社会群体和大型的社会组织。具体来说,社会知觉指在社会环境中,人们对某一个人(包括自己)或某一群体的知觉,是对他人(包括自己)的特性、心理状态、行为动机和意向做出推测与判断的过程。

绩效管理是上下级相互协作、共同实现绩效目标的过程。在这一过程中,上级对下级的评价、辅导与帮助至关重要,上级对下级的评价、辅导与帮助是以对下级的认识与了解为前提的,所以社会知觉理论也是绩效管理的重要理论基础。

(二) 社会知觉过程中常见的偏差及其对绩效评价的影响

由于知觉者与知觉对象都是有思想、情感与能动性的人,因此社会知觉过程中会发生一系列的偏差,导致知觉结果的失真,这些偏差在绩效评价时对评价结果会产生一定的影响。

1. 选择性知觉

选择性知觉(selective perception)指个体在对他人进行知觉时,由于认知能力或时间的限制,不可能接收和处理所观察到的全部信息,而是根据部分信息对他人做出评价。这部分信息是观察者根据自己的兴趣、情感、经验和态度进行选择的,这就是选择性知觉。选择性知觉的结果是:我们看到的其实是我们想看的东西,我们听到的其实是我们想听的东西。也就是说,在现实生活中,每个人的实际表现是全面的,有积极的一面也有消极的一面,但我们对一个人进行知觉和评价时,出于种种原因,往往事先带着一定的成见去观察和了解,凡是与我们已有态度或印象一致的信息,我们就会注意到,凡是与我们已有态度或印象不一致的信息,我们往往视而不见、听而不闻,这将导致我们原有的看法和成见一次又一次地得到巩固与加强。这一心理机制有助于我们解释现实生活中为什么误解会越积越深,以及"言者无心,听者有意"等现象。在绩效管理过程中,如果一个管理者对一个不喜欢的员工产生了成见,那么对其在绩效监控阶段的优良表现可能视而不见,对其消极表现可能观察得格外清晰;反之,对自己喜欢的员工,情况可能正好相反。

2. 首因效应

首因效应(primary effect)也就是第一印象(first impression)的作用,就是人们根据最初接触所获得的信息而形成的印象。第一印象形成后不易改变,它会左右个体对后来新信息的选择和解释,在知觉过程中经常发挥着过滤器的作用。在人际交往中,凡是与知觉者第一印象相一致的信息会优先得到知觉,与第一印象不一致的信息则可能被过滤掉,从而使人产生信息盲区。也就是说,如果一个人在初次见面时给他人留下了良好的第一印象,其他人就会在以后的交往中更多地看到这个人的优点;相反,如果一个人在初次见面时给他人留下了不好的第一印象,其他人就会更多地看到这个人的缺点与不足。首因效应在对新员工进行绩效评价时比较常见,对老员工的绩效评价往往更多地受到近因效应的影响。

3. 近因效应

近因效应(recency effect)指人际交往中,个体对最近获得的信息会留下非常清晰的印象,最近产生的清晰印象往往会冲淡过去已有的印象。在绩效管理中,近因效应是一种常见的现象,例如在对员工进行绩效评价时,如果评价周期较长,比如每年评价一次,有的员工格外精明,快到年底评价了,工作表现格外努力,企图给经理留下非常深刻的印象,其实他从前的表现可能很一般。但是,如果经理平时没有做好员工的关键行为记录,仅凭个人印象进行评价,就很容易被员工最近一段时间的表现迷惑,从而做出偏高的评价结果。所以,在绩效监控阶段,管理者要为每个员工做好关键行为记录,根据员工在整个绩效管理期间的实际表现对其做出评价,从而预防近因效应偏差,提高评价的客观性和准确性。

4. 晕轮效应

晕轮效应(halo effect)又叫光环效应,指人们对他人评价时出现的以点代面、以偏概全的社会心理效应。当对某人的印象不好时,就觉得什么都不顺眼,他就会为消极、否定的光环所笼罩,被认为具有所有的坏品质;反之,当对某人印象很好时,他就会使一种积极、肯定的光环所笼罩,被赋予其他可能并不具备的好品质。晕轮效应使我们无法全面地观察、评价一个人,无法从消极品质突出的人身上发现其积极的品质和优点,也不能从积极品质突出的人身上看到其缺点和不足,从而对人做出"一无是处"或"完美无缺"的评价。事实上,在现实生活中,一无是处和完美无缺的人都很少。所以,晕轮效应的危害是以点代面、以偏概全,容易影响对他人评价的准确性和可信度。

晕轮效应产生的主要心理机制是中心特质的扩展。对一个人进行评价时有若干评价指标,但评价者对这些指标的重视程度可能是不一样的。如果被评价者在评价者最看重的某一指标上表现格外优秀,会使得评价者把对这一指标的印象扩展到其他指标上,认为他在其他方面也同样优秀,从而对他各个指标的评分都很高,这就是典型的"一俊遮百丑"现象;反之,亦然。

在绩效评价时,要特别注意预防晕轮效应的消极影响。为防止此类现象的发生,在绩效评价时,应首先区分绩效评价的维度,建立客观的关键绩效指标体系,并为每一个指标及其评价等级给出明确的操作性定义,能够量化的指标尽可能量化,不能量化的指标可以拟定行为化的标准,按统一的标准对员工进行评价,以减少晕轮效应的消极影响。心理学研究表明,在绩效评价时,不以人为单位,一个员工评价完后再评价另一个员工,而以指标为单位,按指标依次对所有的人进行评价,这也能在一定程度上降低晕轮效应的消极影响。

5. 刻板印象

刻板印象(stereotyping)又叫定型思维,指人在知觉他人时,并不是把知觉对象作为孤立的个体进行认识,而总是把他看作某一群体中的一员,基于对其所在群体的印象做出判断。

刻板印象有两方面的作用。一方面,刻板印象使认识他人的过程简化,有利于在短时间内对某一个人做出迅速判断,想象出他可能具有的典型特征;另一方面,刻板印象可能导致结论偏误较大,在很多情况下刻板印象本身可能是一种社会偏见,并不一定合乎实际,如"地域黑"就是一种典型的刻板印象。此外,即使这种刻板印象不是社会偏见,属于同一群体中的人除了具有所属群体的共同特征,还有自己独特的个性特征,两者间是有差异的,但刻板印象则以共性扼杀了个性。

在组织管理中,理所当然地认为年轻人朝气蓬勃、积极进取,老同志经验丰富但因循守旧,开拓创新的意识不足,这就是一种刻板印象。

6. 评分趋势

评分趋势是对他人进行评价时评价者的一种评分习惯,有过宽趋势、过严趋势和居中趋势三种表现。

(1)过宽趋势。过宽趋势指在个人对他人评价时具有的一种特殊的宽大倾向,尽可能从积极的方面对他人进行评价。如果一个经理在绩效评价时对所有下属打分都很高,就可能存在过宽趋势。过宽趋势产生的原因有以下几个方面:一是个人固有的一种认知倾向,因为对他人做出积极肯定的评价会使评价者感到愉快;二是在缺少其他信息资料的情况下,评价者也倾向于做出宽大评价,只要个人对他人的印象不发生原则性改变,就总是对他人保持过宽评价;三是当管理者试图通过年终绩效评价为员工争取更多的奖金以鼓舞士气时,也可能出现评价过宽现象。

(2) 过严趋势。过严趋势指在对他人进行评价时，评价者的标准过于严格，导致对所有人的评价结果普遍偏低。当经理担心所属部门的员工绩效评价结果过高会导致奖金超发时，为有效控制人力成本，就可能出现绩效评价过严的现象。

(3) 居中趋势。居中趋势指在对他人进行评价时，评价结果大多集中于中间水平，既没有很高的评价，也没有很低的评价。有的管理者担心一旦绩效评价结果差距过大，可能会引起部分员工不满，为回避矛盾，可能会给出比较集中的评价结果；有的公司在绩效评价时，为防止评价结果令人信服，对于评价分数很高和评价分数很低的员工，除了对其相关指标进行打分，还要求经理写评语，给出具体的打分根据，而写评语是一件非常麻烦的事，有的经理为省事可能不会给出很高与很低的评价分数，从而导致所有人的得分比较集中。

在绩效评价时这三种偏差会带来两个方面的问题：第一，同一个管理者对员工评价的分数拉不开距离，从而导致绩效表现佳的员工得不到应有的肯定，绩效表现差的员工也没有什么压力；第二，不同的管理者对员工的绩效评价结果没有横向可比性，如果两个平行部门的管理者在进行绩效评价时，一个部门的管理者考核标准非常宽松，而另一个部门的管理者非常严格，两个部门员工的绩效评价结果就没有任何可比性，容易导致部门间的不公平。

在绩效评价前应制定客观、具体的评价标准，并且加强对评价者的培训和评价者之间的沟通，有助于减少这些偏差的消极影响。有的公司在绩效评价时采取强制分配技术，人为地拉开绩效差距。需要注意的是，在使用这种方法时，各部门绩效等级比例的分配应与部门绩效挂钩，避免出现另一种意义上的不公平。

7. 对比效应

对一个人的知觉和评价往往并不独立，通常会受到刚刚评价过的其他人的影响，这种现象叫作对比效应（contrast effect）。在绩效评价时，如果刚刚评价过的一个员工各方面表现都非常突出，那么在对下一个员工进行评价时，可能由于相形见绌，导致对后者的评价分数相对偏低；反之，亦然。为避免这种情况造成的偏差，绩效评价时，评价者有必要最后对评价结果进行综合平衡。

四、归因理论

(一) 归因的含义

所谓归因（attribution），就是指观察者对他人或自己的行为进行因果解释和分析，指出其性质或推论其原因的过程。人们行为的原因包括内部原因和外部原因两个方面。内部原因是指个体自身所具有的、影响其行为表现的品质和特征，包括个体的人格、情绪、心境、动机、欲求、能力、努力等；外部原因是指个体自身以外的、影响其行为表现的条件和环境，包括环境条件、情境特征、他人影响等。当别人做了一件事情后，我们往往要分析"他为什么要这样做""是什么原因导致这件事情的发生"，等等。了解事情背后的原因以后，就可以及时总结经验和教训，对有利的行为及时总结经验，争取以后取得更好的结果；对不利的行为采取有效措施，避免此类事件再次发生。

绩效管理与归因分析息息相关。绩效管理的最终目的是提高员工绩效，促进员工发展。因此，在绩效管理过程中，对员工的绩效表现要不断进行归因分析，特别是绩效评价结束后，要对员工的绩效结果进行诊断。对于绩效较好的员工，要分析这一结果应归功于哪些方面，明确员工有哪方面的特长和优势以及进一步发展的潜力，以便为员工的职业生涯管理提供信息支持；对于绩效不佳的员工，也要分析背后的主要原因，从而有针对性地拟订下一步的绩效改进计划。因此，对员工绩效结果的归因分析在绩效管理中具有十分重要的意义。

（二）凯利的三度归因理论

三度归因理论常被用来分析人的行为究竟是由外部客观原因造成的，还是由内部主观原因导致的，这一理论是由美国社会心理学家 Harold(1973) 提出的。他认为，人们行为背后的原因十分复杂，仅凭一两次观察难以做出正确的判断，必须在类似的情境中多次观察，收集大量的行为样本，然后根据多种线索做出判断。究竟要把一个人的行为归结为何种原因，要按以下三个标准来决定，即区别性、一致性和一贯性，如图 2-5 所示。

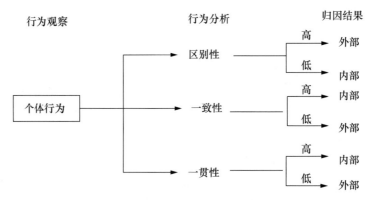

图 2-5　三度归因理论

区别性指个体在不同情景下的行为是否有区别。如一个员工最近生产的产品质量明显下降，次品率、废品率居高不下，究竟是什么原因造成的呢？是他工作责任心差、工作态度不端正，还是有客观原因（比如原材料质量差、设备老化）？要得出正确的结论需要看他在工作的其他方面表现如何，如果他在工作中消极怠工，经常违规违纪，迟到、早退严重，人际关系紧张等，说明他工作态度较差，产品质量低可能是内部原因造成的。如果他只是在产品合格率方面做得不好，但在工作其他方面做得都很不错，管理者可能会将这种情况归结于外部原因。

一致性是把个体行为与同样情景下其他人的行为相比较，观察反应是否一致。再以上面的例子做分析，如果使用同一台设备、同一批原材料的所有员工最近的产品合格率都明显下降，即行为的一致性很高，我们可以把该员工的产品合格率下降作外部归因分析，即可能是原材料质量问题或设备老化等原因造成的。但是，如果使用同一台设备、同一批原材料的其他员工产品质量都没问题，只是该员工产品质量明显偏低，我们就会断定这一问题是个人的原因造成的。

一贯性指把个体的行为与其从前的行为做纵向比较分析，看其行为在不同的时间是否前后一贯。如果该员工从前产品质量方面从未出过问题,只是最近一段时间产品质量明显下降,管理者可能倾向于作外部归因分析;如果该员工的产品质量一直较低,则说明这一问题是自身原因造成的,可能是员工能力不足,缺乏从事这一岗位的胜任力,或者是工作责任心差。行为的一贯性越高,观察者越倾向于作内部归因分析。

绩效具有多因性,员工的绩效既受自身的知识技能、态度动机等内部因素的影响,也受环境条件与机会等外部因素的影响。绩效评价结束以后,管理者与员工要根据凯利三度归因的原则,对本绩效管理周期内的绩效结果进行归因分析,从而确定影响当前绩效的主要原因是来自内部或外部,根据具体结果拟订下一步的绩效改进计划。如果绩效不佳的主要原因是员工的知识能力不够,就要及时进行培训,或者调整岗位;如果是态度、动机问题,就要及时进行批评教育,使其端正工作态度,或者调整公司的激励政策。如果绩效不佳的主要原因来自外部,那么对员工批评教育不起任何作用,必须改进工作条件或工作流程,给员工提供必要的外部条件,才能解决绩效不佳的问题。

第四节　测量学理论

绩效评价是绩效管理的关键环节,只有通过绩效评价,才能确定员工的绩效结果,了解员工的绩效信息,并在此基础上制定相应的绩效管理决策。因此,绩效评价结果是否准确、可靠,直接影响到绩效管理决策的合理性,进而影响绩效管理的成败。实际上,绩效评价就是对员工绩效的测量,所以必须根据测量学的技术要求设计绩效评价方案,才能确保绩效评价的成功。

一、测量的含义与要素

（一）测量的含义

美国学者 Stevens（1946）认为,测量就是根据某种法则给事物分配数字。这是一些社会科学研究人员经常采用的一个定义。国内学者风笑天（2016）认为:"所谓测量,就是根据一定的法则,将某种事物或现象所具有的属性或特征用数字及符号表示出来的过程。"通过测量,我们可以了解研究对象的具体属性或特征,加深对事物的认识,在此基础上采取科学的手段,提高实践的科学性和有效性。

（二）测量的要素

测量包括五个要素:测量主体、测量客体、测量内容、测量法则、测量结果。

（1）测量主体。测量主体指测量的实施者。在测量的五个要素中,测量主体对应的是"谁测量"的问题。在绩效评价中,测量主体即绩效评价者。一般来说,评价者是被评价者的直接上级。现代绩效评价中,其他主体也常常参与绩效评价,如同事、下属、客户,甚至被评价者自己,形成360度绩效反馈体系。引入自我评价时,被评价的员工既是测量主体,又是测量客体,实现了主客体的统一。

（2）测量客体。测量客体又叫测量对象,是我们用数字或符号对其特征或属性进行说明和解释的对象。在测量的五个要素中,测量客体对应的是"测量谁"的问题。

（3）测量内容。测量内容指的是待测量客体的某种属性或特征。一个测量客体有很多属性或特征，但在一次特定的测量中，这些属性或特征不一定都是我们所关心的对象，只有我们关心的那些属性或特征才构成测量的对象。在测量的五个要素中，测量内容对应的是"测量什么"的问题。比如，小张有很多属性或特征，如身高、体重、相貌、性格、爱好、品德、特长等，我们在对小张进行绩效评价时，这些属性或特征并不是我们所关心的，只有他的绩效才构成测量的对象。

（4）测量法则。测量法则是对测量客体的属性或特征进行测量时所遵守的操作规则。在测量的五个要素中，测量法则对应的是"如何测"的问题。例如，用尺子测量物体的长度时，要先把尺子的零刻度对准物体的一端，然后把尺子拉直，物体另一端所对应的尺子上的刻度，就是该物体的长度。这就是测量物体长度时要遵守的测量法则。绩效评价时，把员工的实际表现与绩效评价表上各绩效指标的不同评价等级的标准相对照，在最符合的等级上打勾，这就是测量员工绩效时的测量法则。测量法则有好有坏，使用好的法则可以得到比较理想的测量结果，而使用坏的法则所获得的测量结果不能反映真实情况。

（5）测量结果。测量结果是用来表示测量对象属性或特征的数字或符号。在测量的五个要素中，测量结果对应的是测量对象的属性和特征"如何表示"的问题。测量结果可以是数字的形式，也可以用文字或符号来表示，如绩效评价结果既可以是具体考核分数（如90分、96分），也可以是优秀、良好、合格等。

二、测量的层次

客观事物具有各种属性与特征，对不同方面的属性和特征进行测量时有不同的层次与标准。后来，学界开始使用四种不同的测量层次，即定类测量、定序测量、定距测量和定比测量，不同层次的测量方法分别用来测量事物的不同属性与特征。

（一）定类测量

定类测量又叫类别测量或定名测量，是四种测量层次中精确度最低的一种测量。定类测量的结果是把测量对象按某一属性或特征区分为不同的类型，并标以不同的符号或名称。定类测量本质上是一种分类体系，根据某种属性或特征，把测量对象分为不同类型。比如，我们按性别把员工分为"男性"和"女性"，按工作性质把员工分为"生产类""研发类""销售类""行政类""后勤服务类"等不同类型。定类测量时所划分的类别必须满足"穷尽性"和"互斥性"两个标准。"穷尽性"指所划分的类别必须包括所有可能的类别；"互斥性"指不同类别之间不能有任何交叉与重叠，以确保测量对象能且只能属于一个类别。

（二）定序测量

定序测量又叫顺序测量或等级测量。定序测量的结果可以按照某种逻辑顺序把测量对象排出高低或大小次序。比如我们按组织层级把管理者分为"高层管理者""中层管理者"和"基层管理者"。定序测量结果不仅能够像定类测量一样，可以按照某种属性把测量对象分为不同类型，而且还能反映出不同对象在某种属性上存在的大小、高低、强弱等等级序列上的差异。因此，通过定序测量所得到的信息比定类测量多。

（三）定距测量

定距测量又叫间距测量或区间测量。这种测量不仅能够将测量对象分为不同类型、不同等级，而且可以确定不同等级相互之间的间隔和数量差别。定距测量除具有定类测量和定序测量的性质外，定距测量中相邻等级间的差距是相等的，因此测量结果可以进行加减运算。例如，我们用李克特五点量表对员工在工作环境、工作报酬、人际关系、工作本身、领导方式等几个方面的满意度进行测量，把这几个方面的测量分数相加，所得到的总分就是被调查者工作满意度总分。定距测量没有绝对的零点，测量结果只能加减，不能进行乘除运算。

（四）定比测量

定比测量又称作比例测量或等比测量。定比测量除具有上述三种测量的全部性质以外，还具有绝对的零点，因此测量结果可以进行加、减、乘、除各种运算。例如，张三生产了10件产品，李四生产了20件产品，我们既可以说李四比张三多生产了10件产品，也可以说李四的产量是张三的2倍。

这四种测量的层次由低到高，逐渐上升，高层次测量具有低层次测量的所有功能，而且高层次测量结果可以还原为低层次测量结果进行统计处理；但是，反过来不行。因此，在进行测量时，一般能够用高层次测量的，尽量不用低层次测量。

三、测量的指标

测量是依据一定的法则给事物的属性和特征分配数字。在测量过程中，测量对象有不同方面的属性或特征，这些属性或特征抽象程度不同，对这些属性或特征进行测量时难易程度也不一样。例如，测量一个人的身高比较容易，按规则用尺子直接量就行，但有的特征测量时就比较困难。比如，社会地位是一个抽象的概念，没法像测量身高那样直接拿尺子量，这个时候就必须对这个抽象概念进行操作化，然后才能对其进行测量。

操作化就是将抽象的概念转化为可观察的具体指标的过程。测量指标是用于对概念进行测量的一组可观察的事物。概念是抽象的，是人们的主观印象，但指标是具体的，是客观存在的事物。例如同情心这个概念，尽管我们生活中常常提到它，也能体会到它，但是这个东西在现实中是看不见、摸不着的，不像客观事物的大小、形状、颜色等可以直接观察的特征。不过，当我们将它操作化为"主动帮助盲人过街""主动给乞讨者钱物""主动为灾区捐款"时，就会在现实生活中看到它并能测量它了。操作化的作用正是让那些通常只存在于我们头脑中的抽象概念，最终在我们所熟悉的现实世界中"现出原形"，让那些本来我们只能靠思维去理解、去体验的东西，"变成"我们看得见、摸得着、可测量的东西。

对员工的绩效评价就是对员工绩效的测量，员工是测量客体，绩效是测量内容。绩效是一个抽象的概念，要对它进行测量就必须开发出具体的测量指标，即绩效指标。例如，评价一名销售人员的绩效，可以用销售额、回款率、销售费用、客户满意度等方面的绩效指标进行评价。绩效指标的确定要考虑组织目标的分解、岗位职责以及工作流程等方面因素。关于绩效指标的确定将在后面章节进行讨论。

一个完整的绩效指标一般包括四个构成要素，它们分别是：

（1）指标名称。指对绩效指标的内容做出的总体性概括。
（2）指标定义。指绩效指标内容的操作性定义，用于揭示评价指标的关键可变特征。
（3）标志。绩效指标中用于区分各个级别的特征规定。
（4）标度。用于对指标的标志规定的各个级别所包含的范围做出规定。

在绩效评价实践中，为提高评价的客观性与准确性，要对每一个指标进行规范命名，指标名称应准确严谨、言简意赅。除此以外，还要给每一个指标下一个操作化定义，明确界定该指标评价的具体内容是什么，特别是那些涉及行为绩效的定性类绩效指标，如纪律性、主动性、协作性、创新性等，要明确规定该指标评价的具体内容，以便评价者明确哪些方面的行为表现由这个指标进行评价。标志是对该指标进行评价时，评价标准分成的几个等级，每个等级的名称与取值范围是什么，如 S、A、B、C、D 或优、良、中、合格、不合格，分别对应 5 分、4 分、3 分、2 分和 1 分。标度是指为提高评价的客观性，明确规定的各等级的评分标准，这些评分标准应尽可能量化。比如对销售员的评价，完成销售额 100 万元以上，获得绩效优秀；完成销售额 80 万～100 万元，获得绩效良好。不能量化的指标要行为化，对每个评价等级用关键行为进行定义和解释，以标明在工作中什么样的表现对应什么样的等级和分数，如表 2-2 所示。

表 2-2　绩效指标示例

指标名称	纪律性				
指标定义	是否遵守公司的各项规章制度和工作纪律，有无违反公司规定的现象发生				
标志	S(5 分)	A(4 分)	B(3 分)	C(2 分)	D(1 分)
标度	纪律性很强，严格遵守公司的各项规章制度以及工作纪律，从来没有违反过公司规定	纪律性较强，能够遵守公司的各项规章制度以及工作纪律，基本没有违反过公司规定	有一定纪律性，基本能够遵守公司的各项规章制度以及工作纪律，违规事件较少	纪律性不够，有时不遵守公司的规章制度和工作纪律，违规事件时有发生	纪律性很差，经常不遵守公司的规章制度和工作纪律，违规事件屡有发生

在实际的绩效评价中，通常把指标名称与指标定义称作绩效指标，把标志与标度称作评价标准。

四、测量的信度与效度

（一）信度

在对事物的属性和特征进行测量时，测量结果必须是稳定且可靠的，这种结果才有意义。测量的信度（reliability）反映的就是测量结果的稳定性或一致性，指采用同样的方法对同一对象重复进行测量时，测量结果相一致的程度。信度指标一般用相关系数表示，叫作信度系数，信度系数越大，说明测量结果越可靠。检验测量信度的方法有以下几种：

（1）重测信度。重测信度指对同一组人员采用同一种测量工具或方法，在不同的时间点先后测量两次，然后计算两次测量结果的相关系数，这种相关系数叫作重测信度。为了使被测者对前一次测量的记忆不影响后一次测量结果，两次测量间要有一定的时间间隔。

（2）等值性信度。等值性信度又叫复本信度。设计和编制两套项目类似的题目，两套题目在内容和难度方面是一致的，用两套测试题目同时对同一组被试进行测量，然后计算两个测量结果的相关系数，这一相关系数就是等值性信度。

（3）折半信度。对某种特征或属性进行测量时，所有的题目应当都是反映这一特征或属性的东西，在测量后，根据某种标准（如奇项、偶项）把题目分成两半，分别计分，求出两半题目的分数之间的相关系数，这一相关系数叫折半信度。这一方法要求前后两部分题目的确是在测量同一种属性或特征，一旦它们所测的并不是同一属性，就无法用这种方法评价测量的信度了。

（4）内部一致性信度。内部一致性信度反映的是测量同一属性的多个测量指标的一致性程度，目前使用最为普遍的是克龙巴赫1951年提出的α系数，这个指标能准确地反映测量项目的一致性程度和内部结构的合理性。α系数与折半信度反映的都是测量项目间的一致性，实际上，α系数是所有可能的折半信度的平均值。

（5）评价者信度。评价者信度指由多个评价者对同一对象进行评价时评价结果的一致性程度。如果评价标准是客观的，不同的评价者使用同样的评价标准对同一个人进行评价所得到的结果就应该是一致的，结果相差较大就说明评价过程中产生了较大的主观误差，这一结果的可信程度就较低。

对员工的绩效评价过程就是绩效测量过程，因此评价结果的一致性与可靠性是绩效评价时必须考虑的一个问题。有的教科书在谈到绩效评价的信度时，认为绩效评价的信度是重测信度，即在相近的两个时间点分别对员工进行两次评价，如果两次评价结果一致就说明绩效评价信度高。但这种观点是值得商榷的，因为绩效的特点之一就是动态性，影响绩效的每一个因素都处在变化之中。两次绩效评价期间每一个因素的变化，必然对第二次绩效评价结果产生影响。所以，重测信度对绩效评价来说没有太大意义。此外，内部一致性信度在绩效评价中也没有太大意义，因为绩效指标具有独立性与差异性，不同的绩效指标反映的是绩效的不同方面。事实上，绩效评价的信度应该是评价者信度，而不是重测信度或内部一致性信度。如赫尔曼·阿吉斯（2008）在解释绩效管理体系的可靠性时指出：如果由两位主管根据相同的绩效评价维度同时对同一位员工做出绩效评价等级，那么两人最终得出的绩效评价结果应该是接近的。在对员工的绩效进行测量时，那些客观的、定量的指标，如产量、质量、销售额等，无论谁进行考核，结果都是固定的，因此无须考虑评价者信度。但是，在对定性指标进行评价时，由于没有像定量指标那样的客观量化的标准，需要根据评价者的主观判断进行打分，评分时必然会掺杂评价者的主观性因素。因此，在评价这些绩效指标时，评价者之间的变异是产生误差的重要原因之一，误差越小，评价的结果越可靠，这时就需要考察评价者信度。如果评价者信度偏低，就需要对绩效指标进行明确定义和行为化。

（二）效度

测量的效度（validity）指测量的有效性，即使用某一测量工具进行测量时，能够真正测出事物属性或特征的程度。当一项测量所测的结果正是我们想得到的结果时，我们就说这一测量是有效的，或者效度较高；如果测出的不是我们想要的东西，这一测量就是无效的。测量的效度有以下几种类型：

（1）内容效度。内容效度指测量时所设计的题项或指标能代表测量对象的内容或主题的程度。如果测量的指标真正反映了测量对象的属性或特征，这一测量就具有内容效度；否则，如果测量指标包含了与测量对象属性或特征无关的内容，测量的内容效度就较低。对内容效度常采用逻辑分析与统计分析相结合的方法进行检验。

（2）效标效度。效标效度又叫效标关联效度。如果一个测量存在其他客观标准，这一标准被称为效标。把测量结果与效标做相关分析，所得到的相关系数就是效标关联效度。比如对员工的收入进行调查时，为了检验问卷调查结果是否有效，可以到人力资源部门取得员工的工资、奖金、津贴等数据作为效标，再与问卷调查的结果做相关分析，求其相关系数，这一相关系数就是效标关联效度。

（3）结构效度。结构效度又叫构想效度或建构效度，指测量能反映测量对象结构的程度。

绩效评价中所关心的效度是内容效度，即绩效指标能否真正反映被评价员工的实际绩效，而不太关心效标效度或结构效度。赫尔曼·阿吉斯（2008）在解释绩效管理体系的有效性时指出：绩效衡量指标应当是相关的没有缺陷的（即不能漏掉任何重要的绩效内容），同时还应当是没有受到"污染"的（即不能包含员工个人无法控制的因素）。绩效具有多维性，理想的绩效指标体系既不能漏掉任何重要的绩效指标，但也不能掺杂任何与实际绩效无关的其他指标，否则将造成指标的缺失或污染。

在图 2-6 中，圆圈 A 代表企业绩效评价时应该评价的指标，圆圈 B 代表企业实际绩效评价的指标，两者的交叉部分 C 越大，内容效度就越高，除去 C 部分之后，A 中剩余部分是缺失的指标，B 中剩余部分是被污染的指标。

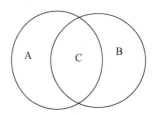

图 2-6　绩效评价效度示意图

绩效评价的内容效度主要通过专家判断法进行评价，让专家对某一岗位的绩效指标进行分析，对各指标的适合度进行评价，分析现有绩效指标里面有没有与这一岗位的绩效无关的指标，以及现有的绩效指标体系是否包含了这一岗位的主要绩效维度，有没有漏掉重要指标，从而对内容效度进行评价。

❑ 重点与思考题

1. 系统有哪些基本特征？系统理论对绩效管理有什么指导意义？
2. 控制手段有哪些？各有什么作用？
3. 信息论对绩效管理的指导意义是什么？

4. 影响目标激励效果的因素有哪些？目标制定的原则是什么？
5. 什么是目标管理？目标管理有哪些特点？
6. 如何对目标管理进行评价？
7. 如何把行为强化理论应用于绩效管理？
8. 组织公平理论在绩效管理中有何意义？
9. 社会知觉偏差对绩效评价有何影响？如何减少这些偏差的消极影响？
10. 绩效评价的信度、效度指的是哪种信度与效度？为什么？

21世纪经济与管理规划教材
工商管理系列

第三章

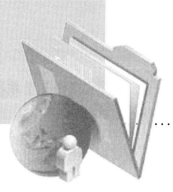

绩效管理体系与运行机制

第一节 绩效管理体系概述

根据系统论的基本观点,绩效管理是人力资源管理系统中的一个子系统,只有对绩效管理进行系统设计,才能有效实现绩效管理的目的。不少绩效管理著作已经从系统的角度对绩效管理进行研究,虽然名称有所不同,如有的叫作绩效管理系统,有的叫作绩效管理体系,但基本思路是一致的。根据《现代汉语词典》的解释,"系统指同类事物按一定的关系组成的整体,体系指若干事物或意识互相联系而构成的一个整体"(中国社会科学院语言研究所词典编辑室,2015)。绩效管理是由与绩效管理有关的事物,如绩效目标、绩效指标、绩效管理工具、绩效管理过程、绩效管理制度、绩效管理参与者等相关因素组成的一个有机整体,本书统一叫作绩效管理体系。

一、绩效管理体系的含义与特征

(一)绩效管理体系的含义

所谓绩效管理体系是企业以实现最终目标为驱动力,以关键绩效指标和工作目标设置为载体,对全公司各层各类人员工作绩效的客观衡量、及时监督、有效指导、科学奖惩,目的是调动全员积极性并发挥各员工优势以提高公司绩效,实现企业目标的整体管理体系(高毅荣等,2015)。一套良好的绩效管理体系能够帮助企业顺利实现战略目标,而糟糕的绩效管理体系会给组织带来极大的危害。

(二)良好的绩效管理体系特征

赫尔曼·阿吉斯(2008)列举了一套良好的绩效管理体系应具备的14项主要特征。

1. 战略一致性

绩效管理体系应与组织和部门的战略保持一致,个人目标必须与部门目标和组织目标紧密结合在一起。

2. 完整性

绩效管理体系的完整性包括以下四方面的内容:

(1)所有员工(包括管理者)都应当接受绩效评价。

(2)员工所有主要工作职责都应当被评价。

(3)应当对整个绩效周期内的绩效进行全面评价。

(4)对员工的绩效反馈应该同时提供积极的、消极的绩效信息。

3. 实用性

实用性包括以下两方面:

(1)复杂的未必就是最好的,好的绩效管理体系应当容易上手,易于操作。

(2) 使用绩效管理体系产生的收益应当超出所耗费的成本。

4. 意义性

绩效管理体系必须在以下几个方面有意义：

(1) 针对每一项工作职能确定的绩效标准和评价内容必须满足重要性和相关性要求。

(2) 绩效评价应该仅仅强调员工可控的那部分职能。

(3) 绩效评价必须在恰当的时间进行，而且时间间隔必须有规律。

(4) 绩效管理体系应当为被评价者提供持续不断的技能开发机会。

(5) 绩效评价结果应该成为重要的管理决策依据，若绩效评价结果不与员工利益挂钩，就不会引起员工的重视。

5. 具体性

一套好的绩效管理体系应该给员工提供详尽而具体的指导，告诉他们组织和上级对他们的期望，以及他们如何达到这种期望。

6. 辨别性

绩效管理体系应该能够把绩效水平不同的员工有效地加以区分，使每一个人对组织的实际贡献能够得到客观的评价，为下一步的管理决策提供信息。

7. 可靠性

一套良好的绩效管理体系所包含的绩效衡量指标应当是稳定一致、没有偏差的。不同的评价者在同一时间使用同一套评价标准对同一个员工进行绩效评价时，结果应该是一致的。

8. 有效性

绩效衡量指标包含了与绩效相关的各方面内容，且不包含与绩效无关的其他内容。也就是说，绩效衡量指标应该真正反映员工的实际工作绩效，既不能存在指标的缺失，也不能存在指标的污染。

9. 可接受性和公平性

一套好的绩效管理体系应该被所有的参与者接受，而且应该被他们认为是公平的。一套绩效管理体系能否发挥应有的作用，不在于设计得多么复杂、科学与严谨，而在于使用这套系统的人是否真正理解和接受这套系统。如果不能被使用者接受，那么再好的绩效管理体系也难以发挥作用。绩效管理体系的公平性既包括结果公平，也包括程序公平。

10. 参与性

员工必须参与绩效管理体系的创建过程，在应当对哪些行为和结果进行衡量及如何衡量方面提出自己的意见。在召开绩效评价会议之前，应该先从员工那里收集他们个人的绩效信息。

11. 开放性

绩效管理是一个公开的过程，公开程度越高，效果越好。开放性包括以下几方面：

(1) 绩效评价是经常性的，员工可以实时获得有关自己绩效质量的信息。

(2) 绩效评价过程是上下级双向沟通的过程,没有员工的参与,上级不能直接对下属绩效进行评价。

(3) 绩效标准是清晰的,上级应就这些标准与下级进行充分沟通。

(4) 绩效沟通不仅要以事实为根据,而且应该具有开放性。

12. 可纠正性

一套良好的绩效管理体系应该包含申诉程序,员工能够借助这套程序对可能不公平的决策提出质疑,评价中的偏差应该得到及时的纠正。

13. 标准化

一套好的绩效管理体系应当是标准化的,在不同的时间以及对不同的人进行绩效评价时,应当保持标准的一致性。

14. 伦理性

良好的绩效管理体系应当是符合伦理道德标准的。管理者进行绩效评价时,必须排除个人情感因素的影响,确保只评价那些自己掌握充分信息的绩效维度,同时还要尊重员工的个人隐私。

以上是一套理想的绩效管理体系应该具备的 14 项基本特征,也是绩效管理体系有效性的评价标准。但是,出于种种原因,在现实的绩效管理中,一个组织的绩效管理体系很难同时具备这些特征,一个组织的绩效管理体系与理想的绩效管理体系越接近,绩效管理的成功率就越高。组织的管理者,特别是高层管理者与人力资源部门的专职人员,应该对照这些特征,对组织当前的绩效管理体系进行检核,对存在的问题及时进行改进,从而不断提高绩效管理体系运行的有效性。

二、当前主要的绩效管理体系模型

随着绩效管理研究的不断深入,学者们提出了多种不同的绩效管理体系模型,到目前为止,有代表性的绩效管理体系模型有五种。

(一) 四阶段模型

这是当前最常见的一种绩效管理体系模型,该模型认为绩效管理的四个阶段,即绩效计划、绩效实施(监控)、绩效评价、绩效反馈首尾相连构成完整的循环,形成完整的绩效管理体系,如图 3-1 所示(胡君臣,宋源,2008)。

(二) 五阶段模型

在四阶段模型基础上,有人在绩效计划、绩效实施(监控)、绩效评价与绩效反馈的基础上又纳入绩效改进,认为这五个阶段所构成的循环是完整的绩效管理体系,这一模型与四阶段模型大同小异,如图 3-2 所示(杜映梅,2006)。

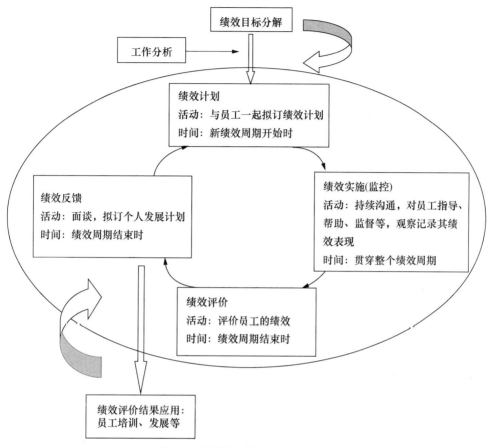

图 3-1 绩效管理体系四阶段模型

（三）四要素模型

这种观点认为，绩效管理的四个阶段构成了绩效管理的过程体系，除了过程体系，绩效管理体系还应包括绩效管理的目标体系、相关制度体系和组织保证体系，如图 3-3 所示（林新奇，2016）。

（1）绩效管理的目标体系。建立绩效管理的目标体系要从分析企业战略开始，根据企业战略目标确定企业层级的 KPI，然后再分解成部门或团队的 KPI，最后进一步分解到具体岗位，形成岗位 KPI，以保证每个部门或团队、员工的努力都与公司的战略目标要求相一致。

（2）绩效管理的过程体系。绩效管理的过程体系就是绩效管理的四个阶段组成的循环周期，通过绩效计划、绩效实施（监控）、绩效评价和绩效反馈，及时解决员工在绩效管理过程中出现的问题，保证绩效目标的顺利实现，从而使公司的战略落到实处。

（3）绩效管理的相关制度体系。要保证绩效管理过程顺利进行，确保基于组织战略的绩效目标得以落实，必须有一套与之相应的绩效管理制度作为保障。因此，必须建立、健全绩效管理的相关制度，如上下级沟通制度、绩效评价制度、员工申诉制度、基于员工绩效的奖惩制度、培训制度、人事调整制度等。

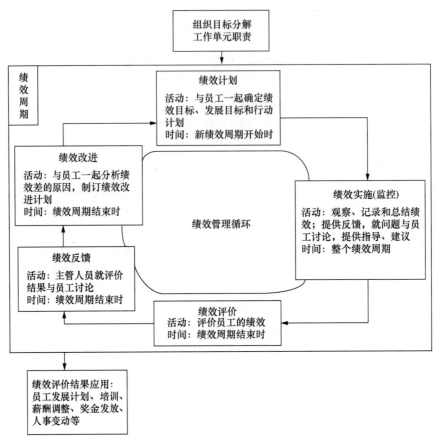

图 3-2 绩效管理体系五阶段模型

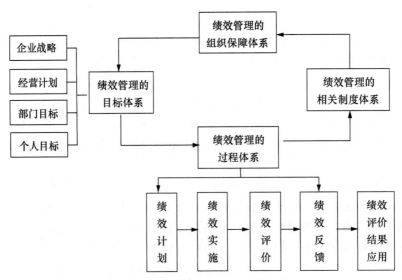

图 3-3 绩效管理体系四要素模型

(4)绩效管理的组织保障体系。绩效管理的效果在一定程度上取决于组织保障是否得力、公司高层管理者是否足够重视。因此,必须建立公司绩效管理委员会、绩效管理办公室、绩效管理推进小组等职责明确的组织体系。

有人在以上四个要素的基础上,把绩效文化纳入绩效管理体系,构成了五要素模型。该模型只是列举了五个构成要素,没有分析这五个要素之间的相互关系(高毅荣等,2015)。

(四)"三四五"模型

"三四五"绩效管理模型是方振邦(2010)在《战略性绩效管理》一书中提出的。方振邦认为,战略性绩效管理系统是在组织的使命和核心价值观的指引下,对组织的愿景与战略的全面承接,是由三个目的、四个环节和五项关键决策(简称"三四五")构成的一个系统模型,如图3-4所示(林新奇,2016)。

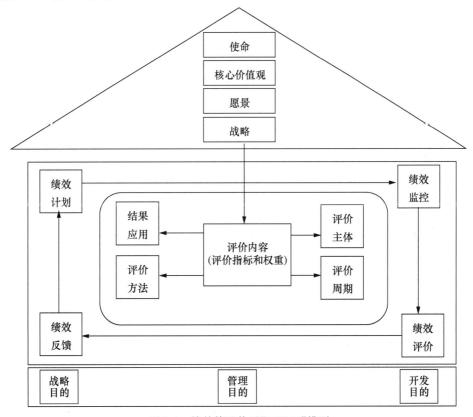

图3-4 绩效管理体系"三四五"模型

(1)三个目的。绩效管理系统要实现三个目的,分别是战略目的、管理目的和开发目的。战略目的指通过绩效管理把企业战略目标落到实处,确保组织战略目标的实现;管理目的指通过绩效管理为各种人力资源管理决策提供依据,如薪酬设计、员工奖惩、岗位调整等;开发目的指通过绩效管理促进员工的成长与进步。

(2)四个环节。四个环节就是绩效管理的四个基本阶段,即绩效计划、绩效监控、绩效评价和绩效反馈。

(3)五项关键决策。五项关键决策指的是评价内容(评价指标和权重)、评价主体、评价周期、评价方法和结果应用。

（五）"三层四维"模型

李宝元等（2014）在《现代组织绩效管理学》一书中提出一个绩效战略管理总体框架，该框架涉及三个方面：一是在组织层级上将绩效在个人、群体与组织总体绩效之间上下贯通；二是在组织运作上将绩效在财务与非财务、内部与外部之间做好平衡；三是在组织动力上将绩效在关键绩效指标上有机整合驱动起来。如图3-5所示（李宝元等，2014）。

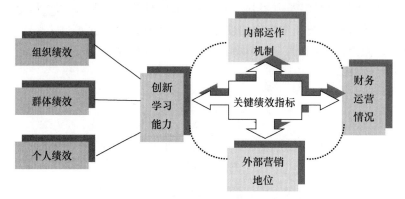

图3-5　绩效管理体系"三层四维"模型

"三层四维"模型的"三层"指的是绩效的三个层次，即组织绩效、群体绩效和个人绩效。"四维"指的是平衡计分卡的四个维度，即财务、客户、内部流程、成长与发展。把平衡计分卡应用于组织层、部门层与个人层的绩效管理，就构成了绩效管理体系。

三、对当前绩效管理体系模型的评价

这些有关绩效管理体系的研究，把绩效管理推向了一个新的发展阶段，使关于绩效问题的研究不再局限于某一个要素或某一个环节，开始以战略为导向，从系统的角度研究和分析绩效管理问题，对绩效管理过程的分析更加具体，对绩效评价结果的应用更加重视，同时开始转向绩效管理的组织体系、责任体系、制度体系等保障体系。这些研究使绩效管理体系逐渐完善，研究成果极大地丰富了绩效管理理论，促进了绩效管理的发展。

但是，出于种种原因，现有的绩效管理体系研究也存在一些问题，这些问题表现在以下几个方面：

第一，根据系统理论的基本原理，一个系统或体系是由若干要素组成的有机整体，那么，一个完整的绩效管理体系究竟应该包括哪些要素？显然，不同的模型包括的要素各异。四阶段模型和五阶段模型认为，绩效管理流程所包含的四个或五个阶段就是绩效管理体系的构成要件。实际上，这些阶段是从动态的角度分析绩效管理体系的运行过程，并非绩效管理体系的全部构成要素。

第二，四要素模型认为，绩效管理体系是由绩效管理的目标体系、过程体系、制度体系和组织保障体系四个要素组成，但是在图3-3的模型中，这四个要素首尾相连所构成的循环难以对此做出解释。因为这四个要素并没有上下环节的流程关系，难以构成一个完整的循环体系。同时，把绩效管理的动态过程与其他的三个静态要素简单并列也难以说明

它们之间的关系。

第三,"三四五"模型突出了组织的使命、价值观、战略与愿景在绩效管理中的重要性,使绩效管理的战略导向性更加明确,这是该模型的显著特点。但是,三个目的是绩效管理体系要实现的结果,其本身并非绩效管理体系的构成要素;五项关键决策实际上是绩效评价过程要解决的主要问题,把五项关键决策列为绩效管理系统构成要素的依据是什么,该模型未做相应的说明。除此以外,还有人对这一模型的理论基础提出了质疑(王艳艳,2011)。

第四,"三层四维"模型有两大特点:一是把组织绩效、部门绩效、个人绩效统一起来,有助于从整体上把握绩效管理的全貌;二是充分借鉴平衡计分卡的思想,从综合的角度探讨绩效管理,通过绩效管理实现组织总体绩效最优,防止绩效管理中以牺牲其他绩效为代价而片面追求某一方面绩效最大化的偏差,体现了系统的整体性特点。但是,这一模型反映的主要是绩效管理中的绩效指标,没有涉及绩效管理体系中的其他要素及其运行机制。

从当前的绩效管理体系模型来看,绩效管理体系究竟应包含哪些要素?这些要素间的关系是什么?绩效管理体系的运行应有哪些保障措施?其运行机制是什么?这些问题目前还缺乏统一的答案。绩效管理作为一个体系或系统,应以系统论、控制论和信息论为指导,充分反映系统的基本特征和要求,从静态的结构体系、动态的过程体系、绩效管理的运行保障体系以及运行机制等方面考虑绩效管理体系的总体设计。

第二节 绩效管理体系设计

本书以系统论、控制论与信息论为指导,从静态的结构体系、动态的过程体系以及绩效管理的运行保障体系三个方面构建绩效管理体系,如图 3-6 所示。绩效管理体系以企业战略目标作为输入,以战略功能、管理功能、开发功能与文化功能作为输出。从静态的角度看,绩效管理体系由绩效目标、绩效管理参与者和绩效管理工具三个要素构成,绩效管理过程就是绩效管理参与者使用一定的绩效管理工具实现绩效目标的过程。从动态的角度分析,绩效管理就是由绩效计划、绩效监控、绩效评价与绩效反馈构成的动态循环过程。这一体系的正常运行需要四大保障体系,即绩效管理的组织保障体系、制度保障体系、信息保障体系与文化保障体系。绩效管理体系在一定的环境中运行,外部环境与内部环境都会对绩效管理体系的运行产生影响。

一、企业战略

企业战略是绩效管理体系的输入。企业战略是指企业根据环境变化,依据自身资源和实力选择适合的经营领域和产品,培养自己的核心竞争力,并通过差异化战略在竞争中取胜(杨学成,陈章旺,2016)。在企业使命、核心价值观的指导下,根据对企业所处环境和优劣势的分析确定企业的业务领域,设置在该领域要实现的目标以及实现目标应采取的竞争战略。绩效管理是实现企业战略的工具,绩效管理必须服务于企业战略,不同企业的战略不同,其绩效管理体系也具有明显不同的特征。例如,宝马公司与丰田公司都是汽车行业的世界知名企业,但由于它们的竞争战略不同,其绩效管理具有明显的导向差异。宝马公司选择的是产品领先战略,其绩效管理系统更加强调收入增长与产品创新;丰田公司

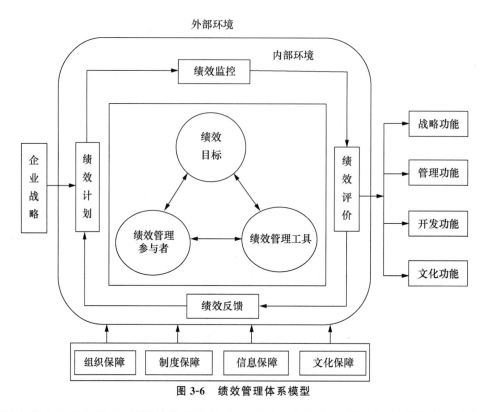

图 3-6 绩效管理体系模型

选择的是成本领先战略,其绩效管理的重点在于成本控制和内部运营流程管理。此外,绩效管理体系的设计还必须考虑企业内外环境特点。

二、绩效管理的静态结构体系

根据系统理论,任何系统或体系都是由若干要素构成的,绩效管理体系的构成要素包括绩效目标、绩效管理参与者和绩效管理工具,绩效管理过程就是绩效管理参与者使用绩效管理工具实现绩效目标的过程。

(一)绩效目标

绩效目标指各级绩效责任主体在绩效管理周期内要完成的任务,或者要实现的结果。绩效目标是组织战略目标的具体体现,可分为公司的绩效目标、部门或团队的绩效目标、个人或岗位的绩效目标。制定科学合理的绩效目标既是绩效管理工作的重要内容,也是进行绩效管理的依据。根据目标管理理论,公司层级的绩效目标一般由公司高层决策者集体讨论制定,然后再把公司层级绩效目标分解落实到各个部门与岗位。在目标分解过程中,根据各部门或岗位在组织结构和工作流程中的工作职责确定其绩效目标,在目标的制定过程中要采取双向沟通的方式,经上下级充分讨论达成共识,目标应做到明确、具体并具有心理挑战性。

(二)绩效管理参与者

绩效管理是一个全员参与的过程,组织的高层决策者、各部门的管理者、人力资源部以及全体员工都是绩效管理的参与者。不同人员在绩效管理过程中承担的责任和发挥的作用是不同的。

(1) 组织高层决策者。组织高层决策者是整个组织绩效管理的最终责任者。高层决策者负责组织战略和年度经营目标的制定、组织目标的分解、组织绩效管理制度与政策的审批。因此,高层决策者决定着组织整个绩效管理的方向。

(2) 人力资源部。绩效管理是人力资源管理的核心职能,人力资源部负责公司绩效管理工作的组织与落实。在绩效管理过程中,人力资源部负责公司绩效管理工作的日常事务,如绩效评价表的发表、回收,绩效评价结果的统计汇总与分析,与绩效管理有关制度与政策的制定,公司绩效管理制度与政策在各个部门落实情况的监督检查,以及对公司各部门绩效管理工作的技术支持与服务。从某种意义上说,人力资源部员工的素质和水平在一定程度上决定着一个公司绩效管理的水平。

(3) 各部门的管理者。在人力资源管理中,各部门的管理者(非人力资源部经理)在人力资源管理中的重要性愈发凸显。每一个部门的经理都要对本部门的人力资源管理负责,只有先管好了人,才能做好事。在绩效管理过程中,一般部门的管理者是公司绩效管理制度的执行者,绩效管理的具体工作是由人力资源部以外各部门的管理者完成的,如员工绩效计划的制订、绩效监控过程中对员工绩效进展的监控与辅导、绩效评价与结果反馈、绩效改进计划的制订等,这些工作都由各部门管理者具体负责。因此,各部门管理者是本部门绩效管理的第一责任人。

(4) 员工。一般来说,员工是管理的对象,即被管理者。但在绩效管理过程中,员工并不是消极被动的被管理者,而是积极能动的参与者。从某种意义上说,员工的参与是绩效管理取得成功的前提。绩效管理过程的每一个环节都离不开员工的积极参与,如绩效计划的制订需要上下级的充分沟通;绩效监控过程就是员工执行绩效计划的过程;绩效评价中员工也是评价者,不仅需要进行自我评价,还可能参与对上级与同事的评价;绩效反馈过程也需要员工与上级一起总结经验教训,并制订绩效改进计划。所以,员工在绩效管理中也发挥着重要作用,是不可或缺的参与者,每一个员工都要对自己岗位的绩效结果承担直接责任。

(三) 绩效管理工具

俗话说,工欲善其事,必先利其器。不论干什么工作都需要适当的工具,绩效管理也是如此,绩效管理中使用的工具就是绩效指标。绩效目标是绩效管理过程中绩效责任主体要完成的任务,绩效指标则是衡量绩效目标实现程度的工具。绩效目标确定以后,需要从哪些方面对目标实现情况进行衡量,每一方面就是一项绩效指标。绩效目标与绩效指标的关系可以表述为:

绩效目标＝绩效指标＋指标值

绩效目标与绩效指标之间不是一一对应的关系,有的绩效目标可能由一项绩效指标加以衡量,如提高客户满意度,这一绩效目标就可以用客户满意度这一指标进行衡量;有的绩效目标可能需要由两项或两项以上的绩效指标进行衡量,如提高产品质量,这一绩效目标可以用原材料采购合格率、生产过程的次品率两个绩效指标来衡量。

指标值是指在每一项指标上要达到的标准,即绩效标准,如客户满意度要达到99%,99%就是指标值,指标与指标值合起来就构成了绩效目标。在制定绩效目标时,一般要设置两个绩效指标值,即基础标准与卓越标准。基础标准是同样岗位的所有任职者都要达到的标准,即合格水平,是对员工的基本要求。基础标准通常用于基本工资。卓越标准是引导员工追求卓越绩效,提高产品、服务质量的更高绩效水平。卓越标准一般不设上限,也不做强制要求,它鼓励个人挑战极限、超越自我,树立绩效标杆,引导绩效发展方向。卓越标准主要用于激励性奖励和职位晋升。例如,某公司关于销售代表的基础绩效标准包含正确介绍产品或服务、达成承诺的销售目标、确保及时回款、不收取礼品或礼金几个方面;卓越标准则强调对每位客户的偏好和个性进行详细的记录和分析、为市场部门提供有效的客户需求信息、维持长期稳定的客户群。

三、绩效管理的动态过程体系

绩效管理的过程就是绩效管理参与者(主要是员工及其直接上级)使用关键绩效指标作为工具实现绩效目标的过程,这一过程具体体现为绩效计划、绩效监控、绩效评价和绩效反馈四个阶段,这四个阶段首尾相连构成一个闭环系统。在绩效管理的每一个环节,都需要上下级之间进行双向、持续、开放的沟通,双向沟通贯穿绩效管理的全过程。每结束一个绩效管理周期,管理者及其下属就会及时总结本周期成功的经验与失败的教训,从而改进下一周期的绩效管理工作,因此绩效管理又是一个螺旋式上升的过程(见图 3-7)。

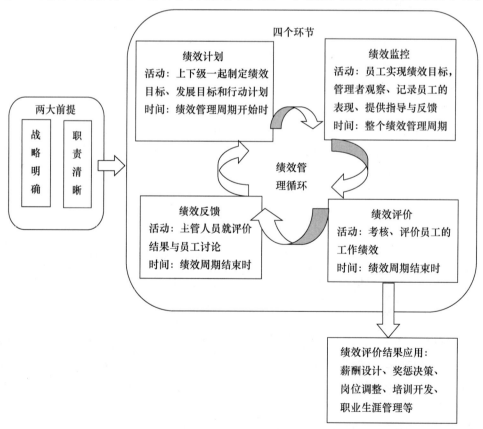

图 3-7 绩效管理体系流程图

(一) 绩效计划

绩效计划是绩效管理周期开始时,管理者与员工就本绩效管理周期内员工的绩效目标、工作计划、所需资源、未来的绩效评价指标与评价标准等问题开展双向沟通,达成共识,并签订绩效协议的过程。

在这一过程中,管理者与员工沟通的主要问题有:

(1) 本绩效管理周期内组织的目标有哪些?

(2) 为实现公司目标,我们部门的目标有哪些?

(3) 为实现部门的目标,希望员工完成的任务有哪些?

(4) 这些任务要求员工何时完成?需达到什么标准?

(5) 需要从哪些方面对员工绩效进行考核、评价?每项指标所占的权重是多少?

(6) 组织为员工提供的资源有哪些?员工工作中有哪些权限?

(7) 为保证各项工作有序进行,需要设置哪些监督检查点?什么时候对阶段性工作进行监督检查?

员工需要与管理者沟通的主要问题有:

(1) 自己对未来的工作目标是怎么考虑的?

(2) 这些目标是否合适?是否需要调整?有什么建议与要求?

(3) 每项工作目标打算如何完成?具体实施步骤、方法是什么?

(4) 未来工作过程中可能会遇到什么困难与问题?希望组织提供哪些方面的支持?

(5) 自己需要接受哪些方面的培训与指导?

由以上问题可以看出,绩效计划并不是简单的任务下达过程,而是高度重视员工的参与,通过上下级的互动式沟通,就未来要实现的绩效目标以及实现目标的途径、方式等方面达成共识,对未来绩效评价的标准取得一致意见。这一过程中双方的沟通越充分、员工参与程度越高,绩效计划效果就越好。

(二) 绩效监控

绩效计划完成以后,绩效管理便进入绩效监控阶段。绩效监控包括两个方面的内容:从员工的角度看,绩效监控是员工的绩效实施过程,即员工按照绩效计划阶段所确定的工作任务,按计划开展各项工作,努力完成各项绩效目标的过程;从管理者的角度看,在这一过程中,管理者对员工的绩效进展情况进行追踪与监控,根据绩效计划阶段所确定的监督检查点对员工的阶段性工作进展进行检查,发现问题及时加以指导,并纠正工作过程中的偏差,帮助员工顺利实现绩效目标。在这一过程中,管理者还要及时收集、记录员工的各项绩效信息,为下一阶段的绩效评价准备资料。由此可见,员工的绩效实施并不是员工单方面的事,绩效计划完成后,管理者并非只要等着绩效管理周期结束时进行评价就行了,绩效监控离不开上下级的互相配合、充分沟通。管理者对下级的绩效进展越了解、辅导越及时,绩效监控的效果越好。

(三) 绩效评价

绩效评价是绩效管理周期结束时,管理者与员工对本绩效管理周期内员工的各项绩效目标完成情况和工作行为表现进行考核、评价的过程。其中,工作目标的完成情况需要根据绩效计划阶段所确定的绩效指标及考核标准,按照目标达成度进行考核;工作行为表现需要根据定性指标的评价标准进行评价。也就是说,定量指标需要进行考核,定性指标需要进行评价,两者相结合才构成完整的绩效评价。自我评价是现代绩效评价的一种重要形式,通过自我评价,可以提高员工的参与感,形成及时进行工作总结的习惯,使员工意识到自己哪方面存在不足,有利于员工不断提高工作能力。自我评价也有利于加强管理者与员工的沟通,就绩效评价结果达成共识。除了自我评价,员工还可能会参与同事间的互评,这有利于促进同事间的协作与配合,减少工作中的本位主义和推诿扯皮现象。员工对上级管理者的评价是员工参与管理的重要形式,有利于实现管理过程中的权利制衡,帮助上级管理者发现自己管理工作中的问题与不足,不断提高管理水平。

(四) 绩效反馈

绩效管理的主要目的是促进员工的发展,提高员工的绩效。俗话说,不识庐山真面目,只缘身在此山中。出于种种原因,员工很难意识到自己工作中存在什么问题与不足,绩效反馈给员工提供了一面镜子,使员工有了一个全面了解与认识自己的机会。通过绩效反馈,管理者肯定员工在工作中取得的成绩与进步,使员工获得成就感与价值感;同时也指出员工在当前工作中存在的问题与不足以及下一步的努力方向与改进措施,有利于员工不断地提高工作绩效。通过绩效反馈,还可以对绩效管理工作进行全面总结,特别是对前几个阶段中存在的问题与薄弱环节进行分析,如绩效目标是否合适,绩效指标是否恰当,绩效沟通的方式是否有效,收集的绩效信息是否全面、准确,绩效评价方法是否科学,绩效评价结果是否公平等,从而进一步完善绩效管理体系。

绩效管理就是由这四个环节构成的周而复始的循环过程,这四个环节环环相扣,任何两个环节之间都不能中断,因此绩效管理过程是一个闭环系统。但是,这一闭环系统不是封闭系统,绩效评价结果必须应用于随后的各项人力资源管理决策,使绩效管理真正发挥应有的作用。

四、绩效管理的保障体系

一个组织的绩效管理体系的正常运行,还必须有完善的保障体系,这些保障体系包括组织保障体系、制度保障体系、信息保障体系和文化保障体系。

(一) 组织保障体系

在许多公司中,绩效管理体系能否正常运行在很大程度上取决于组织保障是否有力,特别是高层领导是否重视。如果仅仅把绩效管理看成是公司人力资源部的事情,缺乏高层领导者的参与和全力支持,那么绩效管理就不具权威性,甚至会引起业务部门员工的抵触情绪。因此,为保证绩效管理的顺利进行,必须建立强有力的绩效管理组织保障体系,借助直线指挥系统的力量,把绩效管理落到实处。组织保障体系包括三个组成部分。

(1) 公司绩效管理委员会。成立由公司最高领导任主任、公司决策层与各主要部门负责人任成员的公司绩效管理委员会。该委员会是公司绩效管理的最高决策机构,负责公司绩效管理重大方针政策的制定,绩效管理制度的审批,对公司各主要部门负责人的绩效进行评价，对有争议的绩效评价结果有最终裁决权。通过绩效管理委员会把公司的绩效管理与日常管理工作结合起来，使绩效管理成为每一个管理者日常管理工作的重要内容。

（2）公司绩效管理办公室。公司绩效管理委员会下设由人力资源部经理任主任、绩效管理专家和绩效评价专职人员任成员的公司绩效管理办公室。绩效管理办公室的主要任务包括以下方面：

① 负责公司绩效管理制度文件的起草，以及绩效管理制度在公司各部门执行情况的监督检查。

② 公司绩效管理基础性工作的完善，如协助部门经理对相关岗位进行岗位分析，确定各岗位的关键绩效指标。

③ 对公司各部门绩效管理的技术支持和业务指导，就绩效管理的原理、绩效评价的方法对业务部门经理进行培训。

④ 负责绩效管理工作的组织，如绩效评价的前期宣传，评价表的发放与回收，绩效评价结果的统计与汇总。

⑤ 对绩效管理体系运行情况进行调查，针对存在的问题及时收集信息并制定解决措施，不断总结经验，改进绩效管理体系。

（3）绩效管理推进小组。成立各部门的绩效管理推进小组，小组成员由各部门经理与有经验的员工代表组成。绩效管理推进小组负责在本部门内向员工进行绩效管理工作的宣传，推行绩效评价制度，组织本部门的绩效评价，并定期向绩效管理办公室汇报绩效评价结果及绩效管理过程中出现的问题。为加强各部门的人力资源管理，目前国内外的一些公司在各部门设立了 HRBP（人力资源业务伙伴）。这一职位在华为、腾讯、浪潮等 IT 企业被称为"政委"，其主要任务是协助部门经理做好本部门的人力资源管理工作。HRBP 隶属于各业务部门，在业务上接受公司人力资源部的指导，这样就能把公司的人力资源管理落到实处。

（二）制度保障体系

绩效管理事关每一位员工的切身利益，是一项牵一发而动全局的工作。为保证绩效管理的公平、公正，必须建立、健全与绩效管理有关的各项管理制度，使绩效管理各项工作有法可依，这些制度包括：

① 员工参与制度；② 上下级定期沟通制度；③ 绩效评价制度；④ 基于绩效的员工奖惩与薪酬分配制度；⑤ 员工申诉制度；⑥ 员工培训制度；⑦ 岗位调整及人事任用制度。

（三）信息保障体系

从信息论的角度看，绩效管理过程是绩效信息的传输与处理过程。管理者必须及时了解员工的绩效信息，才能对员工的绩效实施过程进行有效监控，对员工进行及时的指导与帮助，并对员工的绩效进行准确评价。下级必须及时了解管理者的信息反馈，才能改进自己的工作。人力资源部门必须及时了解公司绩效管理体系的运行情况，才能制定相应的绩效管理决策，信息传输的任何迟滞或内容失真，都会对绩效管理体系的正常运行造成严重影响。

绩效管理的信息保障体系既包括公司信息网络系统及各种终端设备等硬件系统，也包括人力资源管理操作软件等软件系统。许多公司在互联网（Internet）基础上，开发了公司的内联网（Intranet）系统。内联网系统不仅是内部信息发布系统，而且是组织内部业务运转系统。内联网解决方案应当具有严格的网络资源管理机制、网络安全保障机制，同时具有良好的开放性。它和数据库、多媒体以及开放式群文件系统相互融合连接，形成一个能有效地解决信息系统内部信息的采集、共享、发布和交流，易于维护和管理的信息管理运行平台，实现企业内部纵向和横向的信息交流与共享。在此基础上，引入人力资源管理信息系统，系统的设计以人力资源作业流程为基础，同时详细描述人力资源各子系统所提供的功能，每种功能分为决策支持系统（DSS）、管理信息系统（MIS）、电子资料处理（EDP）三个层次，包括从最基本的资料登录、报表建立、流程处理、资料统计等管理信息的处理工作，一直到高层管理者进行战略决策的支持工作。人力资源管理信息系统不仅使各子系统可以在作业层次和管理信息处理层次交换信息，在决策支持层次也能将各子系统的决策支持信息整合成更高层次的战略性决策支持信息，供高层管理者决策使用。图3-8即为人力资源规划系统、招聘任用系统、绩效管理系统、培训开发系统、薪酬管理系统按照DDS、MIS及EDP三个层次形成的人力资源管理信息系统模型（胡君臣，宋源，2008）。

图3-8 整合人力资源管理信息系统

通过整合人力资源管理信息系统，可以收集各种与绩效有关的信息，并及时将信息输入绩效管理系统，进行数据传输、汇总与分析，形成各种报表，供管理者了解员工绩效信息，追踪员工绩效进展，对员工进行绩效辅导、绩效评价，提高绩效管理工作效率。与此同时,还要把人力资源管理信息系统与公司财务系统、客户关系管理系统、生产管理系统、质量管理系统、分销渠道管理系统、资产管理系统、采购管理系统等其他系统有机对接,可以及时收集各种绩效信息,对员工的绩效实施过程进行有效监控,确保绩效管理的顺利进行。

（四）文化保障体系

绩效管理体系的正常运行还需要一定的企业文化作为基础。企业文化是企业在长期的发展过程中形成的、为绝大多数员工所认同的、以价值观为核心的群体共同意识。企业文化经常表现为企业的传统、风俗、习惯等形式,对员工的工作行为有着潜移默化的影响。员工一旦接受和认同了企业文化,就会以企业的价值观为导向,自觉地按照企业文化要求规范自己的工作行为。企业文化一旦形成就成为一种强烈的组织氛围,这种组织氛围作为一种强大的同化力量,对每一位员工的行为起着导向和调节作用。因此,积极的企业文化能够极大地促进企业绩效的提高;反之,消极的企业文化则会极大地阻碍企业目标的实现。所以,建立绩效导向的企业文化是保证绩效管理体系正常运行的重要手段。

(1) 树立绩效导向的价值观。绩效导向的价值观是企业绩效文化的核心,如华为的"以奋斗者为本""决不让雷锋吃亏"的价值观,海尔集团"人人是人才、赛马不相马"的人才观,以及联想集团"不唯学历重能力,不唯资历重业绩"的用人观等都是企业绩效文化的具体体现。这种绩效导向的价值观是管理过程中各级管理者进行决策的指导原则。

(2) 建立、健全与企业价值观相一致的管理制度。为把绩效导向的价值观落到实处,坚持效益第一、兼顾公平的原则,建立以绩效为基础的分配制度、晋升制度、培训开发制度,把绩效评价结果应用于各项人力资源管理决策,使绩效评价结果与每一位员工的切身利益挂钩。

(3) 做好企业文化的宣传推广工作。通过培训向员工灌输绩效导向的企业文化,根据绩效评价结果推选优秀员工、绩效标兵,并通过企业内部网站、报刊、宣传室、展览馆等途径对员工在绩效实施中展现出的积极关键行为进行宣传与表彰,在企业内部形成以绩效为导向的组织氛围。

五、绩效管理体系的功能

绩效管理体系的输出体现在绩效管理的四大功能:战略功能、管理功能、开发功能与文化功能。

（一）战略功能

战略功能指通过绩效管理把企业的战略目标层层分解到每一个部门和岗位,使每个目标都有明确的责任主体,上一级的目标指导并支配下一级的目标,下一级的目标支持、服务于上一级的目标,并以目标达成度作为各部门与员工绩效评价的重要依据,确保企业的战略目标落到实处。

（二）管理功能

管理功能指把绩效评价结果作为人力资源管理决策的重要依据。通过绩效管理为招聘、薪酬、奖惩、岗位调整等管理决策提供信息,使每一个人的贡献得到应有的回报,确保管理的公平性。

（三）开发功能

开发功能指根据绩效评价结果分析员工的岗位胜任状况，确定员工知识技能方面的优势和潜力，以及员工当前存在的缺点与不足，为员工的培训开发提供信息。

（四）文化功能

文化功能指通过绩效管理，特别是绩效指标、权重和制度设计，对员工的行为进行有效塑造，把企业的精神文化落实到企业制度文化中，调整与企业价值观相悖的制度，通过日常管理进行行为规范的训练，使企业核心价值观根植于员工内心并成为其行动指南，在企业内部形成积极的组织氛围，形成优良的传统、风俗与习惯，最终使企业文化落地生根。

在绩效管理的四大功能中，战略功能是根本，每一个层次和环节的绩效管理都要为实现战略目标服务，绩效管理的各项工作都要围绕企业的战略目标展开。

第三节　绩效管理体系的运行机制

为保证绩效管理体系的正常运行，防止运行过程中出现偏差，还必须建立一套有效的绩效管理运行机制。绩效管理的运行机制指绩效管理体系中各要素的结构、功能和相互关系，以及这些因素产生影响、发挥功能的作用过程、原理及运行方式。

一、激励与约束机制

绩效管理的激励与约束机制指绩效管理过程中各绩效责任主体的责、权、利结构的一致性。在绩效管理过程中，应对每个岗位进行岗位分析，清晰界定每个岗位在组织结构中承担的具体工作职责，即使两个员工在同样的岗位，也要明确每个人的工作范围、所享有的权利、应承担的责任、可获得的利益。除岗位分析外，还要进行工作流程分析，确定每个员工在流程中的责任。根据岗位分析与流程分析的结果确定每个员工所需要和可能担负的绩效目标，签订目标责任状。在绩效管理过程中，要建立权利与责任相一致的管理体系，并维护这种体系的权威性。具体来说，在绩效管理过程中要防止"权大责小"和"权小责大"两种偏差，前者容易导致滥用职权，后者无法保证当事人正常履行工作职责却要承担过多的责任，这必然会削弱员工的工作积极性。因此，一个人有多大的责任，就要授予其多大的权利；反之，一个人有多大的权利，就要承担多大的责任。在权责对等的基础上，还要考虑与绩效结果相一致的利益分配机制，使每个人的贡献得到应有的回报，真正形成权、责、利一致的激励与约束机制。

二、绩效管理过程中的信息传输与反馈调节机制

根据信息论的基本原理，绩效管理是一个绩效信息传输与反馈的过程，这种信息传输与反馈不仅表现在上下级之间、不同部门之间的信息传输与反馈，还表现在绩效管理不同环节间的信息传输与反馈。从绩效管理过程看，绩效管理是由绩效计划、绩效监控、绩效评价和绩效反馈构成的一个闭环系统。在绩效管理过程中，四大环节之间会进行信息的

传输与反馈,如图 3-9 所示。

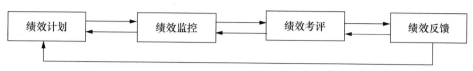

图 3-9 绩效管理过程中的信息传输与反馈

(1) 绩效计划与绩效监控间的信息传输与反馈调节机制。绩效计划指导着绩效监控的进行,为了确保组织目标的实现和绩效计划的顺利实施,各级主管人员必须根据事先确定的标准对下级的绩效实施情况进行分析,并在出现偏差时及时纠正,以防止偏差进一步扩大。在绩效实施过程中,由于组织内外环境的变化和组织的发展需要,当原来的计划不符合实际情况的时候,有时也需要对原绩效计划和工作程序进行修订与调整。在绩效管理中,根据组织内外环境的变化和绩效监控阶段发现的问题,可以对绩效计划的目标、程序、方法、进度等进行调整,以确保绩效计划的可行性。

(2) 绩效监控与绩效评价间的信息传输与反馈调节机制。绩效监控过程为绩效评价提供绩效信息,直接影响着绩效评价结果。而在绩效评价过程中,评价者一旦发现某些绩效指标的制定缺乏充分的依据,就可以要求补充收集相关的绩效信息。根据绩效评价阶段所发现的问题,可以对绩效监控过程中绩效信息收集的内容与收集方法不断进行改进,以提高绩效监控的质量。

(3) 绩效评价与绩效反馈间的信息传输与反馈调节机制。绩效反馈的主要目的是肯定员工取得的成绩与进步,同时分析其存在的问题与不足,并在此基础上制订下一步的绩效改进计划。因此,绩效评价结果为绩效反馈提供信息,是绩效反馈的主要依据。在绩效反馈过程中,一旦上下级之间在某些绩效评价指标的评价结果上存在分歧,就要进行充分的沟通,必要时可能需要重新评价某些指标。绩效反馈阶段所发现的问题对于改进绩效评价方法、促进绩效评价制度的完善发挥着重要作用。

(4) 绩效反馈对绩效计划的反馈调节机制。一个绩效管理周期的结束,同时也是下一个绩效管理周期的开始。通过绩效反馈面谈,上下级之间不仅可以对绩效评价结果达成一致意见,员工在本绩效管理周期的绩效结果还影响到下一绩效管理周期绩效计划的制订。

绩效管理的四个环节构成了一个有机整体,上一环节为下一环节的运行提供必要的信息,而下一环节运行中所出现的问题对改进上一环节也发挥着重要的反馈调节作用。在绩效管理体系的运行过程中,人力资源部门要不断对各部门进行调查,及时了解公司绩效管理体系在各部门的运行情况,根据绩效管理体系运行过程中出现的问题,不断总结经验,改进和完善绩效管理各环节的方法、规则、技术,促进绩效管理水平的不断提高,使绩效管理成为一个螺旋式上升的过程。

三、绩效管理体系的控制机制

从控制论的角度看,绩效管理过程也是一个控制过程。为确保企业战略目标的实现,防止偏离组织战略目标的现象发生,需要建立完善的事前、事中和事后控制机制以避免各种干扰,及时纠正绩效计划实施过程中出现的各种偏差,以确保绩效管理体系在正确的轨道上运行。

(1) 绩效管理体系中的前馈控制机制。绩效计划在绩效管理中发挥着前馈控制的作用。在制订绩效计划时,不仅要确定本绩效管理周期的绩效目标、完成期限与评价标准,更重要的是为确保绩效目标的实现,上下级要对实现目标的方法、步骤、所需资源进行详尽的分析,对未来可能发生的新情况、新问题提前进行预判并拟定相应的预案,以便把未来外界环境的干扰降到最低,确保既定绩效计划的顺利实施。完善的绩效计划可以起到防患于未然的作用,是一种重要的前馈控制手段。

(2) 绩效管理体系中的过程控制机制。绩效监控在绩效管理中发挥着过程控制的作用。绩效管理不是制订出绩效计划后完全由员工自己去执行计划,管理者等着最后进行绩效评价就行了,中间的绩效监控过程是管理者与员工共同参与的。在这一过程,管理者要对员工的绩效进展情况进行有效追踪与监控,设立必要的监督检查点,一旦发现员工的工作行为有偏离组织目标的现象,或者员工在实现绩效目标的过程中遇到困难和障碍,就要及时对员工进行指导和帮助,以确保绩效目标的顺利实现。因此,绩效管理过程中通过绩效监控可以随时纠偏,发挥过程控制的作用。

(3) 绩效管理体系中的反馈控制机制。绩效管理的目的是提高员工的绩效,促进员工的成长和进步。绩效评价完成后,绩效管理还没有结束,管理者要把绩效评价结果及时向员工进行反馈,对照预先设定的绩效目标,肯定员工工作中取得的成绩与进步,同时指出存在的问题与不足。对未达成目标的方面,要与员工一起分析问题的成因,并制订下一步的绩效改进计划,以防止影响绩效的问题再次发生。因此,绩效反馈是重要的反馈控制手段。

四、员工参与机制

绩效管理不仅是一个科学问题,还是一个人文问题,再好的绩效管理体系,如果得不到员工的理解与认可,最后也不可能取得理想的效果。获得员工理解与认可的重要手段就是员工参与,因此员工参与机制在绩效管理中发挥着重要作用。

(1) 在设计绩效管理体系前,要对员工进行宣传教育,使员工了解绩效管理的必要性,深化对绩效管理的认识。同时,对员工进行充分的调查,了解员工对绩效管理的意见与建议,绩效管理体系的设计要充分考虑员工的合理诉求。

(2) 在绩效管理体系的设计过程中,对于各部门、各岗位绩效指标、权重及标准的确定要不断与员工沟通,绩效信息收集的方法,要充分了解被评价者的意见,反映各部门与岗位的实际工作职责,绩效管理方案要反复与员工进行沟通,征求员工的意见与建议,对合理部分要及时采纳。

(3) 在绩效管理体系设计好后正式实施之前,要对全体员工进行培训,对绩效管理体系的主要内容、绩效评价方法、相关制度进行详细的说明,使员工了解绩效管理体系的具体内容,最终的绩效管理方案要获得员工代表大会通过方可施行。

(4) 绩效管理体系的运行过程中,要贯彻"全员参与"的原则,允许并鼓励员工参与绩效计划、绩效监控、绩效评价与绩效反馈的每一个环节，员工的参与程度越高，绩效管理效果越好。除此以外，人力资源部门要不断对绩效管理体系的运行效果进行调查，了解当前绩效管理体系实施过程中存在的问题，征求改进当前绩效管理体系的建议，不断对绩效管理体系进行完善。

五、绩效管理体系的制衡机制

根据系统论，系统的各组成要素之间存在相互联系、相互制约的关系，系统运行的目标是确保系统整体最优，而不是局部最优。为保证绩效管理体系的正常运行，防止运行过程中出现偏差，要建立绩效管理的制衡机制。

(1) 绩效指标间的制衡机制。在绩效管理过程中，绩效指标是员工行为的指挥棒，绩效评价时评价哪些指标，员工就会重视哪些方面的工作；反之，不在评价范围内的工作会受到员工忽视。绩效指标是一个完整的体系，绩效管理的目的是实现系统整体最优。因此，要对绩效指标进行合理设计，确保绩效指标系统、全面，不能以牺牲某一方面的绩效为代价而使另一方面的绩效最大化。例如，既要有结果方面的指标，也要有行为方面的指标；既要有数量方面的指标，也要有质量方面的指标。著名的平衡计分卡绩效指标体系包括财务维度、客户维度、内部运营维度、学习成长维度四个方面的绩效指标，充分体现了绩效指标间的制衡关系：财务指标与非财务指标间的制衡，前置指标与滞后指标间的制衡，长期指标与短期指标间的制衡，外部指标与内部指标间的制衡，客观指标与主观指标间的制衡。这些相互制衡的指标减少了偏差的出现，从而保证了企业的综合业绩最优。

案例

某电力公司每年需要确定下属分公司的工作指标，其中售电量是一个非常重要的指标。每年年底前，按照惯例，分公司的相关负责人都要到总部"跑指标"——这可能是采取集团管理模式的必然。这种管理模式增加了管理的成本，同时也存在内部腐败和不公的隐患，所谓"会哭的孩子有奶吃"。职能部门和职能岗位的自由裁量权和"自留地"在很多情况下源于这种指标的标准设计方式。该问题的解决方法是：在给予"售电量"指标的同时，附加一条"售电量预测准确率"指标。预测准确率指标的评价办法是，根据偏差的大小进行负向评价，其程度略高于"售电量"的奖励标准；将"售电量"的确定权交给分公司，上报多少即认可多少，使分公司必须客观地确定新的指标。这样既减少了各级相关部门的工作量，也排除了管理中的灰色地带。

(2) 绩效指标制定过程中上下级间的制衡机制。绩效指标是绩效管理的工具，也是绩效管理体系的重要构成要素之一。人力资源部作为公司人力资源管理的专门职能部门，负责组织公司绩效管理工作。有的公司由人力资源部设计各部门、各岗位的绩效指标；但是，人力资源部对公司各部门及岗位的工作内容不一定非常熟悉，公司规模越大、部门与岗位越多，这种情况越明显。人力资源部通常采用问卷调查的方式，向各部门及员工发放调查问卷,收集绩效指标。这时,被评价者填写绩效指标时往往避重就轻、避难就易,不是根据实际需要填写应该评价的绩效指标,而是填写容易完成的指标。如果以被评价者填写的指标作为评价指标,就会出现每个被评价者的绩效都很好、公司实际绩效却很差的现象。这种情况下,就需要在上下级之间建立一种制衡机制,即被评价者填写的绩效指标需要经直接上级审核确定。由于上级管理者需要对整个部门的绩效结果承担责任,如果每个员工填写绩效指标时避难就易,漏掉某些重要指标,就必然影响部门的绩效评价结果。因此,上级管理者会补充遗漏指标,通过上下级间的相互制衡,就能保证各岗位绩效指标达到绩效管理的内容效度要求。

(3) 绩效评价过程中上下级的制衡机制。传统的绩效评价是上级作为评价者,下级作为被评价者,采取逐级管理、逐级评价的方式。这种评价方式对于维护上级管理者的权威有一定的帮助,但这种评价方式最大的问题是:一旦评价者在评价中不能做到公平、公正,把自己的情感因素掺杂进绩效评价中,就难以保证评价结果的客观公正性,很容易挫伤下级的工作积极性。现代绩效评价中,既有上级对下级的评价,也有下级对上级的评价。引入下级对上级的评价是一种有效的权利制衡机制。一旦上级管理者在工作过程中有以权谋私、处事不公、对下属指导不力等情况,下属在评价时会予以反映。这种机制对上级管理者的权利滥用行为起到一种有效的监督与遏制作用。同时,这种下属评价上级的方式也可以使管理者及时发现自己管理工作中的短板,这也是员工参与管理的一种重要形式。

(4) 绩效评价结果的审核与申诉机制。为确保绩效评价工作的严肃性与评价结果的客观公正性,防止个别评价者借机对被评价者打击报复,企业还要建立绩效评价结果的审核与申诉机制。评价结果的审核机制指上级对下级的评价结束后,评价结果要经间接上级审核,以确定是否存在过宽趋势、过严趋势与居中趋势,有没有上下级评价结果差距过大的现象,评价者需要对评价结果为优秀与不及格的依据做出详细说明。

除了间接上级的审核机制,企业还要建立被评价者的申诉机制。如果上下级对绩效评价结果存在意见分歧,需要通过沟通在第一时间消除分歧,必要时可补充收集绩效信息,甚至对某些指标重新评价,在双方认可的情况下确定最终评价结果。如果上下级对评价结果的意见分歧不能通过沟通解决,员工还有申诉权利,可以向人力资源部提出绩效评价申诉申请,陈述自己对评价结果的异议及申诉理由。人力资源部门组织公司绩效管理委员会的相关专家针对申诉者的申诉意见进行调查。若申诉理由不成立则驳回申诉请求,维持原评价结果;若申诉理由成立则对评价结果进行调整,以调整后的结果作为最终结果记入员工绩效档案,并提醒评价者应做到客观公正;若同样的问题一再出现则说明相关评价者确实评价不公,甚至存在打击报复情况,要根据绩效管理相关制度对评价者进行处罚。绩效评价结果申诉机制可以防止评价权利的滥用,确保绩效评价的严肃性与公平性。图3-10是华为公司的绩效评价审核与申诉机制示意图。

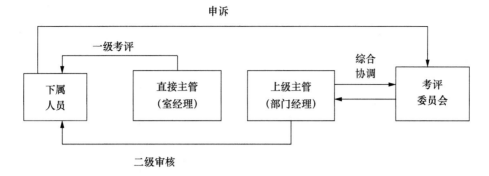

图 3-10 华为公司绩效评价审核与申诉机制示意图

❏ 重点与思考题

1. 理想的绩效管理体系的基本特征有哪些？
2. 绩效管理体系包括哪些基本内容？
3. 绩效管理体系的正常运行需要哪些保障措施？
4. 怎样建立绩效管理的激励约束机制？
5. 绩效管理的控制机制有哪些？分别起什么作用？
6. 绩效管理的四个环节之间存在什么关系？
7. 为保障绩效管理体系的正常运行，需要建立哪些制衡机制？

21世纪经济与管理规划教材
工商管理系列

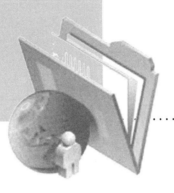

第四章

绩效管理工具

绩效管理工具是绩效管理体系的重要构成要素,绩效管理过程就是绩效管理的参与者(包括管理者与员工)使用一定的绩效管理工具实现绩效目标的过程。当前常见的绩效管理工具包括:关键绩效指标(key performance indicators,KPI)、综合平衡计分卡(balanced score card,BSC)、标杆管理(benchmarking,BMK)、主基二元法、三维考评法、目标与关键成果(objectives and key results,OKR)法。

第一节 关键绩效指标

绩效目标是管理者要完成的工作任务,而绩效指标则是衡量绩效目标实现程度的工具。在绩效管理过程中,绩效指标既不能过少,也不能过多。如果绩效指标过少,可能会漏掉被考评者绩效的重要维度,不足以反映被考评者的真实绩效;相反,如果绩效指标过多,也会给绩效管理造成困难。一是被考评者背负的绩效指标过多,每个指标的权重就会被稀释,导致工作中抓不住工作重点;二是给管理者对被考评者的绩效监控带来很大困难,管理者要花费更多的时间和精力追踪被考评者各项绩效指标,绩效考评也变得非常复杂,大大增加了管理成本。根据二八定律,一个组织中80%的业绩是由20%的核心员工创造的。在同一个员工身上也存在类似的二八定律,即80%的工作业绩是由20%的核心工作创造的。因此,在绩效管理中,绩效指标的设置没必要面面俱到,只要把主要的精力用于监控这20%的核心工作,就能保证80%的业绩目标得以实现,衡量这20%核心工作的绩效指标就是关键绩效指标。

一、关键绩效指标的含义与作用

(一)关键绩效指标的含义

关键绩效指标是通过提炼和归纳组织运作过程中的关键成功要素,对组织内部某一流程输入端、输出端的关键参数进行设置、取样、计算、分析,衡量流程绩效的一种目标式的量化管理指标,是把企业战略目标分解为可操作的具体指标的工具。

关键绩效指标具有以下几方面的含义:

(1)关键绩效指标是衡量组织战略实施效果的绩效指标。企业管理过程是协调与利用各种组织资源,实现企业战略目标的过程。企业的战略目标有没有实现?实现的效果如何?需要从哪些方面加以衡量?这些能够反映企业战略实施效果的指标就是关键绩效指标。关键绩效指标来源于组织战略目标,当组织战略目标调整后,用于衡量战略实施效果的关键绩效指标必须随之进行相应的调整。

关键绩效指标必须是"战略性的"绩效指标,是通过对实现组织战略目标的关键成功因素的分析而抽取和层层分解下来的、用于衡量组织战略目标实现程度的指标。按照绩效实施主体,可以把绩效分为组织绩效、部门与团队绩效、个人绩效三个层次,相应的

KPI 也分为三个层次,即企业级 KPI、部门级 KPI 和具体岗位 KPI。企业级 KPI 来源于对实现企业战略目标的关键成功因素的分析,部门级 KPI 来源于对企业级 KPI 的承接与分解,具体岗位 KPI 来源于对部门级或团队 KPI 的承接与分解。这三个层次的关键绩效指标共同构成了组织的关键绩效指标体系,其中上一级的 KPI 对下一级的 KPI 有指导作用,下一级的 KPI 对上一级的 KPI 有支撑作用,通过组织 KPI 的层层分解,企业的战略目标最终得以落到实处。

(2) 关键绩效指标反映的是最能有效影响组织价值创造的关键驱动因素。关键绩效指标既包括组织内部流程的输出端指标,也包括输入端指标,即关键绩效指标既包括结果性指标,也包括驱动性指标。这些驱动性指标是确保组织战略目标得以实现的关键投入。绩效管理过程中只要紧紧抓住这些关键的驱动性指标进行管理,就能使员工的行为与组织战略目标方向一致,通过对这些关键驱动性指标的监控,可以使管理者将主要精力集中在对企业战略目标产生最大驱动力的经营行为上,及时发现和纠正企业经营过程中出现的偏差,确保企业战略目标的顺利实现。

(3) 关键绩效指标是对组织战略目标有增值作用的绩效指标。关键绩效指标中的"关键"强调的是,这些指标不是与企业经营管理相关的所有指标,而是充分体现二八定律的关键性指标,即能确保组织 80% 的绩效、对组织战略目标的实现起关键作用的指标。通过对关键绩效指标进行管理,可以落实企业的战略目标和业务重点,确保管理者与员工的主要时间和精力用在与组织战略目标息息相关的核心工作上,使各项工作重点突出、方向明确,防止出现"捡了芝麻,丢了西瓜"的情况。

(4) 关键绩效指标是用于衡量和管理被管理者绩效的定量化与行为化的指标体系。作为绩效管理工具,关键绩效指标必须客观、准确,才能减少管理过程中的偏差,充分发挥其在绩效管理中的作用。因此,关键绩效指标能量化的应尽可能量化,一些结果类的指标(如产量、质量、销售额、市场占有率等)都是具体的可量化指标,但是某些驱动性指标可量化程度较低,可通过行为化的方式,利用关键行为对指标进行界定,以提高关键绩效指标的客观性。

(二) 关键绩效指标在绩效管理中的作用

关键绩效指标是绩效管理的抓手,有了这一工具,可以突出工作重点、抓住关键,大大提高绩效管理的工作效率。具体来说,关键绩效指标在绩效管理过程中的作用体现在以下几个方面:

(1) 在绩效计划阶段,关键绩效指标是设置绩效目标的依据,通过明确在每一关键绩效指标上应达到的指标值,就可以使绩效目标具体化。

(2) 在绩效监控阶段,受时间和精力的限制,上级管理者不可能对下属工作的方方面面都进行监控,关键绩效指标的确定使上级管理者的监控有了重点,对下属的辅导和绩效信息的收集能够抓住关键;关键绩效指标的确定也能使员工明确自己的工作重点,把主要的时间和精力放在最关键的工作任务上。

(3) 在绩效考评阶段,关键绩效指标是考评的最核心指标,能充分反映被考评者对组织的实际贡献。

（4）在绩效反馈阶段，根据被考评者在每一关键绩效指标上的得分，肯定其在工作中取得的成绩，发现其当前存在的问题并分析问题背后可能的原因，在此基础上制订下一步的绩效改进计划，使绩效反馈有针对性。

二、建立关键绩效指标体系的原则

为使关键绩效指标充分发挥作用，设计关键绩效指标时必须遵循以下原则。

（1）有效性原则。关键绩效指标必须与组织战略目标保持一致，反映组织战略的实施效果。组织的关键绩效指标必须是基于实现组织战略目标的关键成功因素进行分析和细化抽取的，部门与团队的关键绩效指标必须承接组织的关键绩效指标，个人或岗位的关键绩效指标必须承接部门与团队的关键绩效指标。关键绩效指标体系中所有的指标都必须以战略为导向，要么是基于实现组织战略目标的关键成功要素的分析进行提取和层层分解下来的结果，要么是被考评者为实现组织战略目标必须做好的关键工作。此外，关键绩效指标还必须涵盖被考评者的核心工作内容，反映其在实现组织战略目标过程中做出的实际贡献，这些指标既不能缺失，也不能被污染。

（2）少而精原则。关键绩效指标不能面面俱到，根据二八定律，关键绩效指标必须体现"关键性"，反映的是被考评者最关键20%的核心工作内容的绩效指标。

（3）可操作性原则。可操作性原则包括两个方面：其一，关键绩效指标必须是可测量的，有明确的界定以及客观的考评标准，能量化的尽可能量化，不能量化的必须行为化，以避免主观偏差；其二，追踪和收集有关这些指标的信息的难度与成本不应太高。

（4）可控性原则。关键绩效指标必须是被考评者可以控制的指标，指标得分高低主要取决于自身的努力，被考评者控制范围外的指标反映的是影响绩效的偶然因素，不能作为关键绩效指标。

（5）独立性原则。每个关键绩效指标必须内容独立，不同的关键绩效指标间不能存在交叉与重叠，否则就会导致某些方面的绩效被重复考评。

（6）针对性原则。关键绩效指标应针对被考评者的具体工作内容进行设计，这样才能真正反映其在实现组织战略目标过程中做出的实际贡献，以及工作中存在的具体问题与不足，以便制订相应的绩效改进计划。

（7）相互制衡性原则。关键绩效指标体系中不同指标间应存在相互制衡关系，防止以牺牲某一方面绩效为代价片面追求另一方面绩效最大化情况的出现，如既有数量指标也有质量指标，既有结果指标也有行为指标，既有短期指标也有长期指标，既有财务指标也有非财务指标，形成具有内在相互制衡关系的关键绩效指标体系，从而保证组织综合绩效最优。

（8）稳定性与可变性相结合的原则。关键绩效指标作为绩效管理的工具，必须保持一定的稳定性，不能朝令夕改；否则，容易使被考评者无所适从。但这种稳定性是相对的，因为关键绩效指标是实现组织战略目标的工具，而组织战略目标并非一成不变，当组织所处的环境发生较大变化时，组织的战略目标往往需要做出一定的调整，组织战略目标的调整必然导致关键绩效指标的变化。

三、关键绩效指标的设计流程

(一) 公司级关键绩效指标的制定

公司关键绩效指标的制定是从公司战略目标出发,基于对关键成功因素的分析制定的。关键成功因素(key success factors,KSF;或 critical success factors,CSF)分析法是1970年由哈佛大学教授 William Zani 提出的,原来是以关键因素为依据确定信息系统需求的一种管理信息系统总体规划方法。在管理信息系统中,存在影响系统目标实现的多个因素,其中若干个因素是关键的,通过对关键因素的识别找出实现目标所需的关键信息,从而确定系统开发的优先次序。作为一种识别重点影响因素的方法,关键成功因素分析法在战略绩效管理中经常被使用。在绩效管理中,所谓关键成功因素指对企业成功起关键作用的因素,关键成功因素分析法就是通过识别影响企业成功的关键因素,再围绕这些因素确定关键绩效指标,其中最常用的工具是鱼骨图分析技术,如图 4-1 所示。

图 4-1 公司级关键绩效指标制定过程

(1) 明确公司战略目标。绩效管理是实现公司战略目标的手段,绩效管理的前提条件就是公司战略明确、职责清晰。组织战略是绩效管理的逻辑起点,根据对公司内外环境的分析,明确公司的战略目标和实施战略的行动方案,这是战略管理研究的重点。

(2) 明确关键成功领域。关键成功领域是对企业实现自己的战略目标与保持竞争优势有重大影响的领域,即企业必须在哪些方面做的非常优秀才能取得成功。确定企业关键成功领域的途径有以下三个:

第一,回顾历史。如果一个企业已经发展到了一定阶段,取得了一定的成绩,就要对企业成功的经验进行总结,这个企业是靠什么才获得今天的成功?企业成功的关键因素有哪些?

第二,面对现实。根据企业现在所处的具体环境条件,过去那些成功要素中,哪些要素能继续促使企业取得成功?哪些要素是企业持续成功的障碍?

第三,展望未来。根据企业的战略规划,企业未来的战略目标是什么?影响未来成功的关键要素有哪些?

企业关键成功领域的分析通常采用鱼骨图方法,下面以某一制造企业关键绩效指标制定过程为例,说明如何通过鱼骨图分析法确定关键绩效指标(方振邦,唐健,2018)。

在用鱼骨图分析企业关键成功领域时,把企业战略目标放在鱼头的位置,把各项关键成功领域放在鱼刺的位置,如图 4-2 所示。

(3) 确定关键绩效要素。关键绩效要素是对关键成功领域的进一步细化,进一步分析在每一个关键成功领域中,要做好哪些方面的具体工作,才能确保在该领域取得成功。分析关键绩效要素的思路与方法与关键成功领域相同,也采用鱼骨图方法,在每一根大鱼刺上分析在该领域取得成功必须做好的工作,把每一项关键绩效要素放在小鱼刺上,如图 4-3 所示。

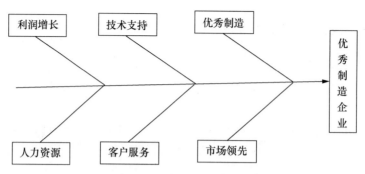

图 4-2 某制造企业关键成功领域的确定(示例)

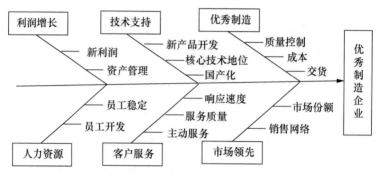

图 4-3 某制造企业关键绩效要素的确定(示例)

(4) 抽取关键绩效指标。进一步分析关键绩效要素,明确在这一方面取得成功的关键措施与手段是什么,以及取得成功的标准是什么,然后提取关键绩效指标。关键绩效要素与关键绩效指标间不是一一对应的关系,一项关键绩效要素可以抽取一个关键绩效指标,也可能抽取两个或者多个关键绩效指标,视具体情况而定。由关键绩效要素抽取关键绩效指标也是采取鱼骨图方法,如图 4-4 所示。

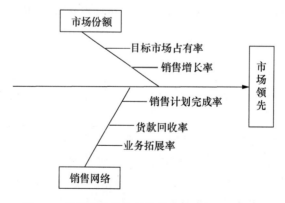

图 4-4 某制造企业关键绩效指标的确定(示例)

(5) 关键绩效指标汇总。把各个关键成功领域的关键绩效指标进行汇总后,就可以得到公司的关键绩效指标库,如表 4-1 所示。

表 4-1　某制造企业关键绩效指标汇总(示例)

关键成功领域	关键绩效要素	关键绩效指标
优秀制造	质量控制	来料批次通过率
		次品废品减少率
	成本	单位产值费用降低率
	交货	准时交货率
市场领先	市场份额	目标市场占有率
		销售增长率
	销售网络	销售计划完成率
		货款回收率
		业务拓展率
技术支持	新产品开发	新产品开发计划完成率
		新产品立项数
	核心技术的地位	设备维修平均时间
		与竞争对手产品对比分析
	国产化	国产化的费用节约率
		国产化率
客户服务	响应速度	服务态度
		问题及时答复率
	主动服务	客户拜访计划完成率
		客户拜访效率
		产品售后调查及时性
	服务质量	质量问题处理及时性
		质量问题处理成本
利润增长	新利润	销售利润率
		成本费用利润率
		销售毛利率
	资产管理	资产负债率
		应收账款周转率
		存货周转率
人力资源	员工稳定	员工满意度
		员工流失率
	员工开发	优秀员工流动率
		绩效改进计划完成率

(二) 部门与岗位关键绩效指标的制定

部门与岗位的关键绩效指标有四个来源:公司 KPI 的分解、部门与岗位核心职责分析、内部客户关系分析、临时性工作任务。

(1) 公司 KPI 的分解。公司 KPI 向部门分解时有两种策略,一是根据组织结构所确定的部门职责,确定各部门应承接的公司级 KPI,这种方法叫作组织功能分解法(function analysis technique),这是纵向分解的方法,如销售部门可承接销售额、销售成本、市场占有率、回款率、客户满意度等指标,生产部门可承接产量、质量、单位生产成本、原材料消耗等指标,这些可由一个部门承接的指标尽量分解给一个部门,以使责任明确;二是根据部门在工作流程中所发挥的作用,选择和确定部门 KPI,这种方法叫作工作流程分解法(process analysis technique),这是横向分解的方法,某些指标涉及若干部门,不是一个部门单独承担的,如成本控制这一指标可能涉及采购、制造、仓储、运输、销售等多个环节,这就需要通过组织流程分析,确定 KPI 指标所涉及部门并由这些部门共同承担。部门 KPI 向岗位分解时,基本程序跟公司 KPI 向部门分解相同,也是根据岗位的工作职责和岗位在部门工作流程中所发挥的作用确定该岗位承接哪些部门级 KPI。公司和部门 KPI 分解过程如图 4-5 所示。

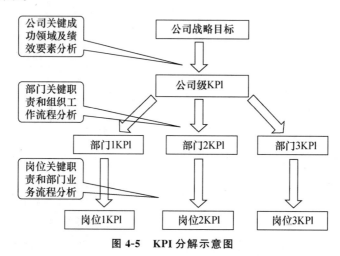

图 4-5　KPI 分解示意图

(2) 部门与岗位核心职责分析。公司 KPI 层层分解的依据是各部门、岗位的工作职责,因此职责清晰是绩效管理的前提之一。通过对部门与岗位核心职责的分析,将与部门、岗位核心职责直接相关的公司级 KPI 直接分解到相关部门与岗位,成为部门与岗位的 KPI。那些与公司 KPI 不直接相关的核心职责,也是实现公司战略目标必须做好的工作,即公司价值创造的关键驱动因素,也需要根据这些核心职责确定部门与岗位的 KPI,这些 KPI 往往是行为化的指标。下面以办公室秘书这一岗位,分析如何根据岗位职责确定该岗位的关键绩效指标。

第一步,详细描述部门的工作职责。比如办公室的工作职责为:

➢ 协调与上级部门和有关单位的联系,维护好公共关系;

➢ 组织编写、审查、修订和汇编公司的规章制度;

➢ 起草、编撰公司文件;

➢ 管理公司综合档案、机要档案和印章;

➢ 办理公司工商注册、变更、年检等事务;

➢ 接待公司来访客人,组织安排公司会议及重要活动;

➢ 督促、检查公司领导交办的重要事项落实情况;

➢ 负责公司法律事务;

➢ 管理和发放低值易耗品、办公用品;

➢ 车辆及驾驶员的管理工作;

➤ 董事会办公室日常工作；
➤ 公司的各项对外宣传工作。

第二步，把部门职责分解到各个岗位上。比如办公室秘书的工作职责包括以下内容：

➤ 起草日常信件、通知；
➤ 做好会议记录；
➤ 收发传真、信件；
➤ 接收并分发文件；
➤ 整理、起草、录入和打印文件；
➤ 保管各种公文档案；
➤ 安排会务；
➤ 购买车、船、飞机票；
➤ 接听电话；
➤ 接待来客；
➤ 完成领导交办的临时性工作。

第三步，提取岗位核心职责。核心职责是该岗位在实现公司战略目标过程中最重要、占用时间最多的工作。确定核心工作职责时有三种途径：第一，管理者与下属共同拟定一个初稿，然后召集所有员工一起讨论，直到意见一致为止；第二，管理者先拟定一个初稿，下属在详细阅读初稿后提出改进意见，管理者再根据下属的意见做一定修改，直到双方都接受为止；第三，下属员工先拟定一个初稿，管理者在详细阅读初稿后提出改进意见，然后下属再做一定修改，直到双方都接受为止。总之，这一过程应体现双向沟通、员工参与、上级监控的原则。比如上述秘书的核心工作职责包括起草文件、会务、票务、接待、档案管理。

第四步，分析岗位核心职责，把相似的职责进行合并，按照定量化、行为化的原则确定该岗位的 KPI。比如办公室秘书的核心职责和 KPI 如表 4-2 所示。

表 4-2 办公室秘书的核心职责与 KPI

核心职责	关键绩效指标
文字工作	写作水平
	时效性
文件管理	完整性
	规范性
服务工作	客户满意度
会务管理	会前准备
	会议期间突发问题处理

（3）内部客户关系分析。在实现公司战略目标的过程中，不仅需要不同部门和岗位间的合理分工，而且需要部门和岗位间的有效合作。因此，一些周边绩效指标往往也作为相关部门与岗位的 KPI，这就需要分析内部工作流程，确定不同部门、不同岗位间的上下游工作关系，只要一个部门或岗位为下游的其他部门或岗位提供产品、信息或服务，接受

产品、信息与服务的部门或岗位就是其内部客户。为其他部门提供的产品、信息与服务的及时性、准确性和内部客户满意度也应当作为该部门与岗位的KPI。

（4）临时性重要工作任务和工作短板分析。在确定部门与岗位的KPI时，还要考虑阶段性的临时性重要工作任务，以及被考评者工作中存在的主要问题，补充必要的KPI指标，以达到不断改进绩效的目的。"问题所在即KPI所在"，通过对问题的界定设立KPI项目，通过KPI的完成实现问题解决和直观的绩效改进（吴向京，2011）。

（三）KPI的审核

公司、部门、岗位的KPI初步确定出来后，要根据有效性、可操作性、可控性、少而精等原则进行审核，可以合并关联性较强的KPI，删除可操作性、可控性差的指标，根据相互制衡性原则形成最终的KPI指标体系。

四、当前关键绩效指标领域研究中存在的分歧与问题

（一）绩效目标与绩效指标相混淆

当前有关关键绩效指标的研究中存在绩效目标与绩效指标相混淆的现象。复旦大学胡君臣和宋源（2008）指出："有不少学者和企业将绩效指标与绩效目标混为一谈，认为对企业战略目标进行分解，便可直接得到企业级KPI。其实，对企业战略目标进行分解所得到的并不是企业级KPI，而是企业级目标体系。KPI是绩效指标不是绩效目标，二者截然不同。绩效指标指的是从哪些方面对绩效进行评估，而绩效目标指的则是在各个绩效指标上分别应达到什么样的标准。绩效指标解决的是需要评估'什么'的问题，而绩效目标解决的是需要达到'多少'或做到'怎样'的问题。先有指标，后有目标，每一个绩效目标都是建立在一个或多个绩效指标之上的，否则皮之不存，毛将焉附？"这种混淆存在于当前的不少教科书中。例如，姜定维和蔡巍（2004）也指出：许多书中提到制定关键绩效指标时要符合SMART原则，其中的"A"指"attainable"，表示"可达到的"意思。指标只是个衡量工具，它的要求只有合适和准确；制定"目标"才要量力而行，要是指标也是"可达到的"，就说明他们把指标与目标混淆了。

实际上，绩效目标是被考评者要完成的任务，而绩效指标则是衡量任务完成程度的工具，制定绩效目标时才需要遵循SMART原则。在根据企业的战略目标制定企业级KPI时，不能通过对战略目标的分解直接得到企业KPI，而需要通过对企业关键成功领域、关键绩效要素的分析才能提取企业级KPI。企业级KPI需要根据组织结构和流程层层分解，以得到各部门、各岗位的KPI。绩效目标与绩效指标间不是一一对应的关系，一个绩效目标可能需要一个绩效指标加以衡量，也可能需要两个及以上绩效指标加以衡量，绩效目标体现为衡量其实现程度的绩效指标加上要达到的指标值。

（二）驱动指标与结果指标的分歧

关键绩效指标究竟是驱动性指标还是结果性指标？目前在这一问题上也存在不同的观点。如戴维·帕门特（2018）将绩效指标分为绩效指标、关键绩效指标和关键成果指标。比如客户满意度、税前净利润、员工满意度、已投资资本回报率等都是关键成果指标，它们的特征是均反映了企业经营活动的成果。关键绩效指标来源于对企业总体战略目标的分

解,反映最能有效影响企业价值创造的关键驱动因素。关键绩效指标是超前的、适应将来发展需要的指标,其特征之一就是非经济评价指标。戴维·帕门特(2019)还认为,当你将美元符号烙在一种评价指标上时,你已经将它转化成一个成果指标了,关键绩效指标是需要进行频繁评价(每周7天、每天24小时实时评价)的。因此,按照戴维·帕门特的观点,关键绩效指标是驱动性而非结果性的。国内学者林新奇(2016)也持相同的观点,他认为KPI反映和衡量的是公司战略价值的主要驱动因素,如果能正确利用这些驱动因素,就能确保公司未来取得成功。因此,在很多情况下,KPI并不是财务指标。很显然,这是绩效的行为观在绩效管理中的体现。

在绩效管理中,除绩效的行为观外,还有绩效的结果观,以及把二者结合起来的综合绩效观。姜定维和蔡巍(2004)认为,关键绩效指标体系是连接各层面绩效与战略目标的桥梁,它是根据对组织战略目标起驱动作用的工作产出或结果来设定的。好的KPI体系,必然既包括结果指标,也包括过程指标。运用关键成果领域(key results area,KRA)法建立KPI,就是分析目标成果的组成部分,选出若干关键的成果领域,然后针对这些成果提出衡量指标,从而建立KPI。李宝元等(2014)也认为:"在指标的性质上,有些KPI属于结果指标,有些KPI属于行为指标。一般说来,在企业的三级KPI指标体系中,越靠近上层,结果指标占的比重更大;越靠近基层,行为指标占的比重更大。"

由关键绩效指标的含义可知,关键绩效指标既是衡量组织战略实施效果的关键指标,也是最有效影响组织价值创造的关键性驱动因素,KPI既包括组织流程投入端(驱动性)的指标,也包括组织流程输出端(结果性)的指标。国内一些学者(杜映梅,2006;李宝元等,2014;颜世富,2008;郝红,姜洋,2012)认为,平衡计分卡是选择和确定KPI的方式之一,而平衡计分卡四个维度的指标既包括驱动指标,又包括结果指标。

实际上,在绩效管理中把绩效指标区分为关键成果指标与关键绩效指标意义不大,因为在绩效管理过程中,管理者既要密切监控驱动性指标以确保未来目标的实现,也要密切监控阶段性结果达成情况,根据结果达成情况诊断和分析绩效实施过程中存在的问题或需要改进之处,从而确保最终绩效目标的实现。此外,在绩效管理过程中,驱动指标与结果指标是相对的,甚至有时很难将二者区分开来。例如,相对于及时采购、按时完成生产计划来说,及时交货是结果指标;但相对于及时回款与客户满意度来说,及时交货则是驱动指标。这些指标都是影响组织战略实施的关键指标,绩效管理过程中都要加以密切监控和管理。本书认为,关键绩效指标既包括关键成果指标,也包括关键驱动指标。

(三)关键绩效指标来源的争议

在设计关键绩效指标时,关键绩效指标的来源影响到哪些指标可以作为关键绩效指标。在这一问题上,不同教科书也存在不同观点。

方振邦和唐健(2018)认为:"在设计基于关键绩效指标的绩效管理体系的时候,通常组织层面的绩效指标都是关键绩效指标,而部门层面的指标和个人层面的指标则由关键绩效指标和一般绩效指标共同构成。但是,不同部门所承担的两类指标有差异,有的部门承担的关键绩效指标多,有的部门承担的关键绩效指标少,甚至有的部门不承担关键绩效指标。比如对于一些支持性部门(如办公室、财务部、人力资源部等)而言,它们的绩效指标更多的来自部门的职能或职责,而不是来自组织战略的分解,因此这类部门的一般绩效指标所占的比重较大,而关键绩效指标所占的比重相对较小。"根据这一标准,那些由组织战略分解而来的指标才是关键绩效指标,来源于部门职能或职责的指标是一般绩效指标。

但是,也有学者认为,来源于部门及岗位职责的指标也属于关键绩效指标。郝红等(2012)认为,KPI首先来源于工作职位责任,其次来源于组织或部门总目标,最后来源于业务流程最终目标。饶征和孙波(2003)、颜世富(2008)认为,建立企业KPI体系的方式有三种:依据部门承担责任不同建立KPI体系;依据员工工作性质不同建立KPI体系;依据平衡计分卡建立KPI体系。杜映梅(2006)认为,对于那些较稳定的基础职位,如秘书、会计等,他们的工作可能并不受目标直接控制,而主要依据工作职责来完成工作,他们的绩效指标的设定就更需要依据工作的核心职责。例如对一个秘书来说,其关键绩效指标是根据核心工作职责确定的。林新奇(2016)也认为:"KPI指标的建立既可以以企业战略规划、业务计划或任务协议书为依据,也可以以工作分析、岗位说明书为依据。"

由此可见,尽管学者们都认为绩效管理中应抓住关键绩效指标进行管理,但究竟什么样的指标才是关键绩效指标,对于这点,学者们意见并不一致。有学者指出,到目前为止,企业级KPI通过采用鱼骨图分析技术对关键业务领域的关键成功因素进行提炼与归纳,这已是公认的行之有效的方法;而部门KPI、员工KPI或源自对上一级KPI的分解,或源自部门(岗位)职责,或源自业务流程分析,学者们众说纷纭,莫衷一是(李业昆,2007)。

本书认为,不论是来源于公司战略的绩效指标,还是来源于部门与岗位核心职责的绩效指标都是关键绩效指标,其理由有以下几个方面:

第一,钱德勒(2002)在《战略与结构》一书中认为,企业所选择的战略决定了它的架构:一个公司应先制定战略,然后寻求建立一种实现该战略的合适架构。组织战略决定了组织结构,组织结构决定了各部门、岗位的职责,一旦组织战略做出了调整,组织结构和各部门、岗位的职责必然随之进行调整。组织的战略目标确定以后,不论是一线业务部门还是二线的业务支持部门,其工作都必须以组织战略为导向,为实现组织战略目标服务。随着战略目标的调整,各部门工作重点必然也要随之进行调整,根据与组织战略密切相关的核心职责所确定的绩效指标也应该反映影响组织价值创造的关键驱动因素。

第二,公司的业务支持部门(如办公室、财务部、人力资源部等)从事的是常规性工作,但在实现公司战略目标的过程中,这些部门也有阶段性工作重点,制定关键绩效指标时也应参考二八定律。

第三,尽管在关键绩效指标的来源上存在分歧,但不同的教科书都认为关键绩效指标是用于衡量和管理被管理者绩效的定量化与行为化的指标体系。定量化的指标往往来源于公司战略目标分解,而行为化的指标一般来源于部门和岗位的职责及其在组织流程中应发挥的作用。

第二节 综合平衡计分卡

传统的公司绩效考评方法重视财务指标,而轻视非财务指标。20世纪90年代以后,随着知识经济时代的到来,非财务因素对企业经营的影响越来越大。财务指标作为一个滞后性指标,反映的是从前经营活动的结果,在当前的企业管理实践中,企业的未来可持续发展日益受到重视。因此,传统的公司绩效考评方式因其固有的滞后性而无法满足管理实践的需要,这就为平衡计分卡的诞生提供了契机。平衡计分卡又叫综合平衡计分卡,是知识经济时代企业绩效考评的重要工具。从 1990 年开始,哈佛商学院教授罗伯特·S. 卡普兰(Robert S. Kaplan)和复兴全球战略集团总裁大卫·P. 诺顿(David P. Norton)对苹果电脑、杜邦、通用电气、惠普等 12 家企业的绩效考评进行研究,发现绩效考评比较成功的公司在对公司业绩进行评价时,不仅重视传统的财务指标,而且同时重视非财务指标。他们把自己的研究成果《平衡计分卡:绩效提升衡量体系》发表在《哈佛商业评论》上,正式提出平衡计分卡的理论与方法(Robert,David,1992)。平衡计分卡从财务、客户、内部运营、学习成长四个互相关联的维度来考评公司的绩效。

平衡计分卡有广义、狭义之分,狭义的平衡计分卡就是从财务、客户、内部运营和学习成长四个维度进行绩效评价的表格,广义的平衡计分卡包括战略地图和狭义的平衡计分卡。平衡计分卡四个维度的指标是由公司战略地图的四个层面推导而来的。

一、战略地图

战略地图是对组织战略要素之间关联关系的可视化表示方法,是一种用于描述和沟通战略的管理工具。

(一)战略地图的通用模板

战略地图被形象地描述成有一个三角形房顶的四层小楼。房顶部分由组织的使命、核心价值观、愿景与战略组成,四个楼层从上到下依次为财务、客户、内部业务流程、学习成长四个层面,构成一个"2-4-4-3"的框架。其中,"2"指两大财务战略,即生产率提升战略与收入增长战略;第一个"4"指四种客户价值主张,即赢得客户的四种竞争战略,分别是总成本最低战略、产品领先战略、全面客户解决方案和系统锁定战略;第二个"4"指四种创造价值的内部业务流程,即运营管理流程、客户管理流程、创新流程、法规与社会流程;"3"指三种无形资产,即人力资本、信息资本与组织资本。方振邦和唐健(2018)提出的战略地图框架结构如图 4-6 所示。

(二)战略地图的结构及各因素间的关系

1. 使命、核心价值观、愿景、战略间的关系

战略地图的房顶部分由组织的使命、核心价值观、愿景与战略四个要素组成。

德鲁克认为,企业使命就是阐明企业根本性质与存在的目的或理由,说明企业的经营领域、经营思想,为企业目标的确立与战略的制定提供依据。组织的使命回答了以下四个方面的问题。

(1)组织为什么要存在?
(2)组织的活动范围是什么?
(3)组织要为哪些客户服务?
(4)组织要提供哪些产品和服务?

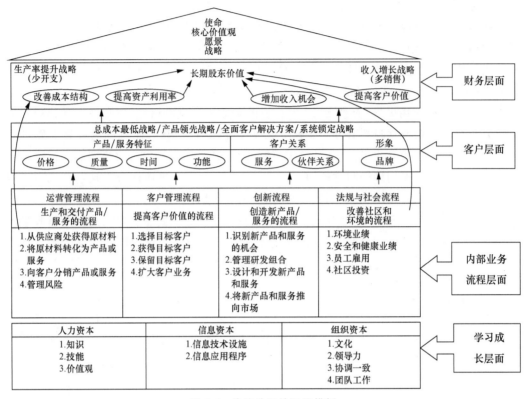

图 4-6　战略地图的通用模板

组织的使命界定了一个组织存在的目的、活动范围、所要服务的客户,以及所要提供的产品和服务等。例如,谷歌公司的使命是:整合全球信息,使人人皆可访问并从中受益。这一使命对谷歌公司而言是终极目标,这一目标可以无限逼近,但永远不可能完全实现,这是谷歌公司存在的价值体现。

核心价值观是组织最重要的、指导全局的、长期不变的价值标准和基本信念,它包括组织对于正确与错误、重要与不重要、好与坏的判断与评价。它是组织存在和发展的基本动力,也是这一组织区别于其他组织的主要特征。企业核心价值观是解决企业在发展中如何处理内外矛盾的一系列准则,如企业对市场、对客户、对员工等的看法或态度。

愿景是对未来蓝图的描绘,是企业 5—10 年的奋斗目标,它相对比较具体,勾画出企业未来的发展方向。

战略是对履行使命、实现愿景的策略性计划,企业战略目标是企业在一定的时期内,执行愿景和使命预期达到的成果。

使命与核心价值观描述了企业长期奉行的核心理念,愿景与战略描述了企业的发展蓝图与战略选择,企业的使命指引核心价值观的形成,使命与核心价值观指引愿景和战略的形成,愿景指引战略的形成。

2. 战略地图四个层面的内容及逻辑关系

战略地图的楼体部分包括财务、客户、内部业务流程和学习成长四个层面。财务层面与客户层面描述了企业期望达到的财务绩效与客户绩效,反映的是战略的绩效结果;内部业务流程层面和学习成长层面则分别描述了企业达成预期绩效结果的关键驱动因素,即组织创造价值的关键流程与所需的无形资产。

(1) 财务层面。财务层面包括两大战略,即收入增长战略(开源)和生产率提高战略(节流)。其中,收入增长可通过两种途径实现:一是增加收入机会,企业通过销售新产品或发展新客户实现收入增长;二是提高客户价值,使现有客户购买公司更多产品。生产率提高也有两种途径:一是改善成本结构,通过大规模生产来降低单位成本,或通过精细化生产来降低原材料和成品储存成本;二是提高资产利用率,通过更有效地利用资金和实物资产,减少流动资金和固定资本,如减少计划外设备停工时间,企业可以充分利用现有生产能力,在不增加厂房和设备的情况下生产出更多产品。

(2) 客户层面。客户层面说明了企业为赢得客户需要采取的四大竞争战略,分别是总成本最低战略、产品领先战略、全面客户解决方案以及系统锁定战略。

◆ 总成本最低战略指企业通过有效途径降低成本,使企业的成本低于竞争对手,甚至做到在同行业中最低,能够以较低的价格向客户出售产品,从而吸引对价格敏感的客户,获取竞争优势。

◆ 产品领先战略指依靠非同一般的生产工艺、配方、原料、核心技术,为客户提供独特的产品和服务而取胜的战略。通过为那些有新潮消费需求、对价格不敏感的客户提供性能独特、技术领先的产品和服务而获得超额利润。例如索尼、奔驰和英特尔都强调产品创新和产品领先。

◆ 全面客户解决方案指通过为客户提供全面的、定制化的产品和周到的、持续的服务以赢得客户,这一战略对吸引和保持有个性化消费需求的客户特别有效。

◆ 系统锁定战略指先通过较低价格的入门产品吸引客户,然后逐步为客户提供需要高额转换成本的、标准化的产品、服务或交流平台,从而使客户不断购买本公司后续产品与服务,从而达到把客户牢牢锁定的目的。例如,在摄影器材领域,各厂家普遍采取的战略就是系统锁定战略。单反相机的销售策略就是引诱客户不断购买其价格昂贵的镜头,一开始,各品牌标配的普通镜头并不贵,但是拍出的照片不够理想,相机厂家就会不断推出更好的高端镜头供客户挑选。例如,佳能的红圈镜头、尼康的金圈镜头以及索尼蓝标的蔡司镜头动辄上万元,最贵的镜头价格可高达十几万元。相机本身价格不高,但要想玩好单反,就得不断购买更好的镜头。但是,不同品牌相机的镜头不能通用,买了某一品牌相机后,就要不断购买其昂贵的镜头,客户购买该品牌的镜头越多,转换品牌的成本也就越大,以至于越陷越深,最终被品牌彻底锁定。

(3) 内部业务流程层面。平衡计分卡的内部业务流程层面包括四种关键流程:运营管理流程、客户管理流程、创新流程、法规与社会流程,每一流程又由若干子流程组成。

◆ 运营管理流程。运营管理流程指生产和交付产品与服务的流程。良好的运营管理流程可以大大提高生产和服务效率、降低成本,有效地规避企业经营风险。该流程包括四个子流程:从供应商处获得原材料,将原材料转化为产品和服务,向客户分销产品或服务,风险管理。

◆客户管理流程。客户管理流程是建立和利用客户关系以提高客户价值的流程。良好的客户管理流程可以使企业有效地吸引目标客户,提高客户满意度与忠诚度,并提高客户价值。该流程包括四个子流程:选择目标客户,获得目标客户,保留目标客户,扩大客户业务。

◆创新流程。创新流程指创造新产品、提供新服务的流程。良好的创新流程可以使企业不断推出新产品、新服务,引领消费需求,保持明显的竞争优势,是提升客户转换率和增长率、提升客户忠诚度的必要条件。该流程包括四个子流程:识别新产品和服务的机会,对研究和开发进行管理,设计和开发新产品和新服务,将新产品和服务推向市场。

◆法规与社会流程。法规与社会流程指造福社区和改善社区环境的流程,如遵守法律法规、注重环保、提供本地就业机会、履行企业社会责任、增进社区福利等。有效的法规与社会流程有利于树立良好的企业形象,为企业赢得良好的外部发展环境。企业一般从四个方面管理法规与社会流程:环境业绩、安全和健康业绩、员工雇用、社区投资。

(4)学习成长层面。学习成长层面描述了企业的无形资产及其在企业发展中的作用。在企业的发展过程中,一切与企业的生产经营有关、能为企业带来经济效益、不具备物质实体的资产都属于无形资产。企业的无形资产分为三类:人力资本、信息资本和组织资本。

◆人力资本。在平衡计分卡中,人力资本包括员工的知识、技能和价值观。知识指员工完成工作必须掌握的信息,如了解产品性能与特点、熟悉操作流程;技能是运用工作知识,解决实际问题的能力,如谈判技能、冲突管理技能、沟通技能等;价值观是指导员工行为的根本准则,如团队精神、客户导向等。

◆信息资本。信息资本包括信息技术设施(硬件)和信息应用程序(软件)两部分。技术基础设施包括中央服务器、通信网络及各种终端设备,以及相应的应用技术;信息应用程序是由信息、知识和技能组成的程序包,它建立在技术基础设施基础上,支持组织的内部业务流程。

◆组织资本。组织资本是执行战略所要求的动员和维持变革流程的组织能力,即将组织所拥有的能力和技术协同起来实现战略目标的能力。组织资本包括文化、领导力、协调一致和团队工作。文化指对执行战略所需的使命、核心价值观和愿景的内在认知;领导力指组织内各层级能够动员员工朝着组织战略方向共同努力的能力;协调一致指个人、部门与组织目标的一致性;团队工作指工作过程中组织成员互相协作、知识共享的能力。

战略地图的四个层面从上往下层层牵引,从下往上层层支撑,四个层面间存在内在的因果驱动关系。财务层面说明为了满足股东期望,必须实现哪些财务方面的目标;客户层面说明为了实现公司财务目标,必须如何做才能赢得客户;内部业务流程说明要赢得客户,公司必须擅长哪方面的业务、做好哪些重点工作;学习成长层面说明公司要擅长特定业务,必须在哪些无形资产方面做好准备。例如,如果公司的财务战略是以增加收入为导向,客户层面则以产品领先为主要竞争战略,内部业务流程层面则以创新流程为主,学习成长层面则要求公司必须具备有利于创新的无形资产。反过来,企业创新性的无形资产决定了企业的创新质量,创新质量决定了企业产品差异化战略能否取得成功,差异化战略能否成功进一步决定了企业增加收入战略能否实现。

二、平衡计分卡

(一)平衡计分卡与战略地图的关系

平衡计分卡是由战略地图推导出来的,平衡计分卡四个维度分别对应战略地图的四个层面。与战略地图中四个层面间的关系一样,平衡计分卡的四个维度之间也存在因果驱动关系。对不同的企业的财务战略、客户战略、内部业务流程以及无形资产不同,反映在平衡计分卡上,其关键绩效指标及各指标权重也不同。因此,在构建企业平衡计分卡时,必须先描绘公司的战略地图,明确公司战略重点和实现途径,然后才能制定合理的平衡计分卡,并非只需要列出财务、客户、内部业务流程与学习成长四个方面的指标。

(二)平衡计分卡的内容

平衡计分卡包括财务、客户、内部业务流程及学习成长四个方面的内容,这四个方面相互关联、缺一不可,但又各有侧重,如图4-7所示。

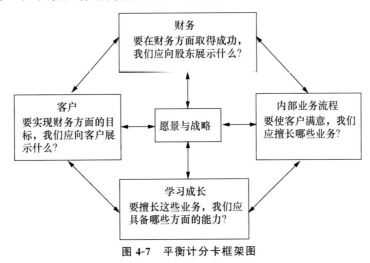

图4-7 平衡计分卡框架图

1. 财务方面的指标

财务目标为平衡计分卡所有其他方面的目标和衡量提供了焦点。平衡计分卡的每项衡量指标都要与财务目标相联系,最终目标是提高财务绩效。平衡计分卡反映企业战略的全貌,从企业长远的财务目标开始,将它们同企业一系列行动相联系,指导企业的经营活动过程。

根据波特的企业生命周期理论,每个企业都要经历一个生命周期,开始于形成阶段,然后是成长、成熟,最后衰退,企业所处阶段不同,其财务目标也会有很大差异(见表4-3)。

表4-3 企业不同生命周期阶段的财务目标

企业阶段	财务目标
形成阶段	销售增长率,市场占有率,新产品服务开发周期
成长阶段	权益收益率,销售收入毛利率
成熟阶段	现金回收率

2. 客户方面的指标

在现代企业竞争中,能否提供符合客户偏好的产品或服务变得越来越重要。企业要想在激烈的竞争中取胜,必须从战略层面考虑争取客户,提高市场占有率。平衡计分卡要求管理层把客户的抽象目标转化为具体的衡量方法,反映客户真正关心的因素,如交货时间、产品质量、产品价格、为客户创造的效益和服务质量等。

(1) 客户关心的因素。一般来说,客户关注的事项可以分为四类:时间、质量、客户价值及成本。时间指公司满足客户需要所用的时间,即公司从收到客户订单到真正把产品和服务送到客户手上的时间。对于新产品而言,时间指产品从开发到上市销售的时间。质量指产品各项设计指标的差错率,还包括交货时间的准确率和公司发货的正确率。客户价值是指公司的产品和服务如何为客户创造价值。成本指客户购买产品或服务的价格。由此看来,要想长期获得丰厚的利润,就必须创造出受客户喜欢的产品和服务,并及时交付使用。

(2) 市场划分与竞争战略选择。一般来说,不同客户的偏好不同,在公司竞争战略制定的过程中,要调研不同的市场或客户群体的消费偏好,进行市场细分。公司很难同时满足所有客户的需求,一般情况下,需要综合考虑本公司产品的价格、质量、功能、特色和服务水平,选择自己的目标市场,并做出恰当的竞争战略选择。

客户方面的衡量手段。当企业确定和选中了目标市场后,就应确定相应的衡量方法,平衡计分卡的衡量手段如图 4-8 所示。

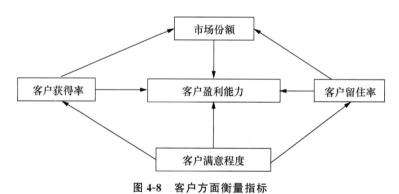

图 4-8 客户方面衡量指标

• 市场份额。在确定目标客户或市场以后,就可直接衡量市场份额。市场的总体规模可通过行业统计数据获得,再结合本公司的销售情况就可以计算公司产品的市场份额。

• 客户留住率。许多公司都想留住现有客户,即争取回头客,提高现有客户的忠诚度。稳定的客户来源对于公司的利润增长至关重要,它可以使公司通过特定的客户群体保持或增加市场份额。

• 客户获得率。公司要扩大市场份额最直接的办法就是扩大客户群体规模。争取客户的工作既可以通过新增客户数来衡量,也可以通过统计这些客户在本公司的总销售额来衡量。

• 客户满意度。要想留住老客户和争取新客户,就必须满足客户的需求,衡量客户满意度可以对公司的业绩提供反馈,满意度源于客户对一件产品所期望的性能与产品实际性能所进行的比较。

• 客户盈利能力。平衡计分卡在客户方面所做的一切工作都是为了评价企业在吸引并留住可盈利客户方面的绩效。一家公司即便成功获取了市场份额、留住了客户、吸引了新客户、保证了客户满意度时,也不一定能从客户身上获取利润,所以对客户的盈利能力也应该进行衡量。

3. 内部业务流程方面的指标

与战略地图一样,平衡计分卡的内部业务流程也包括运营管理流程、客户管理流程、创新流程以及法规与社会流程。企业的竞争战略明确以后,与竞争战略相匹配的内部业务流程就成为关键流程,与该流程相关的绩效指标就成为关键绩效指标。如成本领先战略决定了企业运营管理流程是关键流程,该流程包括以客户需求为起点,到以企业创造对客户有价值的产品或服务为终点的一系列活动,产量、产品合格率、单位产品成本、原材料消耗、设备利用率、交货周期等就是关键绩效指标。

4. 学习成长方面的指标

传统以财务指标为主的衡量体系,注重短期业绩,往往忽略通过投资来提升企业员工的技能和学习能力,以及优化企业的管理系统,因为通过削减这类投资来增加短期利润很容易做到,并且其弊端在短期内不会显现,但是到最后可能弊大于利。要实现长期健康发展,企业必须对无形资本——员工的知识、技能、信息系统、企业文化、领导力、团队建设等方面进行投资,这些方面的指标构成了平衡计分卡学习与成长方面的指标。

(三)平衡计分卡的结构及各因素之间的关系

1. 平衡计分卡的结构

平衡计分卡是一个包括财务、客户、内部业务流程、学习成长四个维度的表格,如表 4-4 所示。

表 4-4 平衡计分卡的结构

维度	目标	指标	指标值	行动计划	预算和责任制
财务					
客户					
内部业务流程					
学习成长					

(1)维度。平衡计分卡的四个维度对应着战略地图相应的四个层面,分别是财务、客户、内部业务流程、学习成长,这四个层面体现了公司战略的基本关注点。

(2)目标。战略目标是战略地图的最基本要素,它阐释了四个维度之间横向和纵向的逻辑关系。战略目标是从战略重点分解、细化出来的关键性目标,每一个战略重点至少要分解出一个战略目标。

(3)指标。指标是由预先设定的关键性战略目标推导出来的,一个战略目标对应一个及以上的指标。

(4) 指标值。指标值是对指标的具体要求,也是评价目标实现与否的具体标准。

(5) 行动计划。行动计划是实现平衡计分卡中每个目标的具体计划,它包含若干个特定的行动,其目的主要是促进每个指标的指标值的实现。

(6) 预算和责任制。预算是为战略行动方案提供资金支持;责任制要求明确管理和执行战略行动方案的责任人及其职责。

2. 平衡计分卡各个要素间的关系

(1) 目标反映了公司战略的重点与驱动因素,明确了公司努力的方向。

(2) 指标与指标值则是对战略目标的衡量方法和标准,是公司战略目标落地的重要载体。

(3) 行动计划是实现公司每一个指标的指标值,是实现战略目标的重要保证,它引导公司全体员工在行为上与战略保持高度的一致。

(4) 预算是执行行动计划的财务保证。

(5) 责任制确保每一个行动计划有明确的负责人和团队。

(四) 平衡计分卡的特点

平衡计分卡把企业的使命、价值观、愿景、战略和企业的绩效管理系统联系起来,通过把企业的使命、愿景和战略转化为具体的目标和考评指标,化战略为行动,实现组织战略和绩效管理的有机结合,使企业的战略得以具体落实。平衡计分卡具有以下特点:

(1) 平衡计分卡克服了传统的以财务指标衡量企业业绩的不足。企业业绩的传统衡量主要依赖财务指标:一方面,这可能造成下属单位过分重视财务指标,而忽视非财务指标在企业长期发展中的作用;另一方面,财务指标是一种滞后指标,不利于事前控制。由于财务指标的改善在很大程度上是建立在非财务指标改善的基础上的,或者说非财务指标的改善是财务指标改善的前提和动力,企业从非财务指标的改善入手,以非财务指标的改善带动财务指标的改善,将使企业的管理水平得到切实提高,企业的目标才能真正实现。平衡计分卡继承了传统财务指标的优势,并补充了客户、内部业务流程、学习成长三个方面的非财务指标,从而对企业的业绩评价更加全面和具体,并从根本上大大提高企业的竞争力。

(2) 平衡计分卡与企业的战略管理相结合,能有效地推动战略的实施。平衡计分卡的一个重要特点是它与企业的战略目标紧密结合,从企业的战略目标出发,把企业抽象的战略转变为具体可执行的目标和四个不同方面的衡量指标——财务、客户、内部业务流程和学习成长。平衡计分卡提供了一个框架、一种语言,传播企业的使命和战略。它利用衡量结果把企业当前和未来成功的关键因素告知企业员工,并阐明企业想要获得的结果和获得这些结果的必要条件,充分调动员工的能力和集体智慧来实现企业的长期目标,把战略目标分解成可操作的分目标,并落实为具体的指标与指标值以便于评价和控制。

(3) 平衡计分卡平衡了企业内不同利益相关者的不同需求。由于不同利益方的目标和需求存在差异,组织必须在其中取得平衡。因此,平衡计分卡实际上就是衡量公司在满足不同利益相关者要求方面的业绩。平衡计分卡在将公司使命和战略转化为具体的目标和业绩指标的同时,也在平衡公司各利益相关者之间的不同需求。在实现公司愿景的过程中,平衡计分卡充分体现了追求系统整体绩效最优的特性,实现了五方面的平衡:财务指标与非财务指标之间的平衡,长期目标与短期目标之间的平衡,结果指标与驱动指标之间的平衡,内部指标与外部指标之间的平衡,领先指标与滞后指标之间的平衡。

平衡计分卡所包含的上述五种平衡(见表 4-5),从战略层面上考察分析会发现:平衡计分卡集中体现了企业作为一个独立经营的经济实体在运营过程中涉及的人力、物力和财力三大要素之间的交互作用及其相互关系,充分揭示了企业的资金流、物流与人力资源流之间如何在一定的环境条件下实现有效配置的规律(石金涛,魏晋才,2007)。

表 4-5 平衡计分卡的平衡性

平衡性	含义
财务指标与非财务指标之间的平衡	从财务和非财务的角度思考公司战略目标及考核指标
长期指标与短期指标之间的平衡	既关注短期的战略目标和绩效指标,也关注长期的战略目标与绩效指标
结果指标与驱动指标之间的平衡	既关注那些能反映公司过去绩效的滞后性指标,也关注能预测公司未来绩效的前置指标
内部指标与外部指标之间的平衡	关注公司内外的利益相关者,能有效地实现外部(如客户和股东)与内部(如流程和员工)指标之间的平衡
领先指标与滞后指标之间的平衡	财务类指标是滞后指标,只能反映公司上一年度发生的情况,平衡计分卡对于领先指标(客户、内部业务流程、创新学习)的关注使企业更重视过程,实现领先指标与滞后指标之间的平衡

三、当前平衡计分卡研究中存在的问题

(一) KPI 与 BSC 的关系

KPI 与 BSC 是当前绩效管理中使用的两大主要工具,对于这两大工具之间的关系,当前理论界存在不同看法。比如,方振邦(2007)在《战略性绩效管理》一书中认为,关键绩效指标与平衡计分卡是两种不同的绩效管理工具,平衡计分卡是绩效管理发展的新阶段。

虽然 KPI 与 BSC 都是战略导向的绩效管理工具,但二者在以下几个方面存在不同:

(1) 关键绩效指标关注结果;平衡计分卡既关注过程,又关注结果。

(2) 关键绩效指标中各指标之间基本独立,彼此没有联系;平衡计分卡中目标的因果关系导致四个层面的指标之间有关联性。

(3) 关键绩效指标无前置指标和滞后指标之分;平衡计分卡有前置指标和滞后指标之分。

(4) 关键绩效指标强调客观指标;平衡计分卡既有客观指标,也有主观判断指标。

但也有学者认为,关键绩效指标与平衡计分卡并非两种截然不同的绩效管理工具,平衡计分卡实际上是制定关键绩效指标的方法和途径之一。李宝元等(2014)认为,卡普兰和诺顿设计的 BSC 四维绩效框架,是选择和确定 KPI 体系的一个重要理论参照系;杜映

梅(2006)认为,根据平衡计分卡建立的企业 KPI 体系兼顾了对结果和过程的关注;饶征和孙波(2003)、颜世富(2008)、郝红和姜洋(2012)也认为,平衡计分卡是建立企业 KPI 体系的方法之一。

实际上,KPI 和 BSC 都是系统理论在绩效管理中的体现。关键绩效指标要求绩效指标既要系统、全面又要突出重点,平衡计分卡则强调绩效指标之间的因果驱动性与相互制衡性。这两种绩效管理工具并不是互相排斥的,而是相辅相成的。在使用 KPI 制定绩效指标时,并不是要面面俱到,而是要突出重点,从众多绩效指标中选择关键绩效指标。在使用 BSC 确定绩效指标时,也要遵循二八定律,不同企业的战略主题不同,平衡计分卡四个维度的关键绩效指标以及各指标权重就会不同。例如,尽管四种内部流程对一个企业的正常运行都很重要,但是企业客户层面的竞争战略决定了企业战略实施的关键流程,与这一关键流程相关的指标才是关键绩效指标,或者即便有其他流程方面的指标,但与这一关键流程相关的指标也应占较大权重。

在使用 KPI 时,也要吸收和借鉴 BSC 的思想,各关键绩效指标间不能杂乱无章地堆砌在一起,不同层级的 KPI 要相互指导与支撑,同一层级的 KPI 之间也应有因果驱动和相互制约关系,从而保证系统整体最优。KPI 的优势在于纵向不同层级间指标的分解,BSC 的优势在于同一层级的绩效指标间的相互制衡。在绩效管理实践中,应把两种工具的优点结合起来。

(二)BSC 的适用范围

BSC 的适用范围也是当前绩效管理领域存在争议的问题。把 BSC 作为战略业务单元(strategic business unit,SBU)的绩效管理工具没有任何问题,但是对于 BSC 能不能应用到一般的部门和岗位,目前理论界存在分歧。

一些学者认为,平衡计分卡作为一种有效的绩效管理工具,既可应用于公司层面,也可应用于部门和岗位层面。如李宝元等(2014)的"三层四维"关键绩效整合战略管理框架理论认为:"为了把组织和经营单位的目标传递给执行这些工作的团队和个人,可以为每个团队或成员设计一个平衡计分卡,将团队/个人平衡计分卡汇总,就可以得到组织综合平衡计分卡。"林新奇(2016)也认为:"基于平衡计分卡的指标体系一般是针对企业整体的,也就是说其评价的对象是企业,而非企业内部的某个部门或岗位。但是平衡计分卡不能停留在企业整体层面,而应该被分解到各个部门以及各个岗位;否则,企业的战略就只是企业高层管理者的战略而已,难以真正落实到各个部门以及岗位。因此,完整的平衡计分卡指标体系应被分为三个层次:企业层次、部门层次和岗位层次。"

但是,目前也有学者认为,作为重要的绩效管理工具,综合平衡计分卡并不适用于所有类型的经营单位。一般来说,有自己的客户来源、销售渠道、生产设施和财务考评指标的经营单位适合使用综合平衡计分卡(杜映梅,2006)。还有学者认为,把平衡计分卡应用于企业层面或战略业务层面没有任何问题,但很难应用于一般的部门,更难应用于普通的岗位。彭剑锋和伍婷(2008)指出:"BSC 在部门这样一个较小单位上的适用性是有待探讨的,当目标已经分解到部门,用鱼骨图的方法能够较全面和准确地得到所有的员工 KPI。"吴向京(2011)也指出:"针对组织绩效的衡量方法,难以简单复制到个体上。比如,平衡计分卡在组织层面可以堪称卓越的思想和工具体系,但是如果硬要把指标分解到岗位层面,靠有限的指标体系管理实践中丰富的工作内容、巨量的隐性知识、复杂的人际关系,其真实结果可想而知。"

因此,平衡计分卡究竟能否应用于部门与岗位的绩效管理,目前理论界仍存在意见分歧。

三、部门与岗位平衡计分卡的建立

公司平衡计分卡建立后,如何分解到部门和岗位呢?林新奇(2016)指出:"目前做这项工作的方法有两种:一是把各部门看作一个虚拟的企业,分别为每个部门单独制定平衡计分卡四个维度的绩效指标。例如,对于人力资源部,财务指标是该部门的费用率等,客户指标是各部门对其的满意度等,内部业务流程指标是招聘流程、培训流程等,学习成长指标是人均培训时间、部门内员工满意度等。二是由不同的部门来分别承担企业级平衡计分卡不同维度的不同指标。例如,财务指标由销售部门和服务部门承担,内部业务流程指标由生产部门承担,学习成长指标由人力资源部承担"。

这两种方法都存在一定的问题。第一种方法把一般的部门看成虚拟企业,制定部门的平衡计分卡在逻辑上存在一定的问题。如前所述,平衡计分卡并不是财务、客户、内部业务流程和学习成长四个维度指标的简单拼凑,因为平衡计分卡最显著的特征就是四个维度指标之间存在内在因果驱动关系,财务绩效是客户绩效的必然结果。对于战略业务单位来说,服务好客户自然就会得到财务方面的回报;但是对于其他部门来说,例如人力资源部,它为公司各部门提供的服务越好、客户满意度越高,该部门的费用率就越低,这个逻辑显然是不成立的。因此,这样机械拼凑平衡计分卡的做法实际上并不符合平衡计分卡的本质特征,平衡计分卡也就失去了优势。

第二种方法是由不同部门分别承担企业平衡计分卡不同维度的指标,但是这种方法并没有说明这些指标分解到部门后,如何构建有因果驱动关系的部门级平衡计分卡。

那么,部门与岗位能不能建立平衡计分卡呢?答案是肯定的。姜定维和蔡巍(2002)指出:"企业分为董事会、集团公司、分/子公司、事业部、大部门、小部门、团队、岗位等多个组织层次,各层次上的组织都可建立各自的平衡计分卡。"但是,他们同时指出,部门平衡计分卡并不能由企业平衡计分卡直接分解得到,因为它们是两个不同主体。部门平衡计分卡与企业平衡计分卡是完全不同的两个体系,把不同层级的平衡计分卡相联系的纽带是显性绩效。人们对各部门和岗位的工作都会有一个总体要求,这个总体要求就是显性绩效。企业目标是企业的显性绩效,隐含在企业平衡计分卡中。部门的目标是部门的显性绩效,部门目标来自企业目标的分解,岗位目标来自部门目标的分解。因此,通过显性绩效可以将各层级的平衡计分卡相互联系起来。

各部门和岗位在实现组织目标过程中所承担的主要工作任务就是该部门和岗位的显性绩效,下一级的平衡计分卡不是由上一级的平衡计分卡直接分解而来,每一级的平衡计分卡由该层级的显性绩效以及实现显性绩效的驱动因素构成,下一级的显性绩效由上一级的显性绩效分解而来,通过显性绩效,不同层级的平衡计分卡之间可以建立联系。

一般部门与岗位层级的平衡计分卡该怎么建立呢?由于一般的部门和岗位并非战略

业务单元,不能简单照搬企业平衡计分卡的四个维度,可以参照方振邦公共部门平衡计分卡的构建思路。由于地方政府是非营利性组织,其战略地图删掉了财务层面,由三个层面构成:利益相关者、实现途径以及保障措施,如图4-9所示。

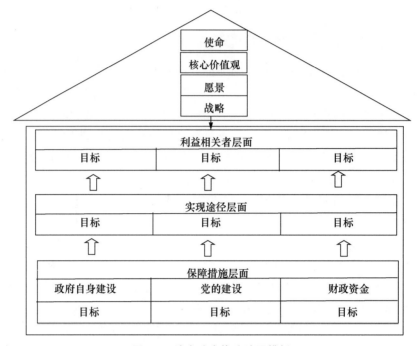

图4-9　地方政府战略地图模板

在构建部门和岗位的平衡计分卡时,部门和岗位的显性绩效是其在实现企业目标过程中要完成的主要任务,相当于利益相关者层面,实现显性绩效要做的工作是实现途径层面,做好这些工作所需的条件属于保障措施层面,三个层面间存在因果驱动关系,由这三个层面推导出的绩效指标就构成部门与岗位的平衡计分卡。由此可见,在把平衡计分卡应用于一般的部门与岗位层级时,不能简单地套用组织级的平衡计分卡,而要进行一定的变通。

第三节　其他绩效管理工具

除了关键绩效指标与平衡计分卡这两大主要工具,绩效管理还有其他一些工具,如标杆管理、主基二元法、三维考评法、目标与关键成果法,下面逐一进行介绍。

一、标杆管理

(一)标杆管理的含义

标杆管理(benchbanking)又叫标杆基准法。标杆管理产生于美国施乐公司(Xerox),20世纪70年代,施乐公司在全球复印机市场上一直处于垄断地位,但后来受到来自日本佳能(Canon)、日本电气公司(NEC)等企业的挑战,这些公司以施乐公司的成本价销售产品仍能获利,致使施乐公司的市场占有率从49%锐减到22%。面对竞争对手的威胁,施乐公司向日本公司学习,开展标杆管理。施乐公司首先调查了客户满意度,并比较客户对产品的反馈,将本公司的产品质量、售后服务与本行业领先企业做比较,分析竞争对手在哪些方面领先、为什么领先,怎样才能消除与这些公司的差距。对比分析结果表明,公司从产品设计到销售、服务和员工参与等一系列方面都需要改进,公司为这些环节确定了改进目标,并制订了达到目标的计划。通过标杆管理,施乐公司成本降低了50%,产品开发周期缩短了25%,人均创收增加了20%,产品开箱合格率从92%上升到99.5%,公司重新取得市场领先地位。

标杆管理就是通过不断寻找和研究一流公司的最佳实践,并以此为基准,与本企业进行比较、分析、判断,从而使本企业不断得到改进,赶超一流公司,创造优秀业绩的良性循环过程。所谓标杆就是学习的榜样,即行业内或行业外的最佳实践活动或最优标准,标杆管理就是不断向标杆企业看齐,对照标杆寻找差距、不断改进,从而达到赶超标杆的目的。

(二) 标杆管理的类型

标杆管理可以分为以下四种类型。

(1) 竞争标杆。竞争标杆管理就是向与本公司目标市场相同的企业在产品、服务和工作流程等方面的绩效管理进行比较,直面竞争对手、寻找差距、努力改进,力争赶超竞争对手。这种标杆管理效果最佳,但在实践中实施起来也最困难,因为竞争企业的绩效管理信息很难获得。

(2) 内部标杆。当不能找到合适的外部标杆时,可以选择内部标杆进行绩效管理。如果一个企业规模较大,那么可以选择一个绩效管理做得比较出色的部门或业务单位作为内部标杆,将其绩效管理中的成功经验与做法推广到公司其他部门和业务单位,从而实现经验共享,把整个公司的绩效管理水平提高到标杆部门的水平。内部标杆属于同一公司的不同部门,其他部门与其面临的环境条件相似,可推广性较强,方便易行,是标杆管理的重要途径之一;但内部标杆的不足在于视角是向内的,容易产生封闭思维。因此,最好将内部标杆与外部标杆配合使用。

(3) 行业标杆。行业标杆是以公认的行业内最优秀企业作为基准进行标杆管理,对照行业领先的企业寻找差距,改进绩效指标及评价标准,努力向行业标杆企业看齐,争取做到行业最优。

(4) 最优标杆。最优标杆可以跨越不同行业与类型的组织,是以公认的绩效管理方面最优秀企业的最佳实践作为标杆。对于优秀企业来说,最优标杆突破了行业界限,可以避免企业故步自封、安于现状,意识到天外有天,不断突破自我,激发积极进取的动力。

(三) 标杆管理的流程

标杆管理是企业在全面了解自己与标杆企业状况的基础上,找出需要设定标杆的领域及内容,分析本企业与标杆企业间的差距,然后确定绩效改进的领域与标准,并努力超越标杆。标杆管理的流程如图4-10所示(石金涛,魏晋才,2007)。

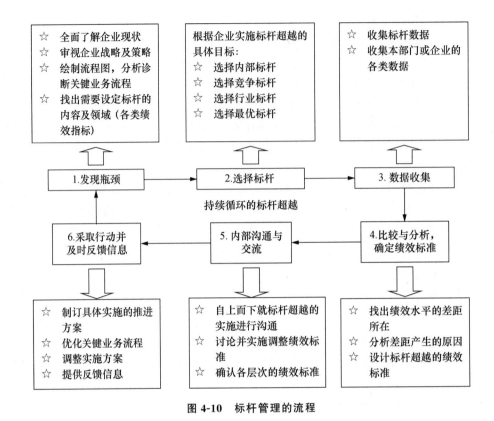

图 4-10 标杆管理的流程

（四）对标杆管理的评价

标杆管理作为一种重要的绩效管理工具，其主要作用在于在确定绩效指标、绩效标准时以标杆作为参照，积极向标杆看齐，从而不断超越自我，使绩效管理水平不断提高。

1．标杆管理的优点

标杆管理的优点体现在以下几个方面。

（1）标杆管理有助于激发员工的士气。标杆管理是以标杆企业的成功实践为基础，所设定的绩效指标和标准在标杆企业已经成功实施，因此可以有效消除员工心理顾虑，提高员工的信心。

（2）标杆管理有助于学习型组织的建立。标杆管理需要不断寻找优秀标杆，改进自身绩效管理水平，有助于突破自我，特别是对于已经做得不错的优秀企业来说，不断寻找新的标杆，可以使员工消除骄傲自满情绪，认识到自身进一步改进的空间，不断学习，不断进步，从而在组织内营造学习型组织氛围。

（3）标杆管理有利于促进经营者激励机制的完善。企业经营者在企业发展过程中发挥着关键作用，能否激发经营者的积极性直接关系到企业的成败。绩效考评是制定合理的企业经营者激励机制的基础，是否选取了合适的绩效考评指标与标准直接影响激励机制能否成功。在建立企业经营者激励机制的过程中，可以根据企业具体情况，建立以同类企业平均水平为基准来评价经营者业绩的绩效考评标准，以此为基础设计激励机制可以有效排除环境因素干扰，过滤掉行业系统风险，从而科学地考评经营者的实际贡献。

2. 标杆管理的不足

标杆管理的不足主要体现为两个方面。

（1）标杆确立存在困难。标杆管理的关键是根据本企业的实际情况找到合适的标杆，就如同设置工作目标一样，合适的目标非常重要，过高、过低的目标都不可能取得理想的结果。标杆管理也是如此。如果选择的标杆水平过高，企业难以赶超，标杆管理就失去了意义；如果选择的标杆水平过低，又难以有效提高绩效水平。因此，选择一个合适的标杆是一件相当困难的事情。

（2）可能影响企业创新。标杆管理的特点是以标杆企业为榜样，对照标杆寻找差距，如果过于强调向标杆企业看齐，那么在实际工作中可能会导致企业亦步亦趋，只顾模仿而削弱企业的创新能力。

二、主基二元法

（一）主基二元法的内容

关键绩效指标法可以突出关键绩效指标，但工作中容易造成对非重点工作的忽视，这些非重点工作也是绩效评价的重要组成部分，并且是关键绩效指标法取得成功的基础。如何管理关键绩效指标以外的绩效指标呢？姜定维和蔡巍（2002）提出的主基二元法对此进行了探讨。他们将工作绩效分成两部分，一部分是主要绩效，另一部分是基础绩效。

人们对各部门和岗位的工作有一个主要要求，这个主要要求就是显性工作，努力达到这一要求，该工作就能做得非常出色。例如，各部门与岗位所承担的由组织目标分解下来的工作目标，或部门或岗位的核心工作任务一般是该部门与岗位的显性工作。除了显性工作，工作中还有一些临时性任务，显性工作、临时任务都要求尽可能做到最好，它们是工作的主要方面。此外，工作中还存在一些影响显性工作绩效的短板，改进这些短板会有效地提高显性工作绩效。显性工作、临时任务和工作短板合起来构成了主要绩效。主要绩效体现了工作的主要成绩，是工作的重点。

基础绩效是产生和支持主要绩效的土壤。如果说各部门与岗位所承担的组织目标或核心工作任务是其主要绩效的话，那么各部门与岗位的基本工作职责、常规性的工作内容则构成其基础绩效，包括具体的基础工作、进行具体工作的组织管理、工作者的技能和态度等。例如对于销售部门来说，年销售额、利润和回款额是该部门的显性绩效，而市场开发程度、客户满意度就是基础绩效；对于生产部门来说，产量、质量、成本控制是该部门的显性绩效，而生产的组织与管理、与销售部门的配合就是基础绩效。基础绩效指标需要达到一个基础水平，在这一水平之上才能对主要绩效提供必要的支持，但很难测量支持程度的大小，它有一个逐渐由量变到质变的过程。当其中某一项高到一定水平时，它也显得比较突出，也可成为又一项出色的成绩。因此，各个基础绩效指标值一般应该处于基础水平之上、出色水平之下。基础绩效指标达到出色水平之上是应该被鼓励的，但它不是主要绩效的方向，而是工作业绩的附带成果。基础绩效指标为范围管理提供了操作上的便利。基础指标包括的范围很广，对每一个指标进行准确量化是不切实际的，其一成本太高，其二也不准确。而只设定优秀线和基本要求线（即上下限）则相对比较容易。在绩效管理中，对于主要绩效指标和基础绩效指标的激励措施是不同的，对于主要绩效，应激励员工做得更好;对于基础绩效,在基本要求线之下应受惩罚,在优秀线之上应获奖励,在正常范围之内是应该达到的水平,不奖不惩。姜定维和蔡巍(2002)提出的主基二元法的考评模型如图 4-11 所示。

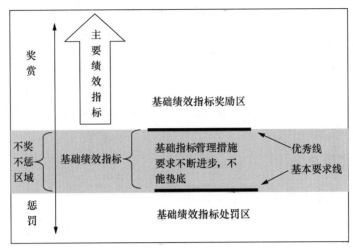

图 4-11　主基二元法考评模型

这一模型的基本思想就是把绩效指标分为两部分。第一部分是主要绩效指标,包括显性绩效、临时绩效和工作短板绩效。与关键绩效指标类似,主要绩效指标是绩效管理中的重点监控内容,显示了被考评者绩效的主要部分,做得越好,得分越高。第二部分是基础绩效指标,这部分绩效指标不是被考评者绩效优劣的主要标志,但它是主要绩效指标的基础。这一部分绩效指标不需要进行严密监控,也不需要进行准确考评,只规定一个范围,落在这个范围内说明工作表现正常,绩效考评不加分也不减分,低于这个范围就会减分,高于这个范围就加分,这样就大大减轻了绩效管理的负担。

这两部分绩效既相互独立,又存在一定的联系。对于整体绩效来说,主要绩效是优秀的充分条件,主要绩效做好了,整体绩效就好,体现了绩效管理的结果导向;基础绩效是优秀的必要条件,只有基础绩效做好了,整体绩效才可能好,基础绩效不好,整体绩效即使做得好也是偶然的、不可持续的。

(二)主基二元法的特点

(1)主基二元法大大简化了绩效管理工作。主基二元法把整体绩效分为主要绩效与基础绩效,绩效管理中,管理者把主要精力放在对主要绩效的监控与考评上,对于基础绩效只规定一个范围,只要被考评者的表现在这个范围内就是工作表现正常,不需要奖励也不需要惩罚,只有超出优秀线和低于基本要求线才进行关注与干预。这样就可以使绩效管理工作既能突出重点、抓住关键,又不会使基础工作遭到忽视。

(2)主基二元法把临时性工作任务纳入主要绩效,进行重点监控,可以弥补绩效计划的不足。计划往往赶不上变化,绩效计划阶段所确定的工作目标,随着时间的推移,可能需要补充一些临时性的工作任务,而这些临时性工作任务往往是当前要做的重点工作,对组织目标的实现也是非常重要的,把这些临时性工作任务纳入主要绩效指标进行考评,能充分体现被考评者对组织的实际贡献。

(3)把当前短板纳入主要绩效有利于绩效的持续改进。当前工作短板是影响主要绩效的关键因素,把当前短板纳入主要绩效进行重点监控与考评,有利于主要绩效的改进。

三、三维考评法

(一)三维考评法的内容

吴向京(2011)在《成熟组织的绩效变革》中提出了成熟组织的三维绩效管理模型,"三维"指的是执规、履职、超越三个维度。成熟组织指存在时间比较长,市场方向、业务范围比较明确,人员变动不太频繁的组织。在这一组织中,日常工作中即使没有工作说明书或主管的指导,员工也知道自己应该干什么,管理基础比较好,规章制度比较健全,已经形成特定的组织氛围和习惯,主要领导的工作重点已经从全身心地对外找资源、求生存、忙发展转移到开始关注内部管理。对于这种成熟组织,适合使用执规、履职、超越三维考评模式进行绩效管理。三维考评指按照"禁止做""必须做""鼓励做"的思路,把考评指标分为"执规考评""履职考评""超越考评"三部分。其中,执规考评是保证组织正常运行的底线,针对的是违规违纪行为的考评;履职考评针对的是正常履职工作,要求被考评者在其位、谋其政;超越考评针对有特定含义和标准的改进或提升,这种改进和提升在长期指标上具有战略支撑的意义,在短期指标上绩效明显可见。执规考评指标不占考评权重,只根据违规记录减分;履职考评占100%权重,只按考评结果减分;而超越考评按特定规则加分。三维考评法如图4-12所示。

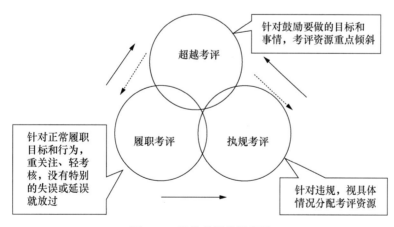

图 4-12 三维考评法示意图

(二)三维考评法的实施

(1)执规考评。每个成熟组织都有一系列的纪律与制度,如员工行为规范、诚信、廉政、安全,以及法律、党纪党规等,这是保障组织正常运转的基础,是被考评者不可逾越的红线,对于这部分制度,应该以"威慑"为主,一旦触犯,即刻重罚。

执规对成熟组织而言是最基础的绩效要求，达到相关标准是必须的，但并不会产生附加价值。因此，执规考评的计分规则为不占总考评权重，不以指标的形式进行常规考评，而是按照有关纪律要求进行考评，一般采用关键事件法和职能部门横向考评（由一个专门的部门去考评其他部门和人员）的方式，违规行为每出现一次就按标准减分。

（2）履职考评。围绕部门职能和岗位职责的履职行为，采用履职考评的方式，达到既定标准的履职就说明被考评者胜任其职责，履职考评以具体指标的形式进行，权重为100%。

正常情况下，成熟组织内各级机构和岗位均面临繁重的事务，其中绝大部分是履职行为，过于细密、强调量化的考评会占用大量的管理资源。履职考评遵循"重关注、轻考评，没有特殊的失误和延误就放过"的原则。履职行为是工作中应该表现出的正常工作行为，没出现问题就得到正常分数，获得正常报酬，一旦出现问题就按标准扣分，所以履职考评主要用于维持正常工作秩序而非奖励。履职考评采用以概括性标准为主、结合指标进行考评的方式进行，采用关键事件法对概括性标准实施考评，每出现一次失误或延误就按标准减分。

（3）超越考评。超越考评以KPI为载体，完成KPI就可以获得额外的考评加分。超越考评中的KPI与传统意义上的KPI既有联系也有区别，超越考评借用KPI这个术语，但对其意义做了转化，不是以工作指标是否关键作为衡量标准。符合两个基本条件的指标，经特定的认定程序可以确定为KPI。一个条件是有明显的、可衡量的改进和提升；另一个条件是该改进或提升具有明显的积极意义，对组织战略目标有增值作用。

在图4-12的模型中，超越考评、履职考评与执规考评的内容并非一成不变，具备一定条件是可以相互转换的。履职内容中如果出现需要改进的环节与内容，影响到当前组织目标的实现，就可以通过超越考评，纳入重点关注范围，类似于主基二元法中对当前短板的考评，改进到位后还可以将其还原为履职考评。同样的道理，执规考评中存在需要改进的部分，也可以纳入超越考评范围，改进后还原为执规考评。同时，当履职考评的内容为高度标准化和程序化时，亦可以转入执规考评范围，从而节约考评资源。

（三）三维考评法的特点

三维考评法把绩效管理的指标分为三大类——执规、履职和超越，绩效管理关注的主要对象是超越考评指标。把绩效管理的重心放在绩效的持续改进上，对履职指标遵循"不出现问题就放过，出现问题就按规定和标准扣分"的原则进行考评，大大减轻了绩效管理的负担。跟主基二元法一样，在绩效管理中，管理者把主要时间与精力放在关键绩效指标上，而非关键绩效指标则是对关键绩效指标的有效补充。三维考评模型具有以下特点：

（1）三维考评法的适用对象是成熟组织，因为这种组织各项规章制度已经健全，组织内部已形成正常的工作与管理秩序。执规是组织的规则、制度、法律法规等维持组织正常运转的保障，是对被考评者最基本的要求，该部分考评不计权重，只按违规次数及程度扣分，原来怎么考评还是怎么考评，原来由什么部门考评还是由什么部门考评，不会占用额外的组织管理资源。

（2）履职考评内容是被考评者工作中的正常履职行为表现，分为重点考评和综合考评,满分为100分,重点考评与综合考评按照5:5、4:6或3:7的比例分配权重。其中,重点考评是对纳入计划范围和视野的重点工作和任务完成情况的考评,实行单向减分办法,达到标准得满分,达不到标准按规定减分;综合评定是对考评期间被考评者综合表现的评价,分为工作数量、工作质量、积极性、协作性几个方面对被考评者综合工作表现进行评价,没出现任何问题即得满分,出现问题则按标准扣分。履职考评遵循"重关注、轻考评"的原则,无重大失误或延误即放过,出现失误或延误就会减分,但必须有相应的关键行为记录作为依据。

(3) 超越考评以KPI的形式进行考评,是绩效管理的重点,考评资源向超越考评倾斜。但需要注意的是,三维考评中的KPI与传统KPI不完全相同,传统KPI是指衡量组织战略实施效果的关键指标,以及影响组织价值创造的关键驱动因素;而三维考评模型中的KPI不一定是衡量组织战略实施效果的关键指标。尽管与组织战略实施有关,但只要已经成为常规性工作内容,就是履职考评中的重点考评内容,而不属于超越考评的KPI。超越考评中的KPI有两类:一类是针对具体、分散的问题而设定的指标,问题所在即KPI所在,通过对问题的界定设立KPI项目,通过KPI的完成实现问题的解决和直观的绩效改进,该类KPI主要针对岗位层面、职能和服务部门;另一类针对明确的绩效目标,设置系统的绩效提升目标,通过绩效目标的不断提高和实现产生直观的绩效改进,只要完成KPI指标,被考评者就会得到额外的加分。

(四) 对三维考评法的评价

(1) 三维考评法极大提高了绩效管理的效率,节省了管理资源。三维考评绩效管理法把绩效指标分为执规、履职与超越三类,对执规与履职指标只进行粗线条的监控,不进行具体指标的量化考评,出现明显失误或延误就进行相应的扣分,没有明显失误或延误就放过,把管理重点放在超越考评上,大大节省了绩效管理时间,提高了工作效率。这样一来,不仅抓住了绩效管理的关键与重点指标,而且兼顾了非关键绩效指标,是对关键绩效指标法的进一步完善。

(2) 绩效管理的重点由惩罚变为奖励,实现了绩效考评思想的重大变革。传统的绩效考评之所以出现诸多问题,是因为考评变成了一个扣分的过程,只要考评就会被扣分。被考评者很难把一些指标做到最好,只要扣分就会被扣发奖金,因此员工对绩效考评普遍存在抵触情绪也就在所难免了。正如迪恩·R.斯彼得(2007)指出的:"太多的传统考评被认为是对少数人的奖励、多数人的惩罚,以及对犯错人的搜寻。如果考评是为了改进而非审判或者找出受责备的对象,并且运用正确的考评方法,那么考评的真正效力就会得以展现。"三维考评模型中绩效管理关注的重点是超越考评的KPI指标,只要被考评者完成了KPI指标,就可以得到额外加分,从而达到对被考评者有效激励与积极引导的效果。通过超越考评,把绩效管理的重点放在对当前工作中短板问题的解决和持续的绩效提升上,极大地提高了被考评者的积极性。

(3) 三维考评法中的KPI与传统的关键绩效指标并不完全相同。传统的关键绩效指标法有成熟的技术和规范的程序制定KPI,但是在三维考评模型中,究竟哪些指标可以设定为KPI并没有明确的标准与规范的程序。因此,如何防止管理者为讨好下属而把并非属于超越考评的指标设定为KPI指标,从而为下属谋取更多奖励,这是绩效管理实践中的难点。

四、目标与关键成果法

（一）目标与关键成果法产生的背景

目标与关键成果法（objectives and key results，OKR）是目标管理理论的新发展，OKR中"O"指目标（objectives），"KR"指衡量目标实现程度的关键成果（key results）。1954年，彼得·德鲁克在《管理的实践》一书中提出了目标管理法（managemment by objectives，MBO），提倡目标管理与自我控制，开启了绩效管理的新时代。此后，很多企业纷纷实践目标管理法，时任英特尔公司CEO的安迪·格鲁夫（Andy Grove）对德鲁克的目标管理理论推崇备至，很快将这一方法引入英特尔公司。格鲁夫在引入MBO时，除了强调目标，更强调如何量化评估目标的关键成果，最终将MBO演进成同时包含"目标"和"关键成果"两部分内容的目标管理方法——OKR。但是，英特尔公司的OKR跟MBO相比并没有本质差别。1999年，硅谷风险投资人约翰·杜尔（John Doerr）将OKR从英特尔公司引进了谷歌公司，谷歌公司的OKR不同于英特尔公司的OKR，谷歌公司的OKR对传统的目标管理进行了改造，克服了MBO的局限性，把目标管理发展到一个崭新的阶段——绩效使能阶段，现在人们熟知的OKR实际上起源于谷歌公司。从2015年开始，国内一些IT企业与互联网公司，如华为、百度、京东、阿里巴巴、腾讯等逐步开始引入OKR，国内的绩效管理实践进入一个新阶段。

（二）传统的目标管理法的局限性

传统的目标管理法（MBO）是PDCA循环，即plan（计划）、do（执行）、check（检查）和act（处理）。在绩效管理中，目标管理过程分为计划目标、执行目标、考核目标与反馈目标四个阶段，考核时以计划阶段所设定的目标为依据，以目标达成率作为绩效评价标准，确定被考评者的绩效水平，并以此作为奖励或惩罚的依据。目标管理理论是管理思想的一次革命，在实践中也得到广泛应用，但是这一方法也存在一些局限性。

（1）目标管理以Y理论人性观为依据，认为个体需要获得成就感，只要给每个人制定了恰当的目标，就能激发其追求成功的内在动机，但趋利避害始终是人的本性。目标管理以目标达成率作为评价被考评者绩效水平的依据，并以此作为奖惩的标准，必然导致被考评者在工作中制定尽可能低的目标，以取得较好的绩效考评结果，从而获得尽可能多的奖励，避免受罚。而上级主管作为组织的代表，则希望给被考评者制定尽可能高的目标。这样在上下级之间必然产生目标分歧，从而使目标制定过程成为上下级之间的一场博弈，难以使被考评者发自内心地追求有心理挑战性的目标，目标管理的初衷很难实现。

（2）目标管理强调自我控制，这种自我控制包括目标制定过程和目标实现过程的自我控制。为实现自我控制，目标管理强调被考评者参与目标的制定，但由于上下级之间存在目标的分歧，下级很难真正平等参与这一过程，导致本应是自下而上与自上而下双向沟通的目标制定过程变为自上而下的目标分解过程，下级由于处于弱势地位，最终不得不接受上级分配的目标，难以真正实现自我控制。

（3）目标管理强调制定具有心理挑战性的目标，而目标的心理挑战性是相对于被考评者的能力水平而言的。这样一来，同样岗位的员工由于能力不同所承担目标的难度不同,绩效评价标准也不同,如果没有完善的配套管理制度,就很容易把"能者多劳"变为"鞭打快牛",管理的公平性难以得到保证。

(4)绩效管理的基本功能包括信息功能与激励功能。信息功能指通过绩效管理发现被考评者工作的短板,通过有针对性的改进不断提高其工作绩效,从而使被考评者获得成就感与价值感,提高其内在动机水平;激励功能指根据绩效考评结果进行奖励与惩罚,从而使每个人的贡献得到应有的回报。绩效管理中这两种功能都很重要,从绩效管理的宗旨来说,定位于绩效改进的信息功能更加重要。但是,在实际的目标管理中,由于目标达成率是绩效考评的标准,考评结果直接决定被考评者的奖惩情况,根据内在动机与外在动机的关系,鲜明的外在奖励会削弱内在动机。因此,激励功能往往会成为目标管理的核心功能,导致目标管理最终也没能摆脱"胡萝卜加大棒"的传统管理模式。

(三)OKR的理论基础

OKR作为对传统目标管理理论的改进,其理论基础是内在动机理论。内在动机指人们之所以愿意干某项工作,不是为了得到外在奖励,而是从工作自身所获得的极大满足感,即日本索尼公司创办人井深大所讲的"工作的报酬是工作"。内在动机理论认为,人有三种心理需要,即自主需要(need of autonomy)、胜任需要(need of competence)和关系需要(need of relatedness)。其中,自主需要即追求自我管理,个体的行为是由自我调节的,不受某个外在力量左右,是一种自愿工作的状态。胜任需要指任务的难易程度应在个体的掌控范围之内,恰好适配个体的能力,才能达成所期望的结果。胜任需要来源于社会心理学家班杜拉的自我效能感,自我效能感是个体对自己完成某方面工作的能力的主观评估,最后的评估结果直接影响其工作动机。关系需要指个体都渴望与他人建立融洽的关系,被群体接纳,相互尊重、彼此信赖。这三种需要的满足与内在动机息息相关。

心理学家理瑞安和德西在《自主决定理论》一书中对影响内在动机的因素进行了分析(Ryan,Deci,2017)。

(1)自主、胜任和关系是人类的三大基本心理需求,如果能促进个体这三个基本心理需求的满足,其内在动机就会随之增强;与之相反,当个体这三个基本心理需求未得到满足时,其内在动机相应减弱。

(2)凡是强化外部管控的手段(如激励、惩罚等),势必会转移个体的外部控制感知,从而削弱个体的自主性,降低个体的内在动机水平。

(3)凡是促进个体心理感知的方式,包括正向反馈、增强工作的价值和意义等,势必会转移个体的内部控制感知,从而提升个体的自主性,提高个体的内在动机水平。

(4)当个体既感受不到工作的价值,或者虽然能感受到工作的价值,但觉得自己无能为力时,就处于动机匮乏状态。

(5)当人际氛围是支持性氛围时,如大家总是互帮互助,能促进个体的内在动机;当人际氛围是控制性氛围时,如工作竞争激烈,会削弱个体的内在动机。

(6)当外在激励与工作之间的关系直接(一分耕耘,一分收获)且显著(数额较大)时,对内在动机的挤出效应明显,个体的内在动机水平会被严重削弱。

(四)OKR与传统目标管理的差异

况阳(2020)在《绩效使能:超越OKR》中指出,与以目标管理为核心的传统绩效管理相比，OKR 有四个方面的不同：框架理念不同，目标设定方式与同，目标公开方式不同，辅导方式不同。

(1) 框架理念不同。传统的目标管理以评估为导向，OKR 以发展为导向。传统的目标管理遵循计划目标、执行目标、考评目标和反馈目标四部曲，四个环节环环相扣，上一环节的输出是下一环节的输入。目标设定完成后，要严格执行，绩效考评时，需要根据目标达成率给出绩效考评结果，考评结果直接影响员工的奖金、加薪、升职等，未达成目标的员工将被降职、降薪甚至淘汰。这一管理模式直接导致员工不愿设定有挑战性的目标，而尽可能压低目标水平，以便在绩效考评时能够超额完成目标。因此，这种管理方式并没有脱离"胡萝卜加大棒"的传统模式，绩效管理的奖惩功能被过度放大，信息功能遭到削弱，是一种典型的评估导向。

在 OKR 模式下，目标管理与评价管理分开，目标管理专注于目标的设定、达成及反馈，而评价管理专注于核定员工的实际贡献，以及所做贡献对应的公平回报，如图 4-13 所示。

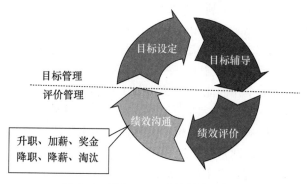

图 4-13　引入 OKR 后绩效管理框架

在 OKR 模式下，OKR 评价与绩效评价分开，OKR 评价中的目标完成情况仅用作改进，强调的是发展导向，考评结果并不用作奖惩依据。绩效评价不以目标达成率为标准，而只关注最终实际贡献大小。一个员工设定了一个特别有挑战性的工作目标，即便只实现了 50%，如果在团队中的实际绩效水平依然名列前茅，那么其绩效评价结果仍然可以得优秀，也能得到应有的各种奖励。与传统的目标管理相比，OKR 很好地兼顾了绩效管理的信息功能与激励功能，通过 OKR 评价，发现工作中存在的问题，帮助员工进行改进以提高绩效水平。通过绩效评价，确定员工为组织做出的实际贡献，根据实际贡献进行奖惩，这样就有效地克服了员工设定目标时的畏难情绪，避免了鞭打快牛的现象，很好地解决了长期困扰人们的目标管理中上下级目标不一致问题，可以有效地促进上下级的合作。

(2) 目标设定方式不同。传统的目标设定是自上而下的，而 OKR 强调自下而上设定目标。如前所述，传统的绩效管理中，在设定绩效目标时，尽管强调上下级的双向沟通，但事实上目标是自上而下层层分解下来的，员工对目标的影响非常有限。OKR 强调自下而上进行目标的设定，让员工充分发挥主动性，帮助组织一起找到突破方向，设定组织的目标，然后再考虑自己能为组织做什么，设定自己的工作目标。在从组织目标的设定到个人目标设定的整个过程中，员工都要充分参与，这样能够增强员工对组织目标和个人目标的承诺感,从"要我做"变成"我要做",真正从被动执行变成主动参与,充分提高员工的自主性。

(3) 目标公开方式不同。传统的目标管理,员工的目标只在员工和主管之间可见;OKR 模式下,目标被全方位公开。第一,员工之间彼此的工作目标是公开的,每个员工都可以随时查阅其他员工的工作目标。这种全员可见的方式有两个方面的积极意义:一是能更好地增进团队成员间的相互了解,从而促进相互协同;二是这种公开还会增强员工对目标的承诺感。第二,员工除了可以看到其他员工的工作目标,还能看到上一级的工作目标,这样一来,员工能清楚地知道自己的工作对组织的价值,从而增强成就感。

(4) 绩效辅导方式不同。传统的目标管理中,绩效辅导是上级对下级辅导;OKR 模式下,绩效辅导强调"社交化辅导"。在传统的绩效管理模式下,绩效辅导是自上而下的,上级提供辅导,下级被动接受。OKR 提倡开放平等的氛围,由于目标是公开的,所有成员都能看到他人的目标以及关键成果完成情况,每个人随时可以对他人的工作完成情况进行评价并提出建议,辅导可以随时、随地进行,并且可以发生在任何两个人之间。

(五) OKR 的特点

OKR 具有五个方面的特点。

(1) 公开透明。组织内 OKR 是完全公开的,所有人可以相互查看。

(2) 敏捷灵活。OKR 制定后并非一成不变地僵化执行,而是根据外部环境变化灵活调整。

(3) 自下而上。OKR 强调自下而上的目标设定,从而增强员工的自主性动机和承诺意识。

(4) 评价解耦。OKR 强调 OKR 评价与绩效评价分开,OKR 的评价结果用于员工的绩效改进,作为绩效评价的输入,绩效评价结果跟目标实现程度无关,完全取决于员工的实际业绩。

(5) 社交互动。团队成员之间围绕各自的 OKR 展开密切交流与互动,通过互动实现社交化辅导,改变了传统的单一主管辅导方式,可以充分实现团队内信息共享和相互促进。

OKR 以内在动机理论为依据,强调员工的自主性,鼓励员工设定挑战性目标,把 OKR 评价与绩效评价分开,彻底消除了员工设定目标时的后顾之忧,真正使上下级的关系由"监督与被监督"的关系变为了绩效伙伴关系。同时,OKR 鼓励员工之间的信息公开与互相辅导,使绩效管理进入了绩效使能时代,促进了绩效管理的发展。但是这一方法强调目标自下而上设定,在实践中存在一定的困难,需要一定的企业文化与强大的信息管理系统的支持。

❏ 重点与思考题

1. 什么是关键绩效指标?关键绩效指标包括哪几个方面的含义?
2. 制定关键绩效指标的流程是什么?
3. 综合平衡计分卡实现了哪些方面的平衡?

4. 简述战略地图的基本内容，其四个层面之间存在什么关系？
5. 平衡计分卡能否应用到一般的部门和岗位？为什么？
6. 如何对标杆管理进行评价？
7. 主基二元法的"主"和"基"分别指的是什么？如何对这一方法进行评价？
8. "执规、履职、超越"三维考评法有什么特点？如何对其进行评价？
9. OKR有什么特点？它与传统的目标管理有何区别？
10. OKR是在IT企业和互联网公司中发展起来的，你认为原因是什么？

21世纪经济与管理规划教材
工商管理系列

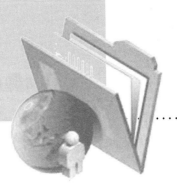

第五章

绩效计划

第一节 绩效计划概述

古人云:"凡事预则立,不预则废。"这里的"预"指的就是计划。绩效计划是绩效管理过程中第一个也是最重要的环节。绩效计划制约着整个绩效管理的方向与过程,在绩效管理中发挥着举足轻重的作用,后续的整个绩效管理过程就是绩效计划的有序展开。

一、绩效计划的含义与特点

(一)绩效计划的含义

绩效计划(performance planning)是指当新的绩效管理周期开始的时候,依据组织战略和年度工作计划,管理者和下属通过双向沟通,就本绩效管理周期内被管理者的绩效目标和实现目标的方法、步骤、所需资源,以及未来绩效考评时的考评指标与评价标准等事项达成一致意见,并签订绩效协议的过程。

从动态的角度说,绩效计划就是上下级通过双向沟通形成共识、签订绩效契约的过程;从静态的角度来说,绩效计划就是所签订的绩效计划书,其核心内容是做什么和怎么做。对绩效计划需要从以下几个方面进行理解:

(1)实现组织的战略目标是绩效计划的目的。绩效计划的主要目的就是把组织的战略目标层层分解,并落实到每一个部门及岗位,确保组织战略落到实处。

(2)上下级之间的双向沟通面谈是绩效计划的重要环节。绩效管理不同于简单的任务式管理,绩效计划特别强调员工的参与和承诺,员工的参与程度越高,其承诺程度就越大,绩效计划的执行就越顺利。

(3)确定绩效目标、绩效指标、指标值、指标权重、评价标准和行动方案是绩效计划的主体内容。绩效计划过程中,不仅要确定下属的工作目标和实现目标的行动方案,而且要讨论未来绩效考评的指标、各指标的权重和评价标准,以增强员工的信心和公平感。

(4)签订绩效协议是绩效计划完成的标志。通过绩效计划沟通,一旦上下级就未来的绩效目标、实现目标的方法、步骤、所需资源以及未来绩效考评标准等达成了一致,就要求双方在绩效计划书上签字,作为一份正式的书面文件指导未来的工作。这份绩效协议相当于一种公开的书面承诺,对员工未来的工作行为有较大的约束作用,一旦做出了公开承诺,出于维护自我形象的动机,员工就会尽力实现自己所承诺的目标。

(二)绩效计划的特点

绩效计划具有以下几个方面的特点:

1. 绩效计划的主体是管理者与被管理者

绩效管理是人力资源管理的核心内容。一谈到人力资源管理或绩效管理,有的管理者往往下意识地认为这是人力资源部的事,作为业务部门的经理,整天被各种业务目标压得喘不过气来,没有时间和精力参与绩效管理。其实,绩效管理对实现业务部门的工作目标来说，不仅不是负担，还是一种非常有效的促进手段，对员工的绩效进行管理应该是任何一个部门管理者的常规工作内容。在绩效管理过程中，人力资源部所扮演的角色是组织者、辅导者和监督者，各业务部门的管理者是绩效管理的具体实施者，也是本部门绩效管理的第一责任人。

在绩效计划阶段，就绩效目标和实现目标进行途径的沟通是管理者与被管理者双方之间的事，任何其他人都无法代替包办。绩效计划要想发挥应有的作用，首先个人绩效目标必须与组织的目标相一致，其次目标还必须为员工所认可，且具有心理挑战性，这样才能激发员工的工作积极性，保证组织目标的实现。在绩效计划过程中，直接上级作为组织的代表，为员工确定在实现组织目标的过程中要完成的工作任务，而员工对自己岗位的工作情况最为熟悉，只有通过员工与其直接上级的充分沟通，才能制定出既符合组织要求又符合员工实际情况的恰当工作目标，从而充分激发员工的工作积极性。因此，在本绩效管理周期内员工应该干什么、怎么干、干到什么标准、什么时候完成，最后如何对绩效进行评价等这些绩效计划中要讨论的主要内容，只有通过上下级的充分沟通才能够确定。管理者与被管理者是绩效计划的主体，人力资源部不可能直接参与这一过程，也不应该干涉各部门的具体工作事务。人力资源部的任务是设计绩效计划的沟通制度，使管理者与员工完成绩效目标、绩效指标的设置，进行绩效计划沟通技能的培训，以提高绩效计划的沟通效率与质量。

2. 绩效计划是关于工作目标和标准的契约

在绩效计划期间，管理者与被管理者必须对被管理者的工作目标和评价标准达成一致，并签订绩效契约。绩效契约应包括以下几个方面的内容：

(1) 被管理者在本绩效管理周期内的工作目标是什么？
(2) 每项工作要达到什么样的结果？
(3) 每项工作完成的最后期限是什么时候？
(4) 绩效考评时，各项工作目标在总体绩效中占多少权重？
(5) 如何对这些工作结果进行衡量，评判的标准是什么？
(6) 需要组织提供哪些资源和支持？
(7) 管理者什么时候收集员工的工作信息？
(8) 管理者会从什么地方收集这些信息？

绩效契约常以绩效计划书的形式出现，绩效计划书通常包含以上各项内容，管理者与被管理者就以上各方面达成一致后，需双方签字认可。绩效契约是一份正式的管理文件，对管理者与被管理者双方具有同等的约束作用。对于员工来说，既然在绩效契约中认可了这些目标，就要说话算数，要努力去实现这些目标；对于管理者来说，既然在绩效计划书中确认了员工的工作目标和考评标准，也要说话算数，绩效周期结束时要以双方约定的标准对员工的工作绩效进行客观公正的评价。

3. 绩效计划是一个双向沟通的过程

所谓双向沟通意味着在绩效计划过程中，管理者与被管理者双方有同等的责任，在绩效计划阶段是平等的参与者。建立绩效契约并不是上级管理者单方面对员工提出要求，下级只能被动接受，而是需要双方通过共同讨论，对员工下一步的工作目标、标准、实现途径、完成时限、所需资源等取得一致意见,双方沟通得越充分,员工对未来的绩效目标、实现目标的方案理解得就越准确,上级管理者对员工绩效实施过程的监控与辅导就越到位,未来的绩效实施过程就越顺利。

在这一双向沟通的过程中,管理者要向被管理者解释和说明的是:

(1) 在下一个考核周期内组织的目标是什么?

(2) 为了完成组织的整体目标,我们部门或团队承担的任务是什么?

(3) 为了保证我们部门或团队任务的完成,被管理者需要完成什么工作任务?

(4) 被管理者承担的工作任务应达到什么标准?

(5) 各项任务应在什么期限之前完成?

被管理者需要说明的是:

(1) 自己对未来绩效周期内的工作目标是怎么认识的?

(2) 有哪些不理解或不清楚之处?

(3) 自己准备如何完成这些工作目标?

(4) 完成工作过程中可能会遇到哪些困难?有哪些顾虑?

(5) 需要组织及其他相关岗位提供什么样的资源和支持?

如果离开了管理者与员工间的双向沟通,缺少了员工的积极参与,绩效计划就变成了自上而下的简单的目标分解过程,绩效目标对员工来说就是一个外在的、强制的负担。根据自主决定理论,强化外部管控手段,往往会削弱个体的自主性,降低个体的内在动机水平,绩效目标就难以发挥对员工的激励与牵引作用(Ryan,Deci,2017)。

二、绩效计划的类型

绩效管理中,根据不同的分类标准,可以将绩效计划分为不同类型。根据绩效计划的层次,可以将绩效计划分为:组织绩效计划、部门绩效计划和个人绩效计划三个层次;根据不同人员在组织内职位层级的不同,可以将绩效计划分为高层管理者的绩效计划、中层管理者绩效计划、基层管理者绩效计划、一般员工绩效计划;根据绩效计划的时间长短,可以将绩效计划分为年度绩效计划、季度绩效计划、月度绩效计划;等等。这些分类标准并不是相互独立的,而是互相交叉的,在绩效管理实践中,最普遍的分类方式是将绩效计划分为组织绩效计划、部门绩效计划和个人绩效计划。

(一) 组织绩效计划

组织绩效计划是根据组织战略所确定的企业年度经营目标和实现目标的行动方案。组织绩效目标以及衡量目标实现程度的绩效指标是整个绩效计划体系的基础。

(二) 部门绩效计划

部门绩效计划是绩效管理周期内本部门的绩效目标和实现目标的行动方案。部门绩效目标是从组织绩效目标分解而来的,是部门要完成的各项工作任务的具体化,除了本部门承接的组织目标内容,部门的绩效计划还要反映与部门职责有关的工作任务。

(三) 个人绩效计划

广义的个人绩效计划包括组织内所有人员的绩效计划,即高层管理者绩效计划、中层管理者绩效计划、基层管理者绩效计划以及普通员工的绩效计划。一般来说，高层管理者的绩效计划直接来源于组织绩效计划，部门管理者的绩效计划直接来源于部门绩效计划，员工的绩效计划是对部门绩效计划的承接，其绩效目标来源于部门目标的分解，同时也包括与岗位职责有关的工作任务。狭义的个人绩效计划一般指基层员工的绩效计划。

三、绩效计划在绩效管理系统中的地位与作用

（一）绩效计划是绩效管理最重要的环节

通过绩效计划过程，管理者和被管理者双方就被管理者在随后的绩效周期内的绩效目标、实现目标的方式、过程和手段，以及需组织提供的资源和支持达成一致，在随后的绩效监控阶段，被管理者的工作就有了明确的目标，管理者也可以根据绩效计划对员工的工作进行有效监督、检查和辅导。如果没有绩效计划，绩效监控阶段员工的工作就失去了目标，管理者的监督与辅导也失去了依据，绩效评价也没有双方认可的评价标准，绩效的反馈面谈也失去了针对性。因此，绩效计划是整个绩效管理工作的基础与前提，是绩效管理成功的关键。

（二）绩效计划是一种重要的前馈控制手段

绩效管理的根本目的是通过规范化的管理顺利实现组织目标，并促进员工的进步与成长。为确保组织目标的实现，绩效计划中要把组织目标层层分解，落实到每一个部门和岗位，并拟订具体的行动方案；同时，还要事先预测在未来绩效计划实施过程中可能碰到的问题和困难，并提前找到应对各种突发情况的具体对策，以确保既定计划的顺利落实，做到防患于未然。因此，绩效计划是一种强有力的前馈控制手段。

（三）绩效计划是一种重要的员工激励手段

对员工进行有效激励是管理工作的核心内容。激励包括"激"与"励"两个方面的工作，尽管"激"与"励"经常一起出现，但是"激"与"励"的侧重点是不一样的。"激"强调的是事前的动机激发，即工作开始前，给员工一个目标，告诉他该目标对部门、对组织、对客户、对社会具有什么样的意义和价值，只要员工实现了预定的目标，就会得到什么样的回报，以激发员工的积极性和斗志。这就是事前的"激"，即所谓的"重赏之下，必有勇夫。""励"强调的是事后的奖惩兑现，即当目标完成后，兑现事先向员工承诺的各种奖酬，给他"鲜花"与"掌声"，使每个人的贡献得到应有的认可与合理的回报。这就是事后的"励"。"激"与"励"合起来才构成完整的激励。

在制订绩效计划时，上级向下级布置工作任务目标时，也会告诉员工该项工作对实现部门目标和公司目标的重要性，使员工明白自己的责任与价值，同时也会告知员工未来的考核标准以及实现目标后能够得到的各种奖励。只要给员工设定的目标具有足够的心理挑战性，能充分体现员工的能力与价值，并有公平的考评与奖励机制，就能充分激发员工的工作热情。因此，绩效计划是一种重要的激励手段。

四、绩效计划的关键点

绩效计划能否在绩效管理中发挥应有的作用，取决于绩效目标与组织战略的一致性、

员工在绩效计划中的参与和承诺程度，以及绩效计划与后续绩效考评的匹配程度。

（一）绩效计划必须与组织战略相承接

战略目的是绩效管理的核心目的，把组织战略落实到位是绩效管理取得成功的关键。绩效管理过程中，要通过绩效计划把组织的战略目标层层分解，并落实到每一个部门及岗位，才能确保组织战略目标的顺利实现。因此，在绩效计划阶段设置绩效目标时，部门的目标必须与组织的战略目标相一致，员工的目标必须与部门的目标相一致。各层次的目标必须自上而下层层分解、自下而上层层承接，以确保所有部门与岗位的工作都是紧紧围绕着公司目标而展开的，这样绩效管理才能有效地发挥战略功能。

（二）绩效计划必须面向考评

不考评的工作必然遭到员工忽视，在绩效计划阶段设置绩效目标时，必须明确未来绩效考评的指标、各指标的权重与评价标准，以及每项目标的完成期限，这样才能使员工在工作中分清轻重缓急，把主要的时间与精力放在最重要、最急迫的工作任务上，以实现绩效最优化。

（三）绩效计划必须重视员工的参与和承诺

根据社会心理学的研究成果，在决策过程中，只要给一个人提供了发表意见与建议的机会，当事人对决策结果的接受与认可程度就会更高，并且员工的参与程度越高，其认可程度就越高。因此，在绩效计划阶段，让员工参与计划的制订，通过管理者与被管理者之间的充分沟通达成一致意见，能增强员工对绩效目标的认可。

在绩效计划过程中最容易出现的问题是，上下级对绩效目标的难度存在意见分歧。鼓励员工参与的好处是，一旦员工认为绩效目标过高、过难、缺乏可行性，管理者就可以让员工说出自己的理由，以判断员工的顾虑究竟是信心不足导致的畏难情绪，还是真的存在客观困难。若是前者，管理者可以指导员工把未来的绩效目标分解成若干阶段性的分目标，这样就大大降低了各分目标的难度水平，然后再跟员工详细讨论实现每一个分目标的方法与步骤。只要每个分目标都不是难以企及的，最终的总目标就能够水到渠成地得以实现，这样就能大大增强员工的信心，帮助其克服畏难情绪。若员工的顾虑的确有客观依据，当前实现目标的条件尚不具备，其实这也不是坏事，这等于提前发现了未来工作中存在的困难与问题，必须及时提供必要的资源与条件，才能确保未来工作目标的顺利实现。如果实现目标的资源与条件当前无法保证，就说明该绩效目标当下缺乏现实可行性，必须及时进行调整，否则只会造成组织资源的极大浪费。如果在制订绩效计划时没有员工的参与，管理者强行把绩效目标分配给员工，对员工来说，绩效目标就成了外在的、强制的负担，在绩效实施过程中一旦碰到未曾预料的新情况或新问题，员工可能就会放弃努力，为未能实现既定的绩效目标找种种借口。

根据心理学家多伊奇的研究，只要个体对某一观点和态度做出了公开的书面承诺，他就会倾向于坚持这一承诺，即使遇到外在压力也不会轻易放弃，以维护自我形象一致性。绩效计划可以被看作是一种正式的绩效契约，相当于员工对绩效计划中的内容做出了强有力的公开承诺，在绩效实施阶段，员工就会倾向于坚持自己的承诺，即使遇到困难也会全力以赴地实现自己认可的绩效目标。

第二节 绩效计划的内容

作为绩效管理最重要的环节,绩效计划内容的完整性、系统性、科学性和可操作性决定着整个绩效管理能否取得成功。绩效计划的内容包括绩效目标、绩效指标、指标值、评价标准、行动方案等相关方面,绩效计划过程就是上下级之间就这些内容相互沟通、达成共识的过程。本节将对其中的绩效目标、绩效指标、指标值、评价标准、行动方案等内容进行详细介绍。

一、绩效目标

(一)绩效目标的内涵

绩效目标是绩效计划的核心内容,是组织战略目标的分解和细化,是连接组织绩效计划、部门绩效计划和个人绩效计划的桥梁。具体来说,绩效目标是绩效主体在绩效管理周期内要完成的各项任务。根据任务可量化程度的不同,绩效目标的表现形式是不一样的。对于可量化的工作任务,绩效目标的表现形式是绩效指标加上指标值,如生产合格产品100件,完成销售额200万元等;对于难以量化的工作任务,绩效目标常常体现为绩效主体在绩效周期内应表现出的关键行为,表现为一个动宾词组,如改进公司的信息管理系统。

(二)设定绩效目标的SMART原则

为了使绩效计划能够取得预期的效果,绩效目标的设定要遵循SMART原则。SMART是5个英文单词首字母的缩写,分别指specific(具体的)、measurable(可衡量的)、attainable(可实现的)、relevant(相关的)和time-bound(有时间限制的)。

(1) S(specific)指具体的。各项绩效目标要明确描述员工在每一工作职责中需完成的具体任务。给员工设定绩效目标时,要求员工完成哪些任务、每项任务要完成到什么程度、各项任务在绩效考评中占多大权重,以及评价绩效优劣的标准等内容必须逐项交代清楚。目标越具体,实施效果越好,应避免设置模糊不清的目标。为保证绩效目标的具体性,在设定绩效目标时,能量化的尽可能量化,量化的目标应明确具体、没有歧义,比如"把市场占有率提高25%"就比"尽量提高市场占有率"更加具体;对于不能量化的工作任务,要设定有具体行为标准的目标,比如"在响三声电话铃之内接听电话"就比"及时接听电话"更加具体。明确具体的目标一方面能使员工充分理解管理者对他的绩效期望和要求,对员工产生更大的激励作用,另一方面可以有效避免在绩效考评时因上下级对绩效目标的理解差异而导致考评结果出现意见分歧。

(2) M(measurable)指可衡量的。可衡量性指绩效目标的完成情况要有客观的评价标准,可以将员工取得的工作结果与事设制定的绩效目标进行客观的比较,然后得出可靠的评价结果。评价结果不应该受到评价者个人主观因素的干扰,这样的结果才会使人心服口服。绩效目标的可衡量性有三个方面的含义:第一,目标的可衡量性与目标的明确性是相一致的,明确具体的目标才能够客观地加以衡量;第二,还必须为每个目标确定明确的评价指标,即需要从哪些方面衡量目标完成情况,并对每个指标和评价等级进行明确界定,制定客观的评价标准;第三,可衡量性还包括收集该目标完成情况信息的难度与成本不能太大。因为,管理工作既讲究效果,也讲究效率,管理的价值在于以尽可能少的投入取得尽可能多的产出。尽管有明确的目标和客观的评价标准,但是如果收集目标完成情况信息的难度太大、成本太高,该目标也不具可衡量性。面向评价是绩效计划成功的关键点之一,这也就意味着在设定绩效目标的同时,必须明确绩效考评标准和收集绩效信息的途径与方式。

(3) A(attainable)指可实现的。可实现指目标是员工经过一定努力能够实现的,过高、过低的目标都不合适。根据弗隆姆的期望理论,在工作过程中每个员工都是理性的决策者,只有当他认为该项工作值得自己做的时候,才可能全力以赴地去做。员工会对当前绩效目标实现的可能性以及实现该目标后能得到的奖励进行评估,只有当他认为经过努力后能够完成当前的目标,完成该目标后自己能获得期望的奖励,才会全力以赴地去实现当前的绩效目标。如果管理者只考虑组织的要求,为追求高绩效而不顾客观条件限制与员工能力水平,依靠手中行政权利,强制给员工设定过高、过难的目标,必然会导致员工产生心理抗拒。一旦出现不论怎么干目标都无法完成的情况,就会使员工失去信心与动力,最终放弃努力。如果这种情况一再发生,就可能会使员工产生"习得性无助"心理。相反,如果给员工设定的目标难度过低,几乎不用费什么劲就能轻易完成,这一目标对员工来说也几乎没有什么吸引力。因为该目标不足以体现员工的能力与价值,很难使员工体验到工作的成就感,而且即使实现了这一目标,员工能得到的奖酬也往往是非常有限的。因此,给员工设定的绩效目标应该是在现有条件下,在员工能力范围内尽可能高的目标,也就是说目标应该有一定难度,但通过努力又是可以实现的。这种目标被形象地称为"跳一跳、够得着"的目标,又叫作具有心理挑战性的目标。

(4) R(relevant)指相关的。相关性原则要求各部门与岗位的绩效目标必须是由组织战略目标层层分解下来的,部门目标必须与组织目标相一致,个人目标必须与部门目标相一致。部门与个人绩效目标的制定必须满足两个要求:其一,必须对组织战略进行清晰的描述和界定,战略明确是绩效管理的两大前提之一;其二,各部门与岗位的目标也必须承接组织目标,每个组织目标必须有相应的承接单位与责任主体,防止组织目标落空。绩效管理必须以系统理论为指导,追求系统整体绩效最优,而非局部最优。各部门与岗位的目标要么是组织目标直接分解和细化的结果,要么是紧紧围绕为实现组织战略目标而必须完成的任务,防止受小集团利益和本位主义倾向的影响而制造出徒有其表、没有实际作用甚至适得其反的绩效目标。

(5) T(time-bound)指有时间限制的。每项绩效目标都有最后的完成期限,没有时限要求的目标等同于没有目标。在制订绩效计划时,不仅绩效目标在纵向上要互相承接,而且在横向上也要相互协调,形成协调一致、互相联系的目标体系,其中某一个部门和个人的绩效目标没有按时完成,都会影响到其他部门和其他员工工作的正常进展,牵一发而动全局。因此,时限性要求是绩效目标的基本特征,不论是整体绩效计划中的总目标还是阶段性的分目标,都应有时限的要求。

绩效目标的时限和权重对员工的工作行为有非常大的影响,可以使员工在实现绩效目标的过程中分清轻重缓急,把主要的时间与精力用在完成既重要又急迫的工作任务上;同时,也有利于上级领导对下属的目标完成情况进行有效监控,以便在出现问题时对下属进行及时有效的辅导与帮助,以确保组织整体绩效计划的顺利实施。

表5-1展现了在设定绩效目标时应注意的重要原则,以及这些原则对应的正确做法和错误做法。

表5-1 设定绩效目标的SMART原则

原则	正确做法	错误做法
具体的 (specific)	• 明确的 • 适度细化 • 随情境变化	• 模糊的 • 未经细化 • 复制其他情境的目标
可衡量的 (measurable)	• 数量化的 • 行为化的 • 数据或信息具有可得性	• 主观判断 • 非行为化描述 • 无从获得数据或信息
可实现的 (attainable)	• 目标在付出努力的情况下可以实现 • 有必要的资源支持	• 过高或过低的目标 • 缺乏完成目标的资源与条件
相关的 (relevant)	• 绩效目标是根据组织战略目标层层分解得到的	• 与组织战略无关
有时间限制的 (time-bound)	• 使用时间单位 • 关注效率	• 时间概念模糊 • 不注重效率

(三)绩效目标的来源

组织的绩效目标来源于组织战略的细化,部门与岗位的绩效目标主要来源于组织绩效目标的分解,此外还受岗位职责和流程目标的影响。管理者在设定部门目标时,一般根据组织的目标,围绕本部门业务重点与部门职责,制定本部门的工作目标与实现目标的行动计划,这样才能保证本部门的工作目标与公司的总体目标相一致。在部门内部,管理者再根据部门内不同岗位的职责,通过双向沟通的方式将部门目标分解落实到具体的岗位。部门与个人的绩效目标有三个来源:组织目标、部门与岗位职责、内部客户的需要。

(1)来源于组织目标。部门的绩效目标来源于部门所承担的组织目标的分解,员工的绩效目标来源于部门绩效目标的分解,每个部门和员工按照组织要求的方向去努力,组织的战略目标才能得到落实。

(2)来源于部门与岗位职责。部门与岗位职责具体描述了一个部门或岗位在组织中所要完成的任务或扮演的角色,体现出这一部门或岗位在实现组织目标过程中的价值产出。组织目标层层分解的基础与依据就是相关部门与岗位的工作职责,如果职责不清,就会导致有些组织目标找不到具体承接单位或责任主体,因此职责清晰是绩效管理的前提条件之一。一般来说,一个部门或岗位的职责包括多方面的内容。其中,有些职责是与组织目标直接对应的,如销售部门的职责中包括完成公司的销售任务,可以把公司的销售任务直接分解到销售部门,作为这一部门的绩效目标;而有些工作职责并不与组织目标直接对应,但也是促进组织目标完成的重要基础性工作,是组织战略目标得以实现的关键驱动因素,对这些方面的工作任务也要设定具体的绩效目标,这些绩效目标一般是行为化的。

一般来说,只要组织的战略没有发生较大的变化,一个部门或岗位的职责基本上是稳定的,但是在不同的绩效管理周期内,一个部门和岗位的绩效目标会不断进行调整。比如,完成产品销售任务是销售员的基本工作职责,这一岗位的基本职责一般不会发生变化,但是在不同的绩效周期销售员要完成的具体销售任务往往是不同的,需根据具体情况进行调整,如去年的销售任务是完成10万元销售额,今年可能是15万元。对于工作可量化程度较高的部门或岗位,其绩效目标主要是一些定量化的目标;而对于那些工作可量化程度较低、较稳定的基础性岗位,如秘书、会计、办公室文员等,员工从事的工作都是与岗位职责有关的一些事务性工作,他们的绩效目标中可量化的部分较少,这些岗位的绩效目标主要是一些根据工作职责设定的行为化目标。

(3)来源于内部客户的需要。一个组织是由若干部门与岗位组成的,在工作过程中这些部门或岗位需要通过分工与协作,共同完成组织的目标。根据组织内的业务流程关系,如果一个部门或岗位为其他部门或岗位提供产品、信息或服务,那么接受其产品、信息或服务的部门或岗位是其内部客户,为内部客户提供产品、信息与服务方面的工作任务也是这个部门与岗位的绩效目标的重要组成部分。

在绩效管理中,通常通过内部客户关系图确定一个部门或岗位的内部客户。在内部客户关系图中,可以看出一个部门或岗位为哪些部门或岗位提供产品或服务,提供什么样的产品和服务,客户的具体要求是什么,客户的需求也是设定绩效目标的重要依据。

二、绩效指标

(一)绩效指标的含义

在绩效管理中,绩效目标是绩效责任主体要完成的工作任务,而绩效指标(performance indicator)又叫绩效评价指标,是衡量绩效目标实现程度的工具或标尺,即要从哪些维度对绩效目标的完成情况进行衡量,每一个维度就叫作一个绩效指标。需要说明的是,绩效目标与绩效指标之间并非一一对应的关系。也就是说,一个绩效目标可以由一个绩效指标进行衡量,也可以由两个及以上绩效指标进行衡量,需要视具体情况而定。把绩效目标转化为具体的、可衡量的绩效指标是绩效计划中的一项关键工作。绩效指标设计得是否恰当,直接决定了绩效目标是否具有可衡量性,以及绩效评价结果是否准确。在绩效管理中,绩效指标是一根"指挥棒",对员工的行为具有极大的导向作用,绩效指标必须具备一定的内容效度,既不能出现指标的缺失(即漏掉应该考评的重要指标),也不能出现指标的污染(即纳入与绩效无关的指标)。

(二)绩效指标的类型

按照不同的标准,可以把绩效指标分为不同的类型。

1. 工作业绩指标与工作态度指标

根据绩效评价内容,可以将绩效指标分为工作业绩指标与工作态度指标。

(1)工作业绩指标。所谓工作业绩,就是工作行为产生的结果。工作业绩指标体现的是工作目标的完成情况或关键工作职责的履行情况。工作业绩指标通常包括完成的工作任务的数量指标、质量指标、工作时限指标和成本费用指标。

(2)工作态度指标。工作态度指标指被评价者在绩效管理周期内表现出来的工作主动性、纪律性、协作性、服务意识、创新意识、敬业精神等行为特征方面的指标。

一般来说,工作业绩指标主要依据组织目标、工作流程、岗位职责确定,不同的岗位有不同的业绩指标,业绩指标要充分反映被评价者的实际工作内容;而工作态度指标则主要依据企业文化、影响员工业绩的主观因素确定,态度类指标具有通用性,同一企业中不同岗位可以使用相同的态度指标。

需要说明的是,绩效计划要面向评价,在上下级进行绩效计划沟通时,需要讨论绩效评价指标,但绩效计划阶段所讨论的绩效评价指标往往是衡量每个绩效目标的绩效指标,并非全部的绩效评价指标。

2. 定量指标与定性指标

根据评价所依据的绩效信息的量化程度,可以把绩效指标分为定量指标与定性指标。

(1)定量指标。定量指标指绩效信息表现为具体的数据,如产量、销售额、市场占有率等,可以以这些客观数据作为评价依据直接进行评价。绩效评价时可以把绩效结果数据与绩效计划所设定的相关绩效目标的具体指标值进行比较,计算目标达成率,得到评价结果。这种指标所反映的信息客观、准确,不受个人主观因素的干扰和影响,评价具有较高的信度。因此,这类指标又叫硬指标。

(2)定性指标。定性指标指评价时没有客观的数据作为依据,需要根据被评价者的综合表现,通过评价者的主观判断得出评价结果的绩效指标。对这类指标的评价要求评价者根据自己的知识和经验做出判断,评价结果受评价者的主观因素影响较大,对同一个员工的绩效表现,不同评价者的评价结果可能相差较大。因此,这类指标又叫软指标。对这类指标进行评价时,可以采取两种办法提高评价的信度:一是把这些量化程度较低的指标行为化,用关键行为对指标进行清晰界定,以明确什么样的行为表现对应什么样的评价等级,即工作中什么样的关键行为表现可得优秀、什么行为表现可得良好,以尽量减少主观因素的影响;二是适当增加评价者数量,以全部评价者评分的均值作为评价结果,这样也可以使最终评价结果在某种程度上降低评价者主观因素的干扰,同时也能提高被评价者对评价结果的认可程度。

需要指出的是,定量指标与定性指标的区分标准,不是以最终评价的表现形式为依据,而是以用来进行评价的绩效信息本身的量化程度,即对该指标进行评价时,是否有客观的、具体的数据作为评价依据。定性指标通常也是通过评价量表进行打分,最终的评价结果也是具体分数,定量指标评价后的分数往往可以转化成优秀、良好、合格、不合格等评价等级,以应用于随后的奖惩环节。

3. 特质指标、行为指标、结果指标

在绩效指标的分类中,杨杰等(2000)提出可以把绩效评价指标分为特质指标、行为指标、结果指标三类。其中,特质指员工所具备的人格特质;行为指员工在工作过程中的实际行为表现,即具体是怎么做的;结果指员工各项任务最终完成的情况。三类指标的对比见表5-2。

表 5-2 特质、行为、结果三类绩效评价指标对照表

	特质指标	行为指标	结果指标
适用范围	适用于对员工未来的工作潜力做出预测	适用于评价那些可以通过单一方式或程序化的方式实现绩效标准或绩效目标的岗位	适用于评价那些可以通过多种方法达到绩效标准或绩效目标的岗位
不足	• 没有考虑情境因素,通常预测效度较低 • 不能有效区分实际工作绩效,员工易产生不公正感 • 将注意力集中在短期内难以改变的人的特质上,不利于绩效改进	• 需要对那些同样能达到目标的不同行为方式进行区分,以选择真正适合组织需要的方式,这一点是十分困难的 • 当员工认为其工作重要性较小时,意义不大	• 结果有时不能完全受被评价者的控制 • 容易诱使被评价者为了达到结果而不择手段,使组织在获得短期效益的同时丧失长期利益

在实际的绩效评价中,对特质指标的评价一般冠以某"特质"的标签,而评价指标的定义与尺度往往采用行为导向与结果导向相结合的方式,因此"特质"指标实际上评价的还是行为绩效与结果绩效,并非真正意义上的人格特质。

(三) 绩效指标的选择依据

绩效评价时需要评价的指标很多,但在绩效计划阶段并不需要就所有指标与员工进行沟通,那些与被评价者常规性工作任务有关的指标以及工作态度类指标,并不需要在绩效计划时进行沟通,只需就关键绩效指标与员工进行沟通并达成一致。具体来说,选择进行沟通的绩效指标时需要考虑以下几个方面:

(1) 与组织战略和阶段性工作重点相关的绩效指标。绩效指标是对绩效目标进行监控与评价的工具,绩效计划阶段要选择哪些绩效指标进行沟通,首先要考虑组织战略及部门与员工本绩效周期的工作重点,由组织战略目标分解与细化形成的绩效指标、与当前工作重点有关的绩效指标是绩效计划阶段需要重点沟通的绩效指标。

(2) 与部门和岗位主要工作职责有关的绩效指标。部门与岗位的工作职责规定了该部门与岗位的工作任务与内容,组织的目标明确后,与组织目标密切相关的职责就成为该部门与岗位的核心职责,与这些职责有关的绩效指标也是需要重点沟通的指标。

(3) 取得绩效信息的便利程度。绩效计划阶段选择的绩效指标,是下一步绩效监控阶段上级管理者重点监控的内容,需要根据这些指标的进展情况对部门和员工的绩效计划实施情况进行分析与诊断,发现问题并及时解决,以促进绩效目标的顺利实现。因此,绩效计划阶段,选择哪些绩效指标进行沟通还要考虑这些指标所反映的绩效信息能否较便利地收集到,如果收集这些指标信息的难度太大或成本太高,就无法对这些绩效指标进行有效监控,也难以为绩效评价提供客观依据,那么这一指标就不是合适的绩效指标。

三、指标值

指标值是管理者期望被管理者在每一个绩效指标上应当达到的绩效标准。绩效指标加上具体的指标值才能使绩效目标符合具体化和可衡量的要求。如何为绩效目标确定合

适的衡量指标和指标值是绩效计划中一项非常复杂的工作。

(一) 指标值的确定

对于可量化程度高的工作任务，以具体数据作为绩效指标必须达到的标准，这一数据就是该指标的指标值。比如销售部门的年度绩效目标如下：

(1) 在预算范围内市场份额提高5个百分点；
(2) 客户满意度达到95%；
(3) 销售额达到8 000万元人民币；
(4) 回款额达到5 600万元人民币；
(5) 新增客户560个；
(6) 客户流失率低于10%；
(7) 客户回访率达到30%以上。

生产部门的绩效目标举例如下：

(1) 第三季度产量达到21 000件；
(2) 产品合格率达到98%以上；
(3) 设备正常运行率达到99%以上；
(4) 能源消耗控制在280 000千瓦时以内；
(5) 单位产品成本不超过264元。

对于可量化程度较低的工作任务，很难以具体的数值作为绩效指标的指标值。比如企业中的一些职能部门既没有明确的生产任务，也没有具体的销售任务，主要从事一些日常的事务性工作，因此很难像生产部门、销售部门那样给每一绩效指标确定具体明确的量化指标值。进行绩效计划时，可根据这些部门或岗位的主要工作职责，确定这些部门或岗位在工作中必须表现出的关键行为，以关键行为作为应达到的绩效标准(即指标值)，从而使绩效目标符合具体、明确和可衡量的原则。比如某公司办公室主任的主要岗位职责如下：

(1) 卫生、安保工作安排；
(2) 档案管理；
(3) 办公设备维护；
(4) 办公用品购买；
(5) 前台接待。

根据办公室主任的主要岗位职责以及本绩效管理周期内办公室的工作重点，确定其绩效指标，指标值能量化的尽可能量化，不能量化的可以行为化，规定在完成该方面的任务或履行该方面职责时应达到的行为标准。比如办公室主任的各绩效指标的指标值或绩效标准要求如下：

(1) 1年内公司办公用品丢失的总价不超过5 000元；
(2) 复印机/传真机一般故障的维修时间不超过48小时；
(3) 在满足办公需要的前提下，将办公费用控制在10元万以下，内部客户的满意率为90%以上；
(4) 来访者在前台等候的时间在5分钟以内；

(5) 在3声电话铃响之前接听电话;

(6) 8月底前完成新办公室的装修,花费10万元以内,并且五位领导认定质量等级为良好以上;

(7) 档案材料在规定时间内及时装订归档,完好率达100%。

(二) 绩效指标的基础值与卓越值

不同性质的绩效指标的指标值有不同的特点。比如对于履职类绩效指标,组织要求这些方面的工作不能出现差错,这类指标的指标值或绩效标准没有可超越的空间,被考评者的实际绩效表现达到最高水平是正常表现且不会得到奖励,但如果低于这一标准就会被扣分。因此,该类指标的考评过程是一个扣分的过程,其指标值或绩效标准应依据组织要求和被考评部门或岗位的实际情况确定。

超越类绩效指标的指标值或绩效标准分为基础与卓越两个水平。其中,基础标准又叫绩效指标的基础值,是每一个被考评者都应达到的标准,是对被考评者的基本要求,也是该绩效指标的合格标准。基础标准通常用于基本工资的确定,被考评者完成该指标的基础值,其绩效合格,就能得到基本工资,不会受罚;一旦低于这一标准,其绩效不合格,就会受到相应处罚。卓越标准是引导被考评者追求卓越业绩所设定的挑战值,组织对卓越标准一般不作强制要求,而是鼓励被考评者挑战极限、超越自我,通过不断的自我超越,树立绩效标杆,引导绩效发展方向。卓越标准主要用于奖励政策兑现或职位晋升。因此,超越类指标基础标准的确定需要留出超越的空间,以鼓励被考评者不断提高绩效。

现实的绩效管理中常常出现的一个问题是,有些企业在进行绩效考评时,没有对不同性质的绩效指标进行区分,将超越类指标混同于履职类指标,超越指标的指标值没有留出超越空间,将考评过程变成一个扣分的过程。尽管事先向员工许诺了高额的奖金,但是,超越类绩效指标没有区分基础标准与卓越标准,把卓越标准作为该指标应达到的标准,只有达到卓越标准才能拿到全部奖金,奖金的发放不是依据经科学测评得出的指标基础值,而是只要没达卓越标准就扣分并扣发奖金,把本应是奖励的过程在员工心理上变成一个受罚的过程。这样一来,就把本应发挥激励作用的奖金变成了典型的保健因素,根本不可能发挥激励的效果,引起员工的抵触情绪也就难以避免了。

对于超越类绩效指标来说,基础标准的确定是制定合理绩效评价标准的基础。基础标准是指指标合格的标准,若被考评者实际表现高于这一标准,其考评结果就是良好或优秀,低于这一标准就是不合格。

在现实的绩效管理过程中,基础绩效标准的确定是上下级间的一个博弈过程。由于基础标准水平直接影响到考评标准的确定,进而影响到绩效考评结果,因此各部门及员工为了维护自身的利益,都力图将标准定的尽可能低,以便为自己留出更多的超越空间。如果上级凭借自己的岗位职权强行把基础标准定得过高,势必引起被考评者的不满甚至抵触情绪。因此,确定双方都能接受的、合理的基础绩效标准就成为绩效计划中的一项重要工作。

通常来说,基础标准的确定有两种方法:一是标杆法,即借助标杆管理,以标杆企业相关部门或岗位的绩效指标值或绩效标准作为参考;二是历史数据统计分析法,如果没有合适的标杆作为参照的话,可以借鉴泰勒科学管理的思想,通过大样本调查,收集该指标大量的历史数据,以其均值作为基础标准。这样一来,指标值的确定有一定的科学依据,不是上级管理者主观随意确定的,就容易为被考评者所接受。

(三)指标值确定过程中存在的问题

在确定绩效指标的指标值时,同类职位的绩效指标值是否必须相等呢?从公平性的角度出发,同样职位的人应承担同样的目标,完成相同的指标值。如彭剑锋等(2008)指出:"在确定指标指的过程中,尤其要注意公平地为各职位设定指标值,对相同类型的职位统一要求,尽量避免同样类型职位的指标值在相同情况下有高有低。对于同样类型的职位,其指标值可以随自然条件、当地经营环境与企业资源而调整,但不应由于个人能力与过去绩效不同产生差异。例如,不能由于某员工能力与管理水平高,就给其设定较高的指标值。"这种观点有一定的合理性,可以避免管理过程中"鞭打快牛"的现象发生。

但是,这样一来又出现了另一个问题,如果同类职位的员工绩效指标值完全相同,又如何保证给每一个被考评者制定的绩效目标符合SMART原则中"可实现的"要求呢?也就是说,如何确保每个人的绩效目标都具有心理挑战性呢?目标的心理挑战性是相对于员工的能力水平而言的,即该目标相对于员工的能力水平来说有一定难度,但全力以赴地去做又是可以完成的。如果同类职位员工的绩效指标值完全相同,对一个员工来说,指标值很可能过高,难以完成,而对另一个员工来说,指标值可能过低,不具有足够的心理挑战性。

现实中,由于不同员工的能力水平存在个体差异性,因此有心理挑战性的绩效目标对不同员工来讲,其指标值应该是不同的。但是,如果同类职位员工的绩效指标值不同,又如何保证绩效管理的公平性呢?解决这一问题必须以系统论为指导。绩效管理是人力资源管理系统的一个子系统,绩效管理系统不能独立运行,必须与其他子系统相对接才可能取得成功。绩效管理需要与职级管理结合起来,由于同类职位员工的绩效水平及能力不同,在同类职位中所处的职级也不同,因而其基础工资也是不同的。这样一来,为不同职级的员工设置不同水平的绩效指标值也就有了依据。比如有的公司的销售员分为五个星级,不同星级的销售员所享受的待遇和公司为其提供的资源与支持是不同的,因而他们背负的销售额也是不一样的,从而确保了管理的公平性,实现了责、权、利的统一。这样,既可以充分激发每个人的潜力,又可以避免"鞭打快牛"的现象发生。

四、评价标准

(一)绩效标准与绩效评价标准

绩效标准与绩效评价标准不是一回事。绩效标准是期望员工在每一绩效指标上达到的标准,通常以指标值的形式表现出来,是一个具体的数值或一个区间。绩效评价标准是对绩效指标进行评价时的评分标准,它不是一个具体数值或区间,而是标志绩效优、良、中、差等各个评价等级的多个标准。指标值或绩效标准是确定绩效评价标准的依据。

(二)履职类指标的评价标准

履职类指标的评价标准是工作中相关部门与人员应该达到的标准,达到标准正常,未达到则要承担相应责任。这类指标的考评方式如表5-3所示。

表5-3　某公司职能部门标准化履职考评细则

序号	履职内容	履职标准
3.1	公共履职部分(适用于各部门)	
3.1.1	计划及资料上报	
3.1.1.1	按时完成各专项工作计划	未按时完成扣2分,完成标准不符合要求扣1分
3.1.1.2	按规定、按要求上报各种统计表、数据、总结等资料,不得迟报、错报、漏报、虚报	迟报一次,扣部门1分;错报一次,扣部门3分;漏报一次,扣部门2分;虚报一次,扣责任部门4分;因数据上报造成严重后果者,提请公司领导严肃处理
3.1.2	会议	
3.1.2.1	会议纪律	与会人员无故不到会者,扣当事人所在部门每人次1分;会议迟到者,扣当事人所在部门每人次0.5分;参会人员不关闭通信工具,随意走动等扰乱会场秩序者,扣当事人所在部门每人次0.5分
3.1.2.2	贯彻执行会议决议和纪要	贯彻执行会议决议和纪要不及时,扣责任部门1分;未贯彻执行会议决议和纪要,扣责任部门3分
3.1.2.3	保证电视电话会议信号及通道畅通	设备或信号出现故障一次,扣维护部门3分

(三)超越类绩效指标的评价标准

超越类指标评价标准的制定以指标值的基础标准作为合格标准,在此基础上,确定其他绩效等级的评价标准。

1. 定量指标评价标准的制定

定量指标是绩效信息以具体数据为表现形式的绩效指标。在评价这类指标时,各评价等级往往以具体数据作为评价标准。这类指标评价标准的制定有两种方法,一是加减分法,二是规定范围法。

(1)加减分法。采用加减分法确定评价标准,一般适用于目标任务比较明确、技术比较稳定、被考评者绩效不会出现大起大落情况、鼓励员工在一定范围内做出更多贡献的场景,如表5-4所示。使用这种方法时,评分标准中最大值应不超过权重规定值,最小值一般不出现负数。

表5-4　定量指标评价标准设定示例(一)

指标	考核要素		权重	评价标准
KPI指标	1	产量	25分	按照标准折合为标准产量,90箱/台班为基数,得分为20分,每±1箱得±1分,最多±5分。折算标准参照相关文件规定
	2	消耗	15分	按照标准折合为标准消耗,以1.50KG/件为基数,基数得分13分。每±0.001KG得±0.1分,±15分封顶,8分保底,折算标准参照相关规定

资料来源:彭剑锋等,2008.绩效指标体系的构建与维护[M].上海:复旦大学出版社.

(2)规定范围法。对于绩效结果不稳定,容易出现较大起伏的绩效指标,则采用规定范围法确定评价标准,如表5-5所示。

表 5-5　定量指标评价标准设定示例（规定范围法）

指标	考核要素	权重	评价标准			
			A	B	C	D
KPI	销售预测	30分	90%≤销售预测准确率≤100%	80%≤销售预测准确率<90%	60%≤销售预测准确率<80%	销售预测准确率<60%
			30—29分	28—25分	24—20分	19—10分
	项目管理	20分	项目进度报表上报及时率100%，完整性好；项目分析对计划和预测能提供强有力的依据；对大项目监控得力	项目进度报表上报及时率≥80%，完整性好；项目分析对计划和预测能提供比较有力的依据；对大项目监控比较得力	项目进度报表上报及时率≥60%，完整性较好；项目分析对计划和预测能提供一定的依据；对大项目监控效果一般	项目进度报表上报及时率<60%，完整性差；项目分析对计划和预测能提供的依据不明显；对大项目监控不得力
			20—19分	18—15分	14—12分	11—6分

资料来源：彭剑锋等，2008.绩效指标体系的构建与维护[M].上海：复旦大学出版社.

2. 定性指标的评价标准

定性指标指没有具体数据作为绩效信息，需要评价者根据自己的主观判断进行评价的指标，这类指标各等级的评价标准一般以岗位职责中规定的行为标准为依据，根据关键行为对各评价等级进行界定，如表5-6所示。

表 5-6　定性指标的评价标准

评价项目	评价指标	评价标准	评价等级
客户服务	服务态度	对一般客户能按服务规范服务，对不礼貌的客户能以礼相待，对无礼取闹的客户能晓之以礼	优秀（A）
		对一般客户能按服务规范服务，对不礼貌的客户和无礼取闹的客户能保持克制，态度平和	良好（B）
		对待一般客户态度和蔼，不消极应付，举止大方，说话使用礼貌用语	合格（C）
		对客户态度恶劣，消极应付，语言粗鲁	不合格（D）

五、行动方案

绩效计划沟通过程中，还要为每项绩效目标拟订具体的行动方案，包括实现目标的方法、步骤、程序、具体的进度安排、需要组织提供的资源，以及需要其他部门提供的支持与配合等，还要设定绩效追踪的监督检查点。除此以外，还要提前制订必要的应变方案以应对未来环境的变化，确保既定绩效计划的顺利实施。

第三节　绩效指标权重设计

如果说绩效指标是对绩效目标进行评价的维度，那么指标权重反映的则是不同维度在评价总分中所占的比重。指标权重是不同指标相对重要性的反映，对被评价者的行为也有很强的导向作用。

一、指标权重设计的基本原则

为不同的绩效指标设计权重时,要遵循以下原则:

(1)突出重点原则。以战略目标和经营重点为导向,权重应向反映组织战略目标和经营重点的绩效指标倾斜,使员工把主要的时间与精力放在这些关键绩效指标上。

(2)定量为主、定性为辅的原则。定量指标客观、具体,反映被考评者对组织的实际贡献,在分配指标权重时,要向定量指标倾斜,定量类指标的权重要大于定性类指标的权重。

(3)反映岗位特性原则。越是高层的岗位及工作结果可量化程度较高的岗位,由组织目标分解、细化而产生的绩效指标所占的权重就越大;越是基层岗位及工作结果可量化程度较低的岗位,与岗位职责有关指标所占的权重就越大。

(4)系统优化原则。绩效指标是一个系统,在分配指标权重时,既要突出重点,又要系统全面。每个指标的权重一般定在5%~30%之间,不能太高,也不能太低。如果某个指标的权重过高,就可能使员工在工作中只注意高权重指标,而忽视其他方面的工作,一旦该指标完成得不好,其绩效总分会严重偏低;如果某个指标权重过低,就不能引起员工的重视,而使这个方面的工作遭到忽视,设计这个指标就没有意义了。

(5)管理者主观意图与客观情况相结合的原则。绩效指标及指标权重是一根指挥棒,对员工的工作行为会产生非常强的导向作用。在设计指标权重时,可根据当前管理工作需要,灵活调整不同指标的权重,管理者想强调哪方面的工作或者想改进哪方面的短板,可为该类指标分配较大权重以引起员工的高度重视,从而对员工的工作行为进行有效调控。

二、指标权重设计的主要方法

权重设计是对各个指标的相对重要程度进行判断和评价的过程,当前常见的权重设计方法主要有经验法、排序加权法、对偶比较加权法、倍数加权法、权值因子判断表法、平均系数法和层次分析法。

(一)经验法

经验法是一种主要依靠历史数据和专家直观判断确定权重的方法。这种方法要求企业有比较完整的考核记录和相应的评价结果,而且它是决策者根据自己的经验对各项评价指标相对重要程度的认识,或者从对员工行为的引导意图出发,对各项评价指标的权重进行分配的方法。经验法的主要优点在于决策效率高、成本低、便于理解,适合专家治理型企业;主要缺点是由此方法获得的数据信度和效度不高,且具有一定的片面性,同时对决策者能力要求很高。

(二)排序加权法

排序加权法是一种简单易行的方法,这一方法的基本流程如下:

(1) 组成评价专家小组。小组成员包括上级管理者、被评价者、人力资源部门人员、评价专家和相关其他人员。根据不同的评价对象和目的,专家组成员构成可以不同。

(2) 专家打分。由专家根据自己的主观判断对各评价指标的重要性由大到小进行排序并填入表中,回收评价表并进行统计。

(3) 计算权重。将回收结果进行数理统计,计算每一指标的序数和,再用每一指标的序数和除以所有指标的序数总和。使用下述公式可得到各指标的权重值。

公式一:
$$W_i = \frac{a_i}{\sum_{i=1}^{n} a_i}$$

公式二:
$$a_i = \sum_{j=1}^{m} L_{ij} C_j$$

其中,W_i 为第 i 个指标的权重;n 为指标的个数;m 为专家小组人数;a_i 为第 i 指标的序数和;C_j 为排序的分值,一般规定 $C_1=n$,$C_2=n-1$,$C_j=n-j+1$,…,$C_n=1$;L_{ij} 为把第 i 指标排在第 j 位的专家数。

(三) 对偶比较加权法

对偶比较加权法跟排序法加权一样,先成立评价小组,再将所有指标横着排成一行、纵着排成一列,将各指标在首行和首列中分别列出,构成一个判断比较矩阵;然后让每一个小组成员分别将行中的每一指标与列中的每一其他指标逐一进行比较;最后将比较结果进行汇总,从而得出各指标的权重,如表5-7所示。比较标准为:如果行中指标的重要性大于列中指标的重要性,如 A 与 C 相比,A 的重要性较大,在行中 A 指标下的方格中记 1 分;如果行中指标的重要性小于列中指标的重要性,如 A 与 B 相比,A 的重要性小于 B,在行中 A 指标下面的方格中记 0 分。比较完后,将行中各指标下的得分相加,求出各指标的总分,根据每个指标的总分进行排序,求出每个指标的总序数,最后用上面排序加权法中的公式一、公式二即可算出每一指标的权重值。

表5-7 对偶比较加权法示例

	A	B	C	D	E	F
A	—	1	0	1	1	1
B	0	—	0	1	1	0
C	1	1	—	1	1	1
D	0	0	0	—	1	0
E	0	0	0	0	—	0
F	0	1	0	1	1	—
合计	1	3	0	4	5	2

排序加权法与对偶比较加权法的优点是简单易行,不需要复杂的计算,但通过这种方法得到的结果是不同指标相对重要性的排序结果,从测量学的角度说,这是定序测量结果,不同序数间的间距不一定相等,因此所计算的权重值是不精确的。

（四）倍数加权法

倍数加权法是在所有绩效指标中，首先选择出相对重要性最小的指标，将其赋值为1，然后将其他指标与该指标相比较，得出相对于该指标的重要性的倍数，再计算出每一指标的权重值。比如销售员的绩效指标有六项，分别为销售收入增长率、老客户维护、市场信息收集、回款率、销售额、新客户开发。上述的六个指标中，假设"市场信息收集"是相对重要性最低的指标，将其重要性赋值为1，把其他指标的重要性与"市场信息收集"相比较，确定其他指标的重要性是该指标的几倍，倍数关系如表5-8所示。六项指标合计倍数总和为 1.5+2+1+3+5+2=14.5，各指标的权重分别为 1.5/14.5、2/14.5、1/14.5、3/14.5、5/14.5 和 2/14.5，最后换算成百分数即为各指标的权重值。

表5-8　倍数加权法示例

考核要素	与"市场信息收集"的倍数关系
A. 销售收入增长率	1.5
B. 老客户维护	2.0
C. 市场信息收集	1.0
D. 回款率	3.0
E. 销售额	5.0
F. 新客户开发	2.0

倍数加权法的优点在于，在比较各指标的相对重要性时，不是简单排序，而是根据各指标相对于基准指标的重要性倍数进行赋值，与排序法相比，其结果精确度较高，可以有效区分各指标间的相对重要程度。

（五）权值因子判断表法

权值因子判断表法的基本操作步骤如下：

（1）组成专家评价小组。小组成员包括上级管理者、被考评岗位员工、人力资源专家、评价专家和其他相关人员。

（2）构建权值因子判断表。把所有绩效指标横着排成一行，纵着排成一列，编制评价权值因子判断表，如表5-9所示。

表5-9　权值因子判断表示例

评价指标	指标1	指标2	指标3	指标4	指标5	指标6	评分值
指标1	×	4	4	3	3	2	16
指标2	0	×	3	2	4	3	12
指标3	0	1	×	1	2	2	6
指标4	1	2	3	×	3	3	12
指标5	1	0	2	1	×	2	6
指标6	2	1	2	1	2	×	8

(3)专家打分。由各专家分别填写权值因子判断表,填写方法是将列中指标与除自己以外的其他行中指标逐一进行比较,使用五点量表对列中指标的相对重要性进行评价。列中指标与行中指标相比,如果前者非常重要,记 4 分,比较重要记 3 分,同样重要记 2 分,不太重要记 1 分,很不重要记 0 分。

(4)计算权重。对各位专家所填权值因子判断表进行统计,表 5-10 中有 8 位专家参与了打分,8 位专家对每个指标的评价总分除以满分 480,得到的商保留 2 位小数,尽量调整为 5 的倍数,最后得到的结果就是各指标的权重值,具体结果见表 5-10。

表 5-10 权值统计计算表示例

评价指标	专家								评分总计	平均评分	权值	调整后权值
	1	2	3	4	5	6	7	8				
指标 1	14	16	14	16	16	15	16	15	122	15.250	0.254170	0.25
指标 2	8	10	12	12	12	11	8	16	89	11.125	0.182542	0.20
指标 3	6	5	5	6	7	9	8	8	54	6.750	0.112500	0.10
指标 4	10	10	12	12	11	12	8	8	83	10.375	0.172920	0.20
指标 5	6	7	7	6	5	5	8	5	49	6.125	0.102080	0.10
指标 6	16	12	10	8	9	8	12	8	83	10.375	0.172920	0.15
合计	60	60	60	60	60	60	60	60	480	60.000	1.000010	1.00

(六)平均系数法

在用平均系数法确定绩效指标权重时,将所有指标划分为全局性指标、局部性指标和事务性指标三类,并对不同类型指标分别赋予不同的权重系数,全局性指标的权重系数一律为 5,局部性指标的权重系数一律为 3,事务性指标的权重系数一律为 1。评价时每个绩效指标满分值均为 100 分,评价者依据评价标准对各指标进行打分,经权重系数加权,得到每个指标的加权得分;再对所有指标的加权得分进行求和,并根据指标数量对指标权重进行求和,两者相除得到的商即为最终的绩效评价得分。

$$\bar{x} = \frac{x_1 w_1 + x_2 w_2 + \cdots + x_n w_n}{w_1 + w_2 + \cdots + w_n} = \frac{\sum_{i=1}^{n} x_i w_i}{\sum_{i=1}^{n} w_i}$$

其中,$\bar{x}$ 是某被评价者最终的绩效评价得分,x_i 是第 i 个绩效指标得分,w_i 是第 i 个指标的权重,n 是绩效指标个数。

平均系数法的优点是被评价评者得分不受指标数量及其权重结构限制,指标赋值和权重系数统一,指标的权重分配不受权重容量限制。

但这一方法也存在一些问题。第一,哪些指标是全局性指标?哪些指标是局部性指标?哪些指标是事务性指标?不同类型指标划分的标准和依据是什么?第二,在同一类型的指标中,例如在所有的全局性指标中,为不同指标赋予相同权重的依据是什么?这是平均系数法需要进一步解决的问题。

（七）层次分析法

层次分析法（analytic hierarchy process，AHP）是指将一个复杂的多目标决策问题作为一个系统，将绩效指标分为一级指标、二级指标等若干层次，通过定性指标模糊量化方法算出各层次的排序和总排序，作为多指标、多方案优化决策的系统方法。

层次分析法是美国运筹学家、匹兹堡大学教授萨蒂（Saaty）于20世纪70年代初在为美国国防部做《根据各个工业部门对国家福利的贡献大小而进行电力分配》的研究课题时，运用网络系统理论和多目标综合评价方法而提出的一种层次权重决策分析方法。

用层次分析法确定绩效指标权重的过程包括五个步骤。

(1) 建立绩效指标的层次结构。如某公司中层管理者的绩效指标分为任务绩效、周边绩效和管理绩效三个维度，每一维度又包括若干二级指标，如任务绩效指标分为完成工作的数量、质量、成本与时效四个方面，为此建立的绩效指标层次结构如图5-1所示。

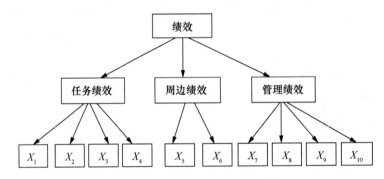

图5-1 绩效指标的层次结构

(2) 构造两两比较判断矩阵。在做绩效计划时，需要确定各一级绩效指标在总体绩效中的相对权重，以及各二级指标在其隶属的一级指标中的相对权重。现以任务绩效下的四个二级指标 X_1、X_2、X_3、X_4 在任务绩效中的权重设计为例。

首先，构建两两比较矩阵（见表5-11）。

表5-11 任务绩效四个指标的两两比较矩阵

	数量 X_1	质量 X_2	成本 X_3	时效 X_4
数量 X_1				
质量 X_2				
成本 X_3				
时效 X_4				

然后，对各指标的相对重要性进行比较，比较的标准如表5-12所示。

表 5-12 重要程度量化等级表

比较结果	评价值
两个指标同等重要	1
一个指标比另一个指标稍微重要	3
一个指标比另一个指标明显重要	5
一个指标比另一个指标强烈重要	7
一个指标比另一个极端重要	9

若两个指标比较的情况介于上述相邻情况之间并需要折中,则可给出 2、4、6、8 的评价值。如果指标 i 与 j 的重要性之比为 b_{ij},那么指标 j 与 i 的重要性之比为 $1/b_{ij}$。

(3)将判断矩阵归一化。让专家小组成员分别对各指标相对重要性进行评价,然后将评价结果填入表格,并求出每列指标得分之和(见表 5-13)。

表 5-13 评价结果

	数量 X_1	质量 X_2	成本 X_3	时效 X_4
数量 X_1	1.00	2.29	4.41	3.00
质量 X_2	0.44	1.00	3.14	2.43
成本 X_3	0.24	0.32	1.00	0.39
时效 X_4	0.33	0.41	2.56	1.00
合计	2.01	4.02	10.84	6.82

接下来,用每个方格里的分数除以所在列分数之和,得到归一化的结果如表 5-14 所示。

表 5-14 归一化结果

	数量 X_1	质量 X_2	成本 X_3	时效 X_4
数量 X_1	0.498	0.570	0.382	0.440
质量 X_2	0.219	0.249	0.290	0.356
成本 X_3	0.119	0.080	0.092	0.057
时效 X_4	0.164	0.102	0.236	0.147

(4)计算各指标的权重。将归一化的每行指标分数分别求和,再除以该行的指标个数,即为每一指标的权重(见表 5-15)。

表 5-15 各指标的权重结果

	数量 X_1	质量 X_2	成本 X_3	时效 X_4	合计	权重
数量 X_1	0.498	0.570	0.382	0.440	1.888	0.472
质量 X_2	0.219	0.249	0.290	0.356	1.119	0.278
成本 X_3	0.119	0.080	0.092	0.057	0.384	0.087
时效 X_4	0.164	0.102	0.236	0.147	0.649	0.162

(5)一致性检验。在构造两两判断矩阵时要符合一致性原则。假如出现甲比乙极端重要,乙比丙极端重要,而丙又比甲极端重要的判断,这一般是违反常识的,一个混乱的、

经不起推敲的判断矩阵有可能导致决策失误,而且当判断矩阵严重违背一致性原则时,用上述各种方法计算得出的排序权重作为决策依据,其可靠程度也值得怀疑。因而,必须对判断矩阵的一致性进行检验,其步骤为:

第一,计算一致性指标 C.I.(consistency index)。

$$C.I. = \frac{\lambda_{max} - n}{n - 1}$$

其中,C.I. 为一致性指标,λ_{max} 为最大特征根,n 为判断矩阵阶数。

可用下列公式计算 λ_{max} 的值,其中 A 表示得分矩阵,W 表示权重矩阵,$(AW)_i$ 表示 AW 的第 i 个元素,W_i 表示 W 的第 i 个元素。

$$\lambda_{max} = \sum_{i=1}^{n}(AW)_i/(nW_i)$$

$$AW = \begin{bmatrix} 1.00 & 2.29 & 4.14 & 3.00 \\ 0.44 & 1.00 & 3.14 & 2.43 \\ 0.24 & 0.32 & 1.00 & 0.39 \\ 0.33 & 0.14 & 2.56 & 1.00 \end{bmatrix} \begin{bmatrix} 0.472 \\ 0.278 \\ 0.088 \\ 0.163 \end{bmatrix}$$

$(AW)_1 = 1 \times 0.472 + 2.29 \times 0.278 + 4.14 \times 0.088 + 3 \times 0.163 = 1.955$

$(AW)_2 = 0.44 \times 0.472 + 1 \times 0.278 + 3.14 \times 0.088 + 2.43 \times 0.163 = 1.153$

$(AW)_3 = 0.24 \times 0.472 + 0.32 \times 0.278 + 1 \times 0.088 + 0.39 \times 0.163 = 0.352$

$(AW)_4 = 0.33 \times 0.472 + 0.14 \times 0.278 + 2.56 \times 0.088 + 1 \times 0.163 = 0.655$

$\lambda_{max} = 1.955/(4 \times 0.472) + 1.153/(4 \times 0.278) + 0.352/(4 \times 0.088) + 0.655/(4 \times 0.162)$
$= 4.094$

$C.I. = (\lambda_{max} - n)/(n - 1) = (4.094 - 4)/(4 - 1) = 0.031$

第二,查找平均随机一致性指标 R.I.(random index)。平均随机一致性指标是多次(500 次以上)重复进行随机判断矩阵特征值的计算之后取算数平均数得到的。许树柏(1986)得出的 1—15 阶重复计算 1000 次的平均随机一致性指标如表 5-16 所示。

表 5-16　平均随机一致性指标 R.I. 值

阶数	1	2	3	4	5	6	7	8	9	10	11	12	13	14	15
R.I.	0	0	0.52	0.89	1.12	1.26	1.36	1.41	1.46	1.49	1.52	1.54	1.56	1.58	1.59

第三,计算一致性比值 C.R.(consistency ratio)。

$$C.R. = \frac{C.I.}{R.I.}$$

当 C.R.<0.1 时,一般认为判断矩阵的一致性是可以接受的;否则,应对判断矩阵做适当的修正。

上例中,$n=4$,R.I.=0.89,C.R.=C.I./R.I.=0.031/0.89=0.03<0.10,说明该权重设计通过了一致性检验,在逻辑上是成立的。

以上几种权重设计方法各有优缺点,有的方法简单但结果准确度较低,有的方法结果较准确但设计过程和计算都比较复杂,需要根据实际情况选择合适的方法。此外,需要注意的是,不论用什么方法,权重设计都是评价者对指标相对重要性的判断和评价,既然要由人进行判断和评价,那么主观因素就是不可避免的。

第四节 绩效计划过程

如前所述,绩效计划是管理者与被管理者之间双向沟通的过程,通过沟通,管理者与被管理者对每项工作目标内容以及实现目标的方法、步骤与途径进行讨论,并达成一致意见。这一过程包括绩效计划的准备、绩效计划的沟通和绩效计划的审核与确认三个阶段。

一、绩效计划的准备

绩效计划过程的第一个阶段是绩效计划的准备,既包括沟通方式与环境的准备,也包括沟通信息的准备。

(一)沟通方式与环境的准备

1. 绩效计划沟通的原则

在绩效计划沟通之前,首先应确定绩效计划沟通的基本原则。

(1)绩效计划沟通过程中管理者与被管理者之间是一种平等的关系,是为了共同完成组织目标而进行沟通。

(2)员工最了解自己岗位的工作,在制定工作目标与绩效标准时应充分尊重员工的意见。

(3)管理者应该与被管理者一起做决定,而不是代替员工做决定,绩效计划过程中员工的参与程度越高,绩效管理的效果越好。

(4)通过沟通,上下级不仅要就工作目标达成一致,管理者更要鼓励员工说出自己的顾虑以解除员工的后顾之忧,增强实现绩效目标的信心。

2. 绩效计划沟通的方式

进行绩效计划沟通时,采用什么样的方式进行沟通,需要考虑不同的环境因素,如企业文化、员工特点。如果希望借助绩效计划沟通的机会向全体员工做一次动员大会,使员工了解公司发展前景和战略目标以激发员工的士气,那么可以召开全体员工大会。如果一项工作需要一个部门或团队的员工密切合作才能够完成,那么可以召集部门或团队的员工一起开会讨论,明确每个人在实现目标过程中的分工,促进不同成员间的协调配合,通过讨论还可以提前发现工作中可能存在的问题。如果员工从事的是个体性的工作,那么可以采取单独沟通的方式进行。

3. 沟通时机和环境的准备

在进行绩效计划沟通前,管理者和被管理者应该确定一个双方都空闲的时间,在沟通的时候应尽可能避免外界干扰。一般情况下,绩效计划沟通是在管理者办公室进行的,这段时间内应尽量避免无关人员进入和接听电话,以防止意外干扰而打断思路。

此外,沟通的环境气氛要尽可能宽松,不要使被管理者感受到太大的心理压力。在办公室双方隔着办公桌进行沟通时,这些象征管理者权威和地位的环境往往会使被管理者感受到较大的心理压力,因此有些公司提倡上下级尽可能在咖啡厅、茶室等非正式的场所进行绩效沟通。在管理者办公室沟通时,有经验的管理者往往会离开办公桌,坐在长沙发上与员工讨论绩效计划,尽量避免双方直接对视,这样能使双方均感到轻松自在。有人提议,上下级在进行绩效计划沟通时,双方坐的位置最好成90度角,这样既可随时观察对方表情,又可避免双方的直接对视。在开始正式谈论绩效计划前,如果发现员工情绪比较紧张,有经验的管理者往往并不急于立即进入正式话题,通过先谈论一下最近的天气、热点新闻或讲一个幽默笑话等方式拉近双方的心理距离,缓解被管理者的紧张情绪。

(二)沟通信息的准备

绩效计划时需要准备三个方面的信息。

1. 关于组织的信息

为了使绩效计划能够与组织目标保持一致,在拟订绩效计划前,管理者与被管理者都需要重新回顾组织的目标,保证双方在进行沟通之前都熟悉组织的目标。对于管理者来说,熟悉了组织的目标后才能对组织目标进行有效的分解;对于员工来说,熟悉组织目标也是十分重要的,只有熟悉了组织目标,在为自己设定工作目标时才能保持正确的方向。

2. 关于部门和团队的信息

每个部门和团队的目标都是根据组织的整体目标分解下来的。不仅组织的经营目标可以分解到生产、销售等部门,而且业务支持性部门的工作目标也必须与组织的经营目标相一致。

例如,某公司的总体经营目标是:

(1) 将市场占有率提高到本地区50%以上;

(2) 进一步提高消费者的品牌忠诚度;

(3) 不断提高产品性能;

(4) 把产品合格率提高到99%以上;

(5) 降低产品成本。

人力资源部作为一个业务支持部门,一旦公司整体经营目标已确定,在确定本部门的工作目标与计划时,就必须紧紧围绕着公司的目标而展开。根据公司的年度经营目标,人力资源部当年度的主要工作目标包括以下内容。

(1) 完善考评与激励机制,鼓励开发新客户、创新、提高产品质量和降低成本的行为,在对相关部门与岗位进行考评时,这些指标将占较大权重。

(2) 在本年度的员工招聘中,主要关注候选人的服务意识、开拓性、创新精神和关注质量等指标。

(3) 本年度公司培训的重点是有关开发新客户、客户关系管理、提高创造性、质量管理和成本管理方面的内容。

3. 关于员工个人的信息

员工个人的信息主要包括两个方面:一是所在岗位工作描述的信息,二是员工上一个绩效期间的绩效评价结果。

工作描述规定了该岗位任职者的主要工作职责。工作职责是进行工作目标分解的主要依据,从工作职责出发设定工作目标可以保证个人的工作目标与职位要求联系起来,同时也容易得到员工的认可,并使员工感到公平。

员工在每个绩效期间的工作目标通常是连续的或有关联的,在设定工作目标时也常常根据员工从前绩效状况加以适当调整,因此在设定本绩效期间的工作目标前有必要回顾上一个绩效期间的工作目标与绩效评价结果。为改善员工的绩效,上一个绩效期间内存在的问题和有待进一步改善的地方,也应当在本次绩效计划中得到体现。

二、绩效计划沟通的过程

(一)绩效计划沟通的基本环节

绩效计划沟通包括六个环节,具体内容如图 5-2 所示。

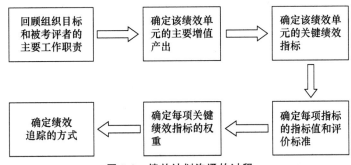

图 5-2 绩效计划沟通的过程

1. 回顾组织目标和被考评者的主要工作职责

组织目标和被考评者的主要工作职责是绩效目标的重要来源,在进行绩效计划沟通时,首先应回顾组织的目标与绩效单元的基本职责。沟通的主要内容有以下几个方面:

(1)组织的战略目标;

(2)公司年度经营目标和计划;

(3)业务单元的经营目标或工作计划;

(4)员工所在部门或团队的工作目标和计划;

(5)员工个人的职责描述;

(6)员工上一个绩效期间内的绩效评价结果。

2. 确定该绩效单元的主要增值产出

增值产出是绩效单元对组织目标的实现有促进作用的工作行为或结果,在这一阶段要回答以下几个问题:

(1)考核对象有哪些日常性工作任务?

(2)考核对象有哪些专项工作任务?

(3)这些任务应该达到什么样的结果?

(4)这些工作任务应在什么时候完成?

(5)员工在工作过程中应表现出什么样的关键工作行为?

3. 确定该绩效单元的关键绩效指标

每个部门与岗位在工作过程中所承担的工作职责和需要完成的工作任务往往是多方面的,在进行绩效计划沟通时,为使员工在随后的绩效计划实施阶段明确目标,也使上级管理者的绩效监控重点突出,通常需要确定关键绩效指标以对员工的工作行为产生良好的引导作用,确保各项工作都是紧紧围绕组织目标而展开的。

在确定关键绩效指标时应注意以下几个问题:

(1) 关键绩效指应该是对组织目标有增值作用的绩效指标,是被考评者核心工作的体现;

(2) 关键绩效指标必须是具体的、可衡量的;

(3) 针对具体任务,从数量、质量、费用、时间四个方面界定量化指标;

(4) 针对关键职责,常从关键行为发生的频次、客户满意度等方面界定行为化的指标。

4. 确定每项指标的指标值和评价标准

为每项绩效指标确定具体的指标值和评价标准,能量化的指标尽可能设置量化的指标值,不能量化的指标以关键行为作为行为化标准,明确员工在该项工作中应表现出的关键工作行为。这些指标值分为基础值(基础标准)和挑战值(卓越标准),在明确绩效标准的基础上确定每项绩效指标的评价标准,这些标准包括定量评价标准和定性评价标准。

(1) 定量评价标准针对量化指标,以具体数据界定每一绩效等级的具体标准;

(2) 定性评价标准针对非量化指标,采用行为锚定法建立可观察、可度量的行为标准,对每个绩效等级用明确具体的关键行为加以界定,以此作为绩效评价的标准。

5. 确定每项关键绩效指标的权重

不同的权重分配说明各个指标的相对重要性,对员工的工作行为同样会产生明显的导向作用。在分配权重时,应注意以下问题:

(1) 两次权重分配。第一次分配是在结果指标与行为指标之间的分配;第二次分配是在结果指标与行为指标下二级指标间的权重分配。

(2) 向结果指标倾斜。绩效指标的权重分配必须以企业的战略目标与经营重点为导向,权重分配时向组织战略目标分解和细化而产生的指标倾斜,以结果指标为主,以行为指标为辅。

(3) 以绩效改进为重点。在分配绩效指标权重时,根据被考评者的短板与工作中存在的问题,灵活处理不同指标的权重,对短板方面的指标赋予更大权重,引导被考评者重视自己的短板,以达到绩效改进的目的。

6. 确定绩效追踪的方式

在制订绩效计划时,管理者和被管理者还要就绩效追踪的方式达成一致,不仅要在工作目标、关键绩效指标、绩效标准或指标值以及未来绩效评价标准等方面达成一致,还要在每项任务方案、进度、完成期限、检查监督等方面达成共识,以便及时对员工进行有效的督促与辅导。

此外,还要对收集信息的方式进行沟通,包括以下几个方面的内容:

(1) 需要收集哪些信息?

(2) 需要收集多少信息?

(3) 什么时候收集信息?

(4) 谁去收集信息?

(5) 向谁收集这些信息?

(二) 绩效计划沟通过程中应注意的问题

1. 鼓励员工积极参与并提出建议

员工的参与程度直接影响到绩效计划的质量,因此在进行绩效计划沟通时要注意以下问题：

(1) 管理者要认真倾听员工的不同意见，鼓励他说出顾虑；

(2) 积极疏导员工的消极情绪；

(3) 如果员工出于种种顾虑不愿参与讨论，管理者就要通过提问来摸清问题所在；

(4) 管理者要从员工的角度思考问题，了解其心理感受，以促成双方达成共识。

2. 对每项工作目标进行讨论并取得一致意见

绩效计划不是简单的任务下达，绩效计划沟通过程中，上下级对每项目标讨论得越充分，随后的实施效果越好。通过讨论，双方要在以下方面取得一致意见：

(1) 对每一项工作目标进行分解，设定阶段性的分目标，并详细讨论每一分目标的实施方案与应注意的问题；

(2) 对每一项目标设定评价指标；

(3) 对每一项指标设定基本要求与期望达到的标准；

(4) 为每一项绩效指标制定具体的考核标准；

(5) 为每一项目标设定最后完成的期限。

3. 就行动计划和所需的支持和资源达成共识

每一项绩效目标的完成都需要组织提供必要的资源与支持，在进行绩效目标沟通时，员工不愿接受目标，既有主观上的畏难情绪，也可能确实存在客观上的困难，因此，要着重关注以下问题：

(1) 通过制订切实可行的工作计划，帮助员工克服主观上的畏难情绪；

(2) 根据工作需要，提供必要的支持和资源；

(3) 预测未来工作中可能碰到的问题与突发情况，提前拟订应变方案以消除员工后顾之忧，坚定实现目标的信心。

4. 总结讨论结果和跟进日期

(1) 确保员工充分理解要完成的任务。员工对下一步工作中要完成的任务了解得越清楚，实施效果就越好。绩效计划沟通结束后要进行总结，对未来的工作重点和要注意的问题再一次加以强调。必要时，可以让员工对绩效计划的主要内容进行复述，以便了解员工对未来的绩效目标、绩效指标、应达到的指标值、各指标权重、绩效评价标准、完成时限等内容的理解程度，一旦发现有错误的地方就应及时加以纠正。

(2) 明确在完成任务的过程中，管理者何时检查阶段性工作进度。

三、绩效计划的审核与确认

通过绩效计划沟通，管理者在与被管理者共同确定了下一阶段工作计划（安排）的要点后要填写绩效计划书。绩效计划书经审核无误后，管理者与被管理者双方都要在绩效计划书上签字，绩效计划书一式两份，管理者与被管理者各保留一份，作为下属在未来绩效周期内的工作指南，也是管理者对被管理者的工作进行监督、检查与评价的重要依据。表5-17是XX集团公司部门目标任务计划沟通表的样例。

绩效管理：理论、体系与流程

表 5-17　XX 集团公司部门年度目标任务计划沟通表

填报部门：　　　直接上级：　　　填报时间：　年　月　日

次序	目标	权重(%)	工作计划	月份	1	2	3	4	5	6	7	8	9	10	11	12	支持条件
1	年度营业目标 70 221 万元，较去年提升 6%	35	1. 开拓市场与开发新客户 2. 提高现有市场占有率 3. 举办新产品展示会 4. 增加网上销售渠道	计划目标	9.2%	5.4%	7%	7.3%	7%	7%	8%	7.3%	8.3%	9.6%	10%	10%	R&D部门如期推出新产品
				实际完成													
2	每月应收款回收率 95%，较去年提升 5%	25	1. 加强客户信访工作 2. 增加电汇付款交易数量 3. 提供现金折扣 4. 训练收款员	计划目标	95%	95%	95%	95%	95%	95%	95%	95%	95%	95%	95%	95%	财务部门协调收款
				实际完成													
3	每月存货周转率 6 次（2 个月存货）	25	1. 提高客户年度销售合约签订量 2. 要求客户出货前 1 个月通知订货明细 3. 促销采滞存货	计划目标	6/2	6/2	6/2	6/2	6/2	6/2	6/2	6/2	6/2	6/2	6/2	6/2	仓储科提供采滞商品月报表
				实际完成													
4	每月销货利润率 25%	15	1. 美元报价：调降幅度不高于 10% 2. 台币报价：调升售价 5%	计划目标	25%	25%	25%	25%	25%	25%	25%	25%	25%	25%	25%	25%	采购部门降低材料成本
				实际完成													

直接上级审核签字：　　　批准时间：　　　部门负责人签字：

❑ 重点与复习题

1. 什么是绩效计划?绩效计划有哪些特点?
2. 绩效计划在绩效管理中的作用是什么?
3. 绩效计划成功的关键是什么?
4. 为什么绩效计划过程要重视员工的参与和承诺?
5. 什么是设定绩效目标时的 SMART 原则?
6. 绩效目标有哪些来源?
7. 什么是绩效指标?选择绩效指标的依据是什么?
8. 绩效指标权重的设计要遵循哪些原则?
9. 绩效指标权重设计的方法有哪些?各有什么优缺点?
10. 绩效计划沟通的过程包括哪些基本环节?

21世纪经济与管理规划教材
工商管理系列

第六章

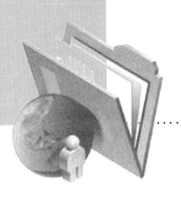

绩效监控

绩效监控是绩效管理的第二个环节,也是绩效管理过程中耗时最长的一个环节。绩效计划能否顺利实施,绩效目标能否如期完成,主要依赖于绩效监控阶段的工作质量。在这一阶段,下属要根据绩效计划的安排有序开展工作,努力实现预定的绩效目标;管理者要根据绩效计划与下属进行定期与不定期的沟通,及时了解下属绩效计划实施的进展情况,根据下属工作过程中存在的问题与碰到的困难,及时对其提供辅导与帮助,确保绩效目标的顺利实现。绩效监控是连接绩效计划与绩效评价的中间环节,在绩效监控阶段,管理者还要及时记录下属各方面的绩效信息,为下一阶段的绩效评价提供充分的依据。

第一节 绩效监控概述

一、绩效监控的含义与作用

(一)绩效监控的含义

绩效监控(performance monitoring)指在绩效计划的实施过程中,管理者与下属通过持续的双向沟通,对追踪下属绩效目标的完成情况及行为表现,及时调控下属偏离目标的行为,帮助下属克服困难、解决问题,确保绩效目标顺利实现的管理过程。对绩效监控的理解,需要把握以下几个方面的含义。

1. 确保绩效目标的实现是绩效监控的目的

在绩效计划阶段,上下级一起确定了绩效目标与行动方案后,在随后绩效计划的实施过程中,管理者不能任由员工自行实施绩效计划。绩效监控过程中,管理者要根据绩效计划阶段设立的监督检查点,及时追踪与检查下属的绩效计划执行情况,一旦发现有偏离组织目标的现象就要及时进行干预,以确保绩效管理在正确的轨道上运行。

2. 绩效监控是一个持续沟通的过程

在绩效监控过程中,要求上下级之间持续地保持双向沟通。这种沟通既可以是下属定期不定期地向上级管理者汇报工作进展情况,也可以是上级对下属的工作进展情况进行定期或不定期的检查;既可以是正式的沟通,也可以是非正式的沟通。通过持续的沟通,上级管理者才能实时了解整个部门各方面的工作进展情况,以及每个员工的具体工作表现,随时发现绩效计划执行过程中出现的问题,并及时加以解决。

3. 对下属进行绩效辅导和收集绩效信息是绩效监控的主要任务

绩效监控过程中,管理者的主要任务有两项:一是对下属进行绩效辅导,二是及时收集下属的绩效信息。

(1)绩效辅导。绩效计划的执行过程往往不是一帆风顺的,员工常常会碰到困难和障碍,出于种种原因,不同部门与岗位之间也可能出现矛盾与冲突。这时,上级管理者必须及时帮助下属,为员工提供必要的资源与支持,还要对下属进行指导,提供解决问题的对策与建议；此外，还要协调不同部门与岗位间的关系，化解矛盾与冲突，为下属营造良好的工作环境，这样才能确保绩效目标的如期实现。

(2) 绩效信息收集。在绩效监控过程中，管理者还要收集下属工作目标达成情况的信息以及工作过程中的关键行为表现信息，为下一步的绩效考评准备充分、准确、有效的依据。

(二) 绩效监控的作用

(1) 绩效监控是绩效目标实现的关键环节。任何工作绩效都是干出来的而非考出来的，指望只要确定了合适的绩效目标和切实可行的实施方案，下属就会自动实现预期目标的想法是错误的。通过绩效监控，管理者可以及时发现下属工作过程中存在的问题，帮助下属不断改进工作方法与思路，随时纠正下属偏离目标的行为，这样才能确保绩效目标的顺利实现。

(2) 通过绩效监控，可以及时调整绩效目标与行动方案。俗话说计划赶不上变化，当外界环境条件发生较大变化时，绩效计划阶段所确定的绩效目标和行动方案可能变得不合时宜，这时就要对绩效目标和行动方案进行适当调整。通过绩效监控可以及时捕捉环境变化和下属目标达成情况，根据实际情况适时调整绩效计划，以使绩效计划建立在现实可行的基础上。

(3) 有效的绩效监控可以提高绩效评价的信度与效度。绩效评价结果是否具有客观性与公正性直接影响绩效管理能否成功，而绩效评价的客观与公正是建立在充分、可靠的绩效信息基础之上的。在绩效监控阶段，管理者可以收集被考评者绩效目标完成情况和绩效计划实施过程中关键行为信息，为绩效评价提供充分的依据，以确保绩效评价的信度与效度。

二、绩效监控的内容与关键

(一) 绩效监控的内容

管理者时间与精力有限性，在绩效监控阶段管理者不可能对下属工作的方方面面都进行监控，绩效监控的内容主要包括三个方面。

(1) 根据关键绩效指标对下属的阶段性绩效结果进行监控。关键绩效指标是衡量组织战略实施效果的关键性指标，抓住了关键绩效指标，就能有效掌控80%的工作绩效。因此在绩效监控过程中，管理者根据绩效计划阶段所确定的绩效目标和监督检查点，通过关键绩效指标对下属阶段性工作目标完成情况进行监控，以确保阶段性工作任务如期完成。

(2) 对员工的关键行为进行监控。根据绩效的综合观，完整的绩效既包括结果绩效也包括行为绩效，二者不可偏废。绩效管理既重视工作目标的实现，也重视正确的目标实现方式，防止员工为达目标而不择手段。因此，对员工工作过程中的关键行为进行有效监控，防止有损组织利益的偏差行为出现也是绩效监控阶段的任务之一。

(3) 对没有纳入绩效计划的临时性工作任务完成情况进行监控。绩效管理过程中会出现一些突发情况或事先未曾预料的新问题，管理者根据工作需要会给下属安排一些临时性的工作任务，这些临时性的工作任务影响到既定绩效计划的顺利实施和组织目标的实现。因此，这些没有纳入绩效计划的临时性工作任务的完成情况也要求管理者及时进行监控。

（二）绩效监控的关键

为使绩效监控发挥在绩效管理中应有的作用，确保绩效计划的顺利实施，绩效监控阶段要做好三个方面的工作。

（1）上下级间要进行持续、开放、双向的绩效沟通。对绩效计划的实施情况进行动态监控，发现问题及时解决，确保各项绩效目标的顺利达成是绩效监控的根本任务。这一任务的完成离不开管理者与下属间的双向、持续、开放的沟通。通过上下级间的持续沟通，管理者可以及时掌握各方面的工作进展情况息，在此基础上做出正确决策，以确保绩效计划的贯彻和执行。因此在绩效监控过程中，建立顺畅的沟通渠道和完善的沟通制度是绩效管理取得成功的关键。

（2）管理者要对下属进行及时的辅导与帮助。绩效监控过程不是上级对下属的监督与控制过程，而是双方共同合作实现绩效目标的过程，上下级之间的关系不是监督与被监督、控制与被控制的关系，而是教练与学员间的关系。在实现绩效目标的过程中，上下级之间是绩效伙伴，下属的绩效就是管理者的绩效。绩效目标不是管理者控制下属的工具，而是双方共同努力的方向。在绩效监控过程中，管理者要根据下属工作中存在的问题，对下属进行及时的绩效辅导与帮助，确保下属顺利实现绩效计划所设定的绩效目标。

（3）管理者要及时收集和记录下属的绩效信息。绩效管理中，上级管理者是对下属绩效进行评价的主要责任人，其绩效评价结果的客观性与公正性直接制约着下属的工作积极性。在绩效监控阶段，及时、准确地收集下属绩效信息，特别是记录下属工作过程中的关键事件和绩效数据，为绩效考评提供依据，这是绩效管理取得成功的关键。

三、绩效监控中常见的误区

出于种种原因，有些管理者对绩效监控存在错误的认识，主要表现在四个方面。

（1）绩效管理最重要的是绩效计划和绩效评价，两者中间的环节是员工自己的工作过程。有些管理者认为，既然绩效计划阶段为每一个员工确定了明确的工作目标与具体的行动方案，然后员工按照绩效计划去工作，干好干坏是员工自己的事，对员工的工作过程没有必要过多干预，最后按目标完成情况对员工进行考评即可。

这是一种典型的任务式管理理念，而非绩效管理理念。绩效管理不仅重视目标的分解、设置与最终考评，更重视实现目标的过程中上下级间的相互支持与合作。绩效管理过程中，管理者要不断收集与分析员工的绩效信息，绩效计划执行过程中出现问题要及时给予帮助和指导。此外，通过绩效管理，不仅要促进绩效目标的完成，还要帮助员工成长与进步，开发员工潜能也是绩效管理的目的之一，离开了管理者对下属的绩效辅导，这一目的是难以实现的。

（2）绩效监控就是要监督检查员工的每一项工作细节，时刻关注员工的工作过程。与上一误区相比，这种观点走到了另一个极端，认为绩效监控就是对下属进行全方位的监督与控制，要密切监控下属的一言一行。实际上，绩效管理是一种目标管理，上级管理者应主要关注员工的阶段性工作目标达成情况，而不是对下属的具体工作细节进行全方位的监控。其原因有二：一是上级管理者的时间与精力是有限的，不可能顾及每个员工的每一项工作细节；二是每个员工都需要一定的工作自主权，才能发挥其工作主动性。管理者对下属的绩效监控是根据绩效计划阶段所确定的追踪检查点，及时收集下属的阶段性工作绩效结果信息，以及在工作过程所表现出来的关键行为，而不是监控员工工作的所有细节。

（3）记录员工的绩效表现是在浪费时间。有些管理者没有形成在绩效监控期间及时记录下属工作绩效结果与行为表现的习惯，认为花费时间收集和记录员工的绩效信息是浪费时间，习惯于凭感觉对下属进行指导与评价，这样就很难准确地了解与分析下属工作中存在的具体问题与困难，难以对下属提供及时有效的帮助与指导。绩效评价时也只能凭印象对下属进行评价，很容易受近因效应、晕轮效应等主观偏差的影响，从而使绩效评价结果失真。同时，在对员工的绩效评价结果进行反馈时，如果缺乏员工平时工作表现的记录，且员工对评价结果产生异议，就难以给员工提供有说服力的解释。因此，绩效监控阶段及时收集与记录下属绩效信息是绩效管理取得成功的关键。

（4）花费时间与精力对下属进行辅导还不如自己做，既正确又快速。有些管理者，尤其是一些从专业技术岗位或业务岗位晋升到管理岗位的管理者，其潜意识里存在一种根深蒂固的专业与业务取向，当日常工作中碰到一些专业技术及业务问题时，经常挽起袖子亲自去干，认为指导下属去做效率太低。这种工作热情有值得肯定的地方，但这种工作方式是值得商榷的。美国管理学会前会长劳伦斯·爱普利（Lawrence Appley）说过，管理就是通过他人之力将事情一一完成。当一个人通过自己的努力去实现目标时，他只是一个业务人员；当一个人能通过他人之力达到自己的目标时，他才是一个管理人员。从行为科学的角度看，一个事必躬亲、亲力亲为的管理者未必是一个优秀的管理者，正如组织行为学家斯蒂芬·罗宾斯和蒂莫西·贾奇（2012）所说的："管理者通过他人来完成工作。"例外原则是管理中的基本原则之一，管理者在管理过程中关注的是例外而非例行，是异常而非正常，大量例行的工作需要通过授权的方式让下属去完成，管理者的主要任务是决策、指挥与协调，而非代替下属做他应该完成的工作。此外，帮助下属成长与进步也是管理者的职责之一，下属的能力是通过实践锻炼而不断提高的，本该下属完成的工作任务，如果管理者代替包办的话，无异于剥夺了下属成长的机会。

第二节 绩效沟通与绩效信息收集

一、绩效沟通的作用与内容

在绩效监控阶段,管理者对下属绩效信息的收集,都是通过管理者与下属之间持续不断的绩效沟通实现的。所谓绩效沟通,就是绩效管理过程中上下级之间分享与绩效有关信息的沟通过程。

(一)绩效沟通在绩效监控中的作用

绩效沟通在绩效监控中的作用主要体现在五个方面。

(1)通过绩效沟通可以及时对绩效计划进行调整。虽然在绩效计划阶段,管理者与被管理者之间通过双向沟通确定了具体工作目标以及实现目标的途径、方法和步骤,但是在剧烈变化的环境中,绩效管理周期开始时所设定的绩效目标很可能随着环境的变化而变得不切合实际,甚至根本无法实现。在绩效监控过程中进行持续的绩效沟通的第一个目的就是根据环境中各因素的变化,及时对原定计划进行调整。比如 2020 年年初,一场突发的新冠肺炎疫情一下子使很多工作进入无序状态,很多公司原来制定的生产和销售目标已经不再有任何实际意义,必须及时进行调整。

(2)通过绩效沟通可以对员工提供及时的帮助。在绩效管理过程中,不论绩效计划阶段制定的工作目标如何具体、工作方案如何详细,由于工作环境日趋复杂化,在制订绩效计划时很难清楚地预测到绩效计划实施过程中可能遇到的所有困难和障碍,工作过程中往往会出现事先未能预料的新情况和新问题,通过绩效沟通,可以及时给员工提供必要的帮助和支持。

(3)绩效监控中的绩效沟通是一种重要的激励手段。根据霍桑实验结果,每个人都有一种受关注和认可的需要,这种需要得不到满足会严重挫伤员工的士气。绩效监控过程中管理者与员工间的沟通,可以有效满足员工的这种需要。对员工所取得的成绩与进步及时加以肯定,尤其是当员工工作过程中遭受挫折和失败或感受到较大工作压力时,管理者的关心和支持,哪怕是一句亲切的问候,往往会使员工备受鼓舞。

(4)通过绩效沟通可以使员工及时得到工作结果的反馈信息。信息公平是绩效管理中的一项重要原则。一般来说,员工都希望在工作过程中能及时得到管理者对自己绩效的反馈信息,以便不断改进工作方式和提高绩效水平。通过沟通,员工可以及时了解到自己哪些方面干得比较好,哪些方面没有达到上级的期望和要求。因此,这种反馈既是对员工出色工作的肯定,会对员工产生极大的激励作用,同时也能使绩效不佳的员工及时了解和发现自己工作中存在的问题,以便及时采取改进措施以提高绩效水平。如果管理者从未在绩效监控阶段对员工的工作进行反馈,但到绩效考评时又给员工一个较低的评价结果,难免会引起员工的抵触情绪,使员工认为管理者并未尽到自己应尽的管理责任。

(5)绩效沟通可以让管理者及时获取有关的绩效信息。在绩效监控阶段,管理者必须及时掌握各方面的工作进展情况,了解员工在工作过程中的具体表现和工作中遇到的困难,及时采取相应的对策以确保组织目标的实现。如果管理者不能通过沟通及时了解员工工作过程中的有关信息,就无法为员工提供必要的帮助和支持,在对员工进行绩效评价时也就无法做出客观公正的评价。

(二)绩效沟通的主要内容

绩效沟通满足了管理者和员工的共同需要,沟通的具体内容也要根据管理者和员工双方的需要来确定。

1. 管理者与员工的信息需求分析

对于管理者来说,要考虑的问题是:

(1)为了保证绩效目标的完成,我必须从员工那里得到哪些信息?

(2)我必须给员工提供哪些信息和资源,以帮助员工完成工作目标?

对于员工来说,要考虑的问题是:

(1)要完成预定的绩效目标,我需要从上级那里得到什么样的信息或资源?

(2)为促进部门工作目标的完成,我需要向上级提供哪些信息?

从以上分析可以看出,管理者和员工间绩效沟通的内容都是围绕着如何实现预定的绩效目标而展开的。

2. 绩效沟通的主要内容

在绩效监控阶段,绩效沟通的主要内容包括以下问题:

(1)工作进展情况怎样?

(2)员工和整个团队的工作是否正按计划进行?

(3)如果有偏离方向的趋势,应该采取什么样的措施扭转这种局面?

(4)哪些方面的工作进行得较好?

(5)哪些方面的工作碰到困难或障碍?

(6)面对目前的情景,要对工作目标和达成目标的行动方案做出哪些调整?

(7)管理者可以采取哪些行动帮助和支持下属?

二、绩效沟通的方式

绩效沟通的基本方式有正式沟通和非正式沟通。

(一)正式沟通

正式沟通指通过组织明文规定的渠道、按照一定规则进行的沟通,如组织中各种请示汇报制度、会议制度、定期会见制度等。在绩效监控过程中常用的正式沟通方式主要有三种。

1. 书面报告

书面报告是绩效监控阶段比较常见的一种正式沟通方式,指员工以书面文字或图表的形式向上级主管人员报告工作进展情况,反映工作中存在的问题,并向领导提出请求和建议。书面报告有定期的,也有不定期的。

(1)定期的书面报告。定期的书面报告是按照组织要求,员工必须在规定时间内每隔一段时间向主管人员提交的书面报告。定期书面报告有年报、季报、月报、周报和工作日志,表6-1、表6-2、表6-3、表6-4是一些书面报告的样例。

表 6-1　季报

部门：	职位：	姓名：	时间：	
任务名称	绩效标准	完成时限	完成情况	备注
1.				
2.				
3.				
4.				
5.				
6.				
7.				
8.				
关键事件	事件 1			
	事件 2			
	事件 3			

表 6-2　月报

部门：	职位：	姓名：	时间：		
本月目标	完成情况	困难与问题	解决建议	需要支持	备注
1.					
2.					
3.					
4.					
5.					
6.					
7.					

表 6-3　周报

部门：	职位：	姓名：	时间：	
本周工作任务	工作要点	拟完成时间	实际完成情况	备注
1.				
2.				
3.				
4.				
5.				
6.				

表 6-4　XX集团公司管理人员工作日志

姓名：	岗位名称：	所属部门：	年　月　日
主要工作事项记录			

工作内容	开始时间	结束时间	完成情况	备注
1.				
2.				
3.				
4.				
5.				

特殊事项(指特优、特劣行为)记录：

个人签字：　　　　　　　　　　　　　　　　　　　　　　　　　　　　年　月　日

直接上级签字：　　　　　　　　　　　　　　　　　　　　　　　　　　年　月　日

说明：
(1) 所有管理人员每人一本"工作日志"，由个人记录每天的主要工作事项，下班前由直接上级签字认可，作为个人工作的原始记录，也是进行月度、半年、年度考核的依据。
(2) 对管理过程中发生的重大事件依据本表进行记录，并以此作为奖惩的依据。
(3) 特殊事项要详细记录行为发生的时间、地点、原因、经过、结果及影响。
(4) 特优与特劣行为的主要表现及奖惩办法见《集团公司绩效考核实施细则》。

(2) 不定期的书面报告。不定期的书面报告是根据工作进展情况，员工就工作中的一些重大问题及时向上级主管提出的正式书面报告。

(3) 书面报告的优点与缺点。书面报告有以下几个方面优点：

◆ 通过书面报告可以在较短的时间内收集大量关于员工工作进展情况的信息。

◆ 定期提供书面报告可以使员工养成及时收集信息、总结工作情况的习惯。

◆ 书面报告使沟通突破了时间、空间的限制，使驻外及经常出差的人员可以方便地与公司总部的主管人员进行沟通，特别是随着互联网技术的出现，沟通更加方便、灵活。

◆ 书面报告内容严谨、准确，便于保存。

书面报告也有缺点，主要有以下几个方面：

◆ 书面报告是从员工向管理者的单向信息传递，员工难以及时得到反馈信息。因此，必须将书面报告与面谈、会议沟通、电话沟通结合起来，将单向沟通变为双向沟通。

◆ 书面报告需要书写大量文字、填许多的表格，会占用员工较多时间，可能会引起员工的不满。因此，书面报告必须简洁、实用，只保留核心内容，以减轻员工的负担。

◆ 如果书面报告得不到领导重视就会流于形式。

◆ 书面报告只是员工与主管间的信息沟通，没有在团队中实现信息共享。

2. 会议沟通

正式沟通的第二种方式就是会议沟通。部门内部定期或不定期地召开会议,如一些公司实行的朝会、夕会以及周例会制度等。开会时,让每个员工汇报一下各方面工作进展情况、成功的经验、存在的问题、下一步的工作打算,以及需要领导与同事提供的帮助与支持等。

(1) 会议沟通的优点。会员沟通的优点有以下几个方面:

◆ 会议沟通提供了面对面的直接沟通方式,管理者和员工可以对不清楚的问题及时进行提问,弥补了书面沟通的缺陷。

◆ 会议沟通大大提高了沟通效率,管理者可以通过会议沟通迅速了解本部门各方面的工作进展情况和存在的问题,还可以通过群体决策解决问题。

◆ 会议沟通实现了信息共享,团队成员可以相互了解彼此的工作进展情况。在大多数情况下,团队成员的工作是相互关联的,每个成员及时了解其他成员的工作进展情况,可以在团队成员之间实现更好的协调和配合。

(2) 会议沟通的缺点。会议沟通也有缺点,主要有以下几点:

◆ 会议沟通要求许多员工共同讨论工作进展情况,必然要求员工离开工作岗位,安排不好的话势必会影响工作的正常进行。

◆ 会议沟通对管理者的会议管理和沟通技能要求较高。

◆ 一些问题可能不便于在会上讨论。

◆ 会议沟通时,容易产生少数人控制和从众行为。

◆ 如果没有良好的企业文化,会议沟通就可能会流于形式。

(3) 会议沟通的原则。要提高会议沟通的效果,会议沟通时要遵循以下原则:

◆ 会议沟通前,应事先把会议主题通知给有关与会人员,让他们提前做好准备,以提高会议沟通效率。

◆ 合理安排会议时间,以不影响正常工作为宜。

◆ 可开可不开的会议尽量不开,可长可短的会议尽可能缩短会议时间。

◆ 避免不必要的员工参会。

◆ 开会时应形成一种民主沟通的氛围,避免一言堂,鼓励大家发表不同意见。

◆ 讨论问题时对事不对人,防止把工作问题演变成个人间的矛盾。

(4) 会议沟通的技巧。为提高会议沟通中信息交换的效率,有以下几个技巧可供参考:

① 在会议之前必须进行充分准备。要想成功地召开绩效沟通的会议,会前必须做好充分的准备。你作为一名主管人员,在员工的绩效周期内想要组织一次会议对员工的工作进展情况进行回顾并拟订下一阶段的行动计划,必须在会前做好以下几个方面的准备:

◆ 会议主题的准备。在这次会议上主要讨论哪些内容?最后要达到什么样的目标?需要哪些员工参加会议?

◆ 会议程序的准备。会议将以怎样的程序进行?采取什么样的措施控制会议议程?

◆ 会议时间的准备。了解与会者可能出席的时间,并安排整个会议过程各个阶段所需要的时间。

◆ 会议场地的准备。安排好适宜的场地,并保证该场地在会议期间不会被占用或打扰。

◆ 会议所需材料的准备。准备好与会议内容有关的材料,如员工的书面报告等。若有必要,则可以从员工那里事先收集一些信息。

◆ 应急预案的准备。事先分析与会者的心理状态与需求,考虑他们在会议中可能会提出的问题,准备好可选择的解决方案。

◆ 让与会者做准备。给与会者提供必要的信息,使他们了解会议的主题,并告诉他们应该做哪些准备。这是非常必要但容易被忽视的一个步骤,很多会议组织者都比较重视自己的准备,而忽视其他与会者的准备。其实,只有所有的与会者都做好了充分的准备,会议才能取得良好的效果。

② 会议过程中的组织。会议过程中的组织应该注意以下方面的内容:

◆ 在会议开始的时候,介绍会议议程,使与会者了解会议的时间安排和规则。

◆ 管理者作为会议的主持人,应该尽量多给员工发言的机会,力争做到真正发挥与会人员的智慧,不应将可能提出重要建议的员工从讨论中排挤出去。

◆ 当会议的讨论偏离主题时,管理者应该及时将与会者的注意力拉回到与会议主题有关的内容上。

◆ 不要急于在会议上快速做出决策。

◆ 注意拟订会议结束后的行动计划。

◆ 在会议即将结束时,回顾会议的全部内容,并再次说明会议上做出的决策,布置会议后应该做的工作。

③ 做好会议记录。

◆ 会议记录没有必要非常详细地记下每一个细节,只需记录与主题有关的重要内容。

◆ 会议记录在会议结束后应尽快发给相关的与会者。

3. 谈话沟通

正式沟通的第三种方式是谈话沟通,谈话沟通是管理者与员工之间进行的一对一口头沟通,是绩效监控阶段常用的一种沟通方式。

谈话沟通的优点包括:

(1) 面谈一般是在两个人之间进行的,通过面谈可以使管理者与员工进行较深入的探讨,也可以讨论一些较敏感的问题和某些不宜公开的内容。

(2) 通过面谈,员工会有一种被尊重和重视的感觉,容易拉近上下级之间的心理距离,有利于在上下级之间建立融洽的人际关系。

(3) 通过面谈,管理者可以针对每个员工的具体情况提供个性化的辅导和帮助。

谈话沟通的缺点包括:

(1) 由于谈话沟通是员工与管理者之间的一对一沟通,容易使员工产生较大的心理压力,在员工工作过程中出现差错后进行沟通更是如此。

(2) 谈话沟通容易带有个人的感情色彩。

谈话沟通的技巧:

(1) 掌握面谈的时机,在员工最需要帮助和鼓励的时候进行面谈。

(2) 谈话沟通的内容是员工工作过程中的事实性信息,尽量避免结论性的评价。

(3) 保持双向的沟通,面谈过程中管理者应鼓励员工说出自己的真实想法,养成有效倾听的习惯。

(4) 对员工的错误想法要及时加以引导和纠正。

(5) 鼓励员工说出自己的顾虑、不满和抱怨。

(6) 注意使用非语言沟通技巧。正确使用目光接触,通过表情、动作、姿态等非语言符号系统和语气、语调、节奏、重音等辅助语言系统增强沟通效果。

(二) 非正式沟通

1. 非正式沟通的特点

非正式沟通是除正式沟通渠道以外的信息交流与沟通。在绩效监控阶段进行的绩效沟通,除使用正式沟通方式以外,还使用大量的非正式沟通方式。在正式沟通过程中,由于沟通双方所处的地位与角色存在差异,员工往往会感到较大的心理压力,在这种相对严肃的沟通过程中,员工未必能将内心的真实想法如实地表达出来。非正式沟通形式不拘一格、轻松自然,不受时间、空间的限制,只要需要随时可以进行,因此通过非正式沟通解决问题的效率非常高。此外,非正式沟通不仅可以沟通信息,而且可以交流情感,通过非正式沟通很容易拉近管理者与员工之间的心理距离,在上下级之间形成融洽的人际关系。

2. 非正式沟通的类型

(1) 走动式管理。走动式管理指在员工工作期间,管理者不时地到员工的工作场所走一走、看一看,了解员工的工作进展情况、存在的主要问题与困难,为员工出谋划策并提供帮助,或者向正在紧张工作中的员工表示问候和关心,这样往往能使员工因工作压力而产生的紧张情绪得到缓解并受到鼓舞。

(2) 开放式办公。开放式办公指管理者的办公室是随时向员工开放的,只要管理者没有在办公室接待客人或开会,员工就随时可以进入办公室向管理者汇报或请示。开放式办公可以在某种程度上使员工在沟通过程中处于主动位置,员工可以根据自己的情况选择沟通的时间和内容,并减少沟通对正常工作的影响。

(3) 工作间歇时的沟通。工作间歇时的沟通指在工作之余进行的绩效沟通,比如在午餐、咖啡厅以及平时聊天时,管理者与员工聊一聊工作进展情况、存在的问题、下一步的打算,以及需要领导协调的事项等,这种沟通简便易行、轻松自然,很受员工欢迎。

(4) 非正式会议。非正式会议指茶话会、联欢会、生日晚会等各种非正式的团队活动。这些非正式会议也提供了绩效沟通的机会,管理者可以在这些轻松活泼的场合中了解团队各方面的工作进展和存在的问题,并给员工提出一些建议。

三、绩效信息的收集与记录

除了与下属进行持续的绩效沟通,管理者在绩效监控阶段还要进行绩效信息的收集与记录,为下一阶段的绩效考评做准备。绩效信息的收集与记录是主管人员通过各种渠道收集员工工作绩效的信息,如亲自观察或者到公司各部门查阅员工的各种工作绩效记录、下属同事的反映、客户表扬与投诉等,把这些资料及时记录下来,以备日后绩效评价时用作参考。管理者在日常工作中应注意收集员工工作绩效的有关信息,不仅在绩效评价时可以找到充分的事实根据,避免各种主观偏差造成的消极影响,而且在绩效反馈面谈时能够言之有据,有效避免上下级之间因绩效评价等级存在分歧而产生的矛盾与冲突。通过平时绩效信息的收集和记录,还可以积累大量的关键事件,发现绩效优劣背后的原因,从而有针对性地帮助员工提高绩效。

（一）需要收集和记录的信息

管理者在绩效监控阶段不可能详细记录员工工作过程中的所有绩效表现,而是选择收集与记录与关键绩效指标密切相关的信息。这些信息包括以下几个方面：

(1) 工作目标完成情况的信息。
(2) 来自客户的表扬。
(3) 来自客户的投诉。
(4) 工作绩效突出的行为表现。
(5) 工作绩效不佳的行为表现。

在记录员工的关键事件时,要把事件发生的时间、地点、起因、经过和结果完整地记录下来,表 6-5 是某集团公司员工关键行为记录表。

表 6-5 ××集团公司员工关键行为记录表

考核者： 时间： 年 月

员工姓名		所属部门	
特优行为	时间： 地点： 起因： 经过： 结果：		
特劣行为	时间： 地点： 起因： 经过： 结果：		

说明：
(1) 每个管理者对下属工作过程中发生的重大事件进行记录,记录的是对公司、部门绩效有重大影响的事件,包括特别好的事件,也包括特别差的事件,是进行月度、半年度、年度考核的依据。
(2) 特殊事项要详细记录行为发生的时间、地点、起因、经过及造成的影响或结果。

（二）收集绩效信息的方法

收集绩效信息的方法主要有以下几种：

(1) 观察法。观察法是管理者直接观察员工在工作过程中的表现,并对员工的有关行为进行记录的方法。观察法分为参与观察法和非参与观察法。参与观察法是管理者与员工一起工作,在工作过程中记录员工的工作表现。参与观察法的优点是能获得工作的亲身体验,所获资料详细、具体,缺点是占用时间较长。一般来讲,基层管理者常用参与观察法记录员工的工作信息。非参与观察法是管理者以旁观者的身份观察和记录员工的工作表现信息。非参与观察方法简便易行,缺点是得到的资料具有偶然性和离散性,同时非参与观察可能会对员工造成一定的心理压力,给正常工作带来一定的干扰。

(2) 工作日志法。员工在工作过程中把每天从事的主要工作详细记录下来,包括完成的主要事项,每项工作大概占用多长时间,哪些没有完成,原因是什么,下一步的打算等,由直接管理者审核后签字认可。这种工作日志是员工绩效信息的重要来源。

(3) 查阅各种工作报表或记录。员工的工作目标完成情况和工作表现可以通过各种工作报表反映出来,比如财务部记录的销售额,质检部记录的产品合格率,企管部记录的原材料与能源消耗数据,人力资源部记录的员工缺勤率,纪检监察部记录的员工违规违纪行为,客服部记录的客户表扬信与投诉信,等等。

(4) 访谈法。员工的某些工作行为不是管理者可以随时直接观察的,也缺乏日常的工作记录,这种情况下就可以采取访谈法来获取员工工作表现的信息。例如,当一个员工在工作中需要为其他同事提供产品或服务时,就可以从接受其产品与服务的同事那里了解他提供产品或服务的质量、及时性、工作态度等方面的信息;当需要了解员工在团队中的工作表现时,就可以向其他团队成员了解该员工在团队合作、工作主动性、敬业精神和集体主义价值观等方面的行为表现。

(5) 问卷调查法。管理者也可以通过问卷调查法了解员工的工作绩效信息,比如通过向被考评者的同事、下属、客户等群体发放调查问卷,可以了解其在团队协作、管理下属、客户服务等方面的绩效信息。使用这种方法可以在短时间内迅速收集到被考评者大量的绩效信息。

第三节 绩效辅导

在绩效管理中,每一个管理者要对所在部门和团队的绩效最终负责。从某种意义上说,整个部门或团队的绩效就是该部门或团队管理者的绩效。但是,整个部门和团队的绩效是管理者个人无法完成的,只有充分发挥每个员工的工作积极性与主动性,使每个员工顺利完成各自的绩效目标,整个部门和团队的绩效目标才可能顺利实现。因此,根据所收集到的员工的绩效表现信息,针对员工工作中存在的问题,及时进行有针对性的绩效辅导,帮助其克服实现目标过程中碰到的困难和障碍,顺利实施绩效计划,是管理者在绩效监控阶段的重要工作内容。

一、绩效辅导的含义与作用

(一) 绩效辅导的含义

绩效辅导(performance coaching)指在管理者与员工进行持续的双向沟通的基础上,针对员工绩效计划实施过程中存在的问题与潜在的障碍,管理者采取恰当的领导方式,对员工进行有效的指导与激励,帮助员工顺利实现绩效目标的过程。在绩效监控阶段,管理者不仅要对员工工作进展过程中碰到的困难及时提供帮助与支持,还要前瞻性地预测和发现潜在的问题和障碍,并在其对工作产生影响之前予以解决和消除。

绩效辅导要从以下几个方面进行理解:

(1) 给员工提供及时的指导与帮助是绩效辅导的关键。在绩效管理的四个阶段中,绩效监控阶段是绩效的生成阶段,这一阶段的工作进展是否顺利,直接影响本绩效管理周期的绩效目标能否完成。员工在实施绩效计划的过程中遇到困难与障碍时,管理者要及时提供必要的支持与帮助,确保既定绩效计划的顺利实施。

(2) 促进员工成长与进步是绩效辅导的重要职能。开发是绩效管理系统的基本功能之一,通过绩效辅导促进员工的成长与进步也是绩效监控阶段的主要任务之一。当员工碰到困难或工作中出现差错时,管理者要及时对员工予以指导,告诉员工工作要领,亲自给员工示范,或者与员工一起探讨解决问题的方法,帮助员工提高工作技能。在必要时,还要为员工提供培训机会,使其掌握胜任本岗位工作所需的知识与技能。此外,还要把绩效辅导与员工的职业生涯发展结合起来,着眼于员工的成长与综合素质的提高,帮助员工实现其职业目标。

(3) 绩效辅导要因材施教。在绩效管理过程中,一个管理者所管理的员工可能有几人、十几人甚至几十人,不同的员工在工作经验、知识技能、理解水平等方面可能参差不齐。因此,对不同的员工进行绩效辅导时,管理者需要针对不同员工的具体情况,灵活调整辅导风格。

(4) 绩效监控过程中,及时与员工进行沟通是绩效辅导取得成功的关键。管理者对员工的绩效辅导以对员工工作进展情况的了解为基础,这就要求管理者在绩效监控过程中,通过绩效沟通及时了解员工绩效计划执行情况,根据员工的工作表现,做出正确的辅导决策。对绩效表现不佳的员工,要及时提供帮助,甚至为其提供培训机会;对绩效表现优秀的员工,也要及时进行阶段性的绩效结果反馈,充分肯定其取得的成绩与进步,帮助员工总结工作经验、改进工作方法,以激发其实现更高绩效目标的信心与勇气。

(5) 绩效辅导不仅包括对员工个人的辅导,也包括对团队的辅导。绩效辅导的对象不仅包括员工个人,也包括团队。有些绩效目标需要整个团队的共同努力才能完成,因此,在进行绩效辅导时,管理者需要对团队成员的沟通能力、协作能力、冲突管理能力等团队工作所需的技能以及团队工作方法与流程等进行辅导,从而提高整个团队的工作能力。

(二) 绩效辅导的作用

(1) 绩效辅导是保证绩效计划顺利实施的关键。通过绩效辅导,管理者可以帮助员工及时克服工作中碰到的困难与障碍,顺利实现预定的绩效目标,从而确保绩效计划的顺利实施。

(2) 绩效辅导可以促进员工的成长。促进员工的成长是管理者的职责之一,对员工进行在职指导是促进员工成长的主要途径。通过绩效辅导,员工的知识、技能中的薄弱环节可以及时得到改进,员工的胜任素质不断得到提高。管理者还可以根据工作需要和员工的实际情况,为员工提供培训机会,辅助员工进行职业生涯规划,从而帮助员工取得职业生涯的成功。

(3) 绩效辅导可以改善上下级关系。传统管理中,上下级之间是监督与被监督、控制与被控制的关系,类似于警察与罪犯之间的关系。所谓管理就是上级两眼盯着员工,看其是否犯错误,一旦发现错误就进行严厉惩罚,简单粗暴的"胡萝卜加大棒"是典型的管理手段。因此,上下级之间的关系往往比较紧张,是一种对立的关系。绩效管理过程中上下级之间是绩效伙伴的关系,双方的目标是一致的,都是为了完成绩效计划所设定的绩效目标。通过绩效辅导,上级管理者给员工提供及时的指导,帮助员工顺利完成绩效目标,双方都能从中受益。因此,绩效辅导可以有效改善上下级之间的关系。

二、领导风格与绩效辅导

对员工进行绩效辅导时,由于不同员工知识经验、技能水平不同,工作中所遇到的困难与障碍不同,管理者对其进行辅导时所采取的风格也各不相同,因材施教是绩效辅导的基本原则。究竟选择何种风格对员工进行绩效辅导,可借鉴权变领导理论(contingency theories of leadership)中领导风格选择的依据。

(一)情景领导理论

情景领导理论(situational leadership theory)又叫领导生命周期理论,由美国学者科曼(Korman)首先提出,后经赫塞(Hersey)和布兰查德(Blanchard)进一步发展完善。情景领导理论建立在哈佛大学著名学者阿吉里斯(Argris)的"不成熟—成熟"理论和领导行为四分图基础上。

1. 领导行为

情景领导理论认为领导过程中有两种典型的领导行为:任务行为与关系行为。任务行为指领导者用单向沟通方式向员工下达指令,要求在何时、何地、用什么方法完成所交给的任务。关系行为指领导者用双向沟通的方式指导员工,并考虑员工的福利。任务行为与关系行为是相互独立的,两个维度分别有高有低,从而组合成四种具体的领导风格。

◆ 命令型(高任务、低关系):领导者告诉员工做什么、怎么做,以及在何时、何地做,强调指导性行为。

◆ 推销型(高任务、高关系):领导者既有领导性行为,又有支持性行为。

◆ 参与型(低任务、高关系):领导者主要提供工作支持,与员工交流,共同决策。

◆ 授权型(低任务、低关系):领导者对员工充分授权,指明工作目标与要求,放手让员工独立自主地开展工作,表现出较少的任务行为与关系行为。

2. 权变因素

情景领导理论认为,领导者应根据员工成熟度的不同而表现出不同的领导风格。员工的成熟度是从事某种工作的能力水平和意愿强度。其中,能力是指员工在某一项特定的工作或活动中表现出的知识、经验、技能与才干;意愿是指员工完成某一项特定的工作或活动时表现出的信心、承诺和动机。

员工在每项工作中表现出的能力和意愿的不同组合决定了其成熟度水平。情境领导理论认为,领导者若要对员工实施有效的管理,就必须善于区分和把握员工当下的状态。经过大量的实证研究,赫塞发现,按能力和意愿的高低程度,员工的成熟度有四种不同的水平。

◆ 成熟度水平 1(M1):员工对执行某项工作既无能力又不情愿,他们既不能胜任工作又不能被信任。

◆ 成熟度水平 2(M2):员工虽缺乏能力,但愿意完成必要的工作。他们有积极性,但目前尚缺乏足够的技能。

◆ 成熟度水平 3(M3):员工虽有能力,但不愿意做领导者希望他们做的工作。
◆ 成熟度水平 4(M4):员工既有能力,又愿意做领导希望让他们做的工作。

上述四种水平分别是不成熟、初步成熟、比较成熟和非常成熟。

3. 领导风格的选择

情景领导理论认为,对于成熟度不同的员工,领导者要分别采取不同的领导风格。当员工处于不成熟阶段时,既没有多少工作经验,也没有太强的工作意愿,首要任务是尽快使员工掌握岗位所需的知识与技能,此时宜采取高任务、低关系的命令型领导风格;处于初步成熟阶段的员工,已掌握初步的工作技能,也有了一定的工作意愿,在业务上继续对其进行指导的同时,要改善上下级关系,给员工提供支持与帮助,解决员工的困难,提高其工作满意度,此时宜采取高任务、高关系的推销型领导风格;当员工达到比较成熟的第三阶段时,员工的知识经验已经比较丰富,对本岗位工作的了解甚至比上级还清楚,工作意愿也达到较高水平,这时员工在工作方式、方法方面已不需要上级的指导,领导应主动从台前退居到幕后,为员工的工作提供支持与保障,此时宜采取低任务、高关系的参与型领导风格;当员工的成熟度非常高时,员工的工作经验非常丰富,工作技能已经达到炉火纯青的程度,工作意愿也非常高,已经成为可以独当一面的核心员工,此时宜采取低任务、低关系的授权型领导风格,放手让员工独立自主地完成工作任务。

情景领导理论反映了任务行为、关系行为、员工成熟度三者之间的曲线关系。如图 6-1 所示。

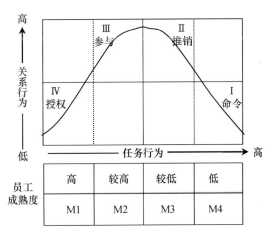

图 6-1 领导生命周期理论曲线

(二) 路径—目标理论

路径—目标理论(path-goal theory)是由加拿大学者埃文斯(Evans)于 1968 年提出的一种权变领导理论,后经其同事豪斯(House)等人进一步扩充、发展。路径—目标理论的主要观点是:领导者应帮助员工认识其目标,为其指出实现目标的路径,并排除实现目标途径中的障碍,增强绩效与报酬之间的关联强度,进而达到满足员工需要,激发员工动机,提高下属满意度和工作绩效的目的。

领导行为能否为员工所接受,就看员工是否认为这些行为能直接或间接满足他们的需要。领导行为对员工产生激励作用的条件是：

(1) 领导为员工设定有心理挑战性的工作目标。

(2) 领导向员工提供实现目标所需的指导、培训与支持。

(3) 员工的报酬跟他们的绩效挂钩。

(4) 员工渴望得到报酬。

总之，领导者应该像教练一样，帮助员工树立适合自己的挑战性目标，找到最佳的实现目标的途径，并帮助员工排除达成目标途径中的障碍。该理论认为，领导行为的有效程度取决于领导者激励员工达成组织目标、满足员工需要的能力。领导行为只有被员工认为能满足其目前和未来的需要时才会被接受。

1. 基本的领导行为

路径—目标理论提出了四种不同的领导行为。

(1) 指示(direction)，让员工明白领导者期望他们做什么，为其拟制详细的工作日程表，建立衡量绩效的明确指标，对员工如何完成任务给予具体指示。

(2) 支持(supportive)，领导者很友好，平等对待员工，关心员工的需求。

(3) 参与(participative)，征询员工意见，并在决策时予以考虑。

(4) 成就导向(achievement-oriented)，为员工设置挑战性目标，并信任他们能够达成这一目标。

2. 权变因素

豪斯认为，选择领导风格时要考虑以下两类权变因素：

(1) 员工特征，主要是他们的技术能力和基本需要倾向(是重成就还是重友谊等)。

(2) 工作环境特征，包括任务性质、职权大小、工作群体特征、组织环境等。

3. 有效的领导风格的选择

(1) 当员工面临结构模糊的任务或较大的工作压力时，员工需要领导提供具体的工作方法和建议，这时指示型领导风格会带来更高的员工满意度。

(2) 当员工从事的是结构化的工作任务时，工作中已有明确的必须遵循的步骤与程序，员工不需要领导对工作方法加以指导，这时支持型领导会带来比较高的绩效和满意度。

(3) 对于能力强或经验丰富的员工来说，已经完全清楚工作的具体方法与步骤，以及工作中的技巧和需要注意的问题，不希望别人对工作细节干涉过多，这时指示型领导容易引起员工的逆反情绪。

(4) 当组织的正式权利系统逐步完善，领导者应采取更多的支持型领导行为，减少指示型领导行为。

(5) 当工作群体内部有激烈冲突时，领导者不能回避矛盾，必须给出明确具体的解决方案，指示型领导会带来较高的员工满意度。

(6) 内控型员工更愿意接受参与型领导。

(7) 外控型员工对指示型领导更满意。

(8) 当任务结构不清晰时，成就导向型领导会提高员工的期望水平，使他们坚信努力必然会带来高的工作绩效。

由以上领导理论可知,当员工的知识经验、成熟度、控制点等特征以及工作结构化程度、组织权利系统特征等环境因素不同时,最佳的领导风格也是不同的。在对员工进行辅导时,需要根据员工特征和工作环境特征,在指示型、参与型、支持型、成就导向型等各种领导风格中做出恰当选择,通过绩效辅导弥补环境与员工的不足,才能顺利实现绩效目标。

三、绩效辅导的实施

在绩效监控阶段,管理者与员工之间需要进行双向、持续、开放的沟通,绩效沟通贯穿绩效监控的全过程,但绩效辅导并非伴随绩效监控的全过程,只发生在特定的时间。一般来说,管理者对员工的绩效辅导分为两种情况:一是当员工的工作遇到自己难以克服的困难或者员工的工作行为偏离组织目标时,上级管理者要及时干预,为员工提供工作指导及资源支持,或对员工的工作行为及时进行调控,帮助员工顺利实现绩效目标;二是通过绩效沟通,发现员工出色完成工作目标并具有较大发展潜力时,也需要对这些员工进行辅导,帮助他们及时总结经验,并为他们拟定未来的发展目标,提出进一步学习与提高的建议,必要时给其提供一定的培训机会,促进这类员工进一步发展,为组织培养后备人才。

(一)绩效辅导时机的选择

为了对员工进行及时、有效的辅导和帮助,同时又不对员工的正常工作造成干扰,辅导时机的选择至关重要。一般来说,以下时间是对员工进行辅导的有利时机:

(1)当员工正在学习新知识、新技能时及时对其掌握情况进行检查,发现问题后,及时加以指导与帮助。

(2)当员工正在从事一项重要任务但工作方式、方法并不是最有效的方法,采取其他方式、方法能更有效地完成任务时,管理者要及时向员工推荐这种方式和方法。

(3)当员工被安排参与一项重要的项目时,如果完成该项目需要掌握新的知识与技能,管理者就要提前对其进行辅导。

(4)当员工未能按照标准完成任务时,管理者要跟员工一起分析问题的成因,弄清楚这一结果究竟是客观原因还是主观原因造成的,在此基础上制定切实可行的改进措施。

(5)当员工分不清工作重点和轻重缓急时,管理者应该与员工一起回顾绩效计划书,根据各项绩效目标的权重与完成时限,指导员工优先完成既重要又急迫的工作任务。

(6)当员工刚结束培训时,管理者应让员工汇报学习心得与体会,必要时让其在部门内与大家分享学习成果。这样一方面可以使员工进一步巩固培训学习的内容,另一方面还可以对其所掌握的知识技能的薄弱环节及时进行辅导,以提高培训效果。

(7)当员工在现有工作岗位上表现优秀并具备一定发展潜力,被公司列为后备人才梯队,面临新的职业发展机会时,管理者要把其列为重点辅导对象,帮助员工掌握胜任更重要职位应具备的知识与技能,促进员工的职业发展。

(二)绩效辅导方式的选择

绩效辅导分为指示型、演示型、体验型、探索型四种不同方式(见图6-2),从左向右逐渐由以指导者为中心转变到以学习者为中心。

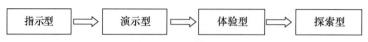

图 6-2　绩效辅导方式

第一种辅导方式是指示型。管理者在绩效辅导时直接告诉员工应该如何做、应注意哪些问题，只要员工按照指示去做就能把工作做好。这种管理者往往具有某一方面的专长，并希望通过向员工传授这些专长使其能够完成一项具体工作。传统师徒制中师傅带徒弟就常常采取这种方式，师傅掌握着某种祖传秘方或操作技艺，通过言传身教使徒弟也掌握这种秘方或技艺。在进行绩效辅导时，如果员工从事的是可以用多种方法去做但存在最佳方法或有明确的操作标准的工作，以及工作中需要传授基本知识、说明注意事项等，指示型辅导方式就特别适合。

第二种辅导方式是演示型。管理者通过亲自操作与演示，向员工直观地展示某种操作方法与技巧，然后让员工通过模仿和反复练习掌握工作所需的技能。这种管理者往往具有丰富的实际操作经验，掌握某种操作技巧，他们凭自身的经验向员工传授完成某项工作必需的知识与技能，员工通过观察和模仿进行学习。在指导过程中，辅导者不断对学习者的不恰当动作进行纠正，对正确动作及时进行强化与巩固，通过反复训练，最终使学习者领会和掌握这种技能与技巧。在考取驾照的学习过程中，教练对学员的指导基本属于这种类型。在某些操作岗位上，有时懂并不等于会，对那些需要把知识应用于实践的岗位，演示型是一种最佳的辅导方式。

第三种辅导方式是体验型。当辅导的目的并不是使员工掌握新的知识技能或改变错误的操作方式，而是使其形成新的观念或改变心智模式时，指示、命令、说教或演示等辅导方式将难以发挥作用，这时需要采取体验型辅导方式。通过切身体验，才能使学习者改变固有的观念或思维方式，各种体验式训练（如户外拓展训练）是当前常见的一种培训方式。例如，扛圆木训练是美国海军陆战队首创的训练新兵的项目，七个人一起扛起一根圆木，这时只要有一个人偷懒或支撑不住，其他六个人肩上的压力就会增加，很容易导致训练失败、成绩下降。有的训练是在水里进行的，大家一起举起圆木才能露出水面，所以新兵们必须学会互相合作、默契配合、步调一致。这种体验式训练既能锻炼新兵们的体能，又能培养团队精神和协作意识，提高团队的凝聚力。在对员工进行团队合作、共情意识、沟通技能等项目的培训时，体验型是最佳的辅导方式，管理者事先精心设计相关的情景与流程，让员工扮演相关角色并亲身体验，实际效果远远好于简单的说教。

第四种辅导方式是探索型，这是以学习者为主的学习方式。管理者相信每个人都有潜力，他们为员工提供各种迎接挑战、施展才华的机会，让他们主动探索解决问题的方法，而不是直接告诉员工如何做，管理者通过观察、倾听与提问，对员工进行启发与点拨，着重培养员工自主分析问题和解决问题的能力。这种辅导方式在一个问题存在多种解决方案或工作中需要当事人创造性地解决问题时非常有效。

管理者究竟采取何种方式对员工进行辅导，既要看员工所从事工作的性质、环境条件、所面临的问题，也要考虑员工本身的具体情况，进而采取不同的方式对员工进行辅导。

❏ 重点与思考题

1. 绩效监控阶段,管理者的主要任务是什么?
2. 绩效监控的内容有哪些?
3. 绩效监控中有哪些误区?
4. 绩效沟通的作用是什么?
5. 绩效监控中绩效沟通的方式有哪些?各有什么优缺点?
6. 绩效监控中为什么要收集和记录员工的绩效信息?收集绩效信息的方法有哪些?
7. 什么是绩效辅导?绩效辅导在绩效管理中发挥什么作用?
8. 绩效辅导的方式有哪些?分别适合什么情况?

21世纪经济与管理规划教材
工商管理系列

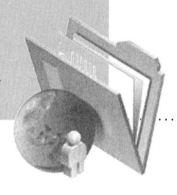

第七章

绩效考评

绩效考评是绩效管理的核心环节,尽管这一环节占用的时间并不长,但是绩效考评结果事关每一个被考评者的切身利益,考评结果的公平性与准确性影响到绩效管理的成败。绩效考评涉及谁来考评、考评什么、多长时间考评一次、如何考评、考评结果如何应用等关键问题,每一方面都会对被考评者的工作行为产生极大的导向作用,本章针对其中的某些问题进行详细讨论。

第一节 绩效考评概述

一、绩效考评的含义与作用

（一）绩效考评的含义

绩效考评(performance appraisal)指考评主体按照既定的绩效考评标准,采用一定的考评程序,对被考评者完成的工作任务与工作职责履行情况进行考核与评价,并将考评结果反馈给被考评者的过程。

（二）绩效考评的作用

绩效管理在人力资源管理中处于核心地位,而绩效考评又是绩效管理的核心。绩效管理中的关键信息都是通过绩效考评得到的,绩效考评结果是进行人力资源决策的重要依据。具体来说,绩效考评在人力资源管理中的作用体现在五个方面。

（1）绩效考评结果是人事决策的重要依据。人岗匹配、适才适用,把最合适的人放在最合适的岗位上,是现代人力资源管理的核心工作目标。通过绩效考评可以对员工与岗位的匹配度进行分析,真正做到能者上、庸者下、平者让。

（2）公正客观的绩效考评有利于对员工进行有效激励。有功则赏、有过责罚,赏罚严明是确保管理公平的基本要求。根据绩效考评结果进行奖惩能保证奖酬分配的公平性,使员工心服口服,对调动员工的工作积极性具有重大意义。除根据绩效考评结果分配奖酬,对员工起到物质激励作用外,客观公正地评价每一个人对组织的贡献,并对每一个人取得的成绩与进步及时进行反馈,也能使员工获得成就感与价值感,对员工起到精神激励的作用。

（3）绩效考评有利于提高培训工作质量。培训开发是现代人力资源管理的一项重要职能,这项工作对于促进企业发展与员工个人发展都具有重要意义。绩效考评结果可应用于培训需求分析,确定哪些人最需要培训,这些人最需要接受哪些方面的培训,从而拟订科学的培训计划,提高培训的针对性与有效性。此外,培训的效果如何,也要通过绩效考评来判定,从而发现当前培训中存在的问题,并及时加以改进。

（4）绩效考评有利于促进员工的职业发展。绩效考评结果可用于对员工的知识、技能、综合素质等状况进行诊断与分析,发现当前的短板,并预测其未来的发展潜力以及员工在哪一职业领域最有可能取得成功,在此基础上进行职业发展规划,有助于员工的职业发展。

（5）绩效考评有助于组织规避潜在的法律风险。随着《中华人民共和国劳动合同法》出台，员工的合法权益进一步得到保护，涉及员工利益的决策必须有充分的决策依据。比如组织与员工解除劳动合同时，必须有充分的依据证明其不能胜任工作要求，并且在组织提供培训机会或调整岗位后，其工作绩效依然不能达到所在岗位的绩效标准。解除劳动合同时，如果没有绩效考评结果作为依据，一旦被解雇者提起法律诉讼，组织就可能面临较大的风险。

二、绩效考评的原则

绩效考评涉及每一个员工的切身利益，是一项牵一发而动全局的工作。在很多情况下，这是一项不得不做又很难让所有人都满意的工作。为了获得绝大多数员工的支持，保证绩效考评工作的顺利开展，绩效考评要遵循以下原则：

（1）民主性与公开性原则。在制定绩效考评指标与标准时，要听取员工的意见，在条件允许的情况下，尽可能使员工代表参与考评指标与标准的制定。考评前，要向全体被考评者公布考评的指标、标准、方法与程序，让被考评者了解考评的相关事宜，使考评过程公开透明。一旦上下级之间对考评结果产生不同意见，就要在第一时间通过双方的沟通解决分歧。如果分歧不能通过沟通解决，那么要给被考评者申诉的机会和权利，绩效管理办公室组织相关专家对申诉的问题进行调查和处理，并及时公布调查与处理结果。整个绩效考评过程公开透明，避免暗箱操作，这样才能使员工对考评工作产生信任感，从而提高对绩效考评工作的理解和接受程度。

（2）客观性原则。对被考评者的绩效要以事实为依据进行考核与评价，考评指标应定量化或行为化，即考核的应当是可以直接度量的工作结果和具体的行为表现，尽量避免主观评价和个人情感因素的干扰，以保证考评结果的客观性与准确性。

（3）及时反馈原则。考评结束后考评结果应及时反馈给被考评者，肯定员工取得的成绩与进步，同时指出其当前工作中存在的问题与不足，并制定下一步的绩效改进措施。

（4）常规性原则。绩效考评必然会对员工的绩效做出区分，绩效考评结果不佳者往往会产生不满情绪。因此，有些管理者认为绩效考评是一件得罪人的事，往往对考评工作有畏难与抵触情绪。但是，绩效考评是管理者常规性管理工作的重要组成部分，只有通过考评才能及时发现员工工作中存在的问题，从而制定相应的改进措施，帮助员工提高绩效，任何一个管理者都不能回避绩效考评工作。

（5）差别性原则。考评的指标与标准应充分反映被考评者的实际工作内容，要根据被考评者的岗位职责和所承担的绩效任务确定考评的指标与标准。由于不同岗位的工作职责不同，所承担的绩效任务也不同，因此对不同岗位的考评指标应有所差别，用一张考评表考评所有岗位是不合适的。

（6）发展性原则。绩效考评的目的并不是把员工按照绩效高低分成三六九等，也不是根据绩效考评结果对员工进行奖励或惩罚，绩效考评的最终目的是促进员工的成长与进步，提高其未来的绩效。

（7）全面考评和重点考评相结合原则。绩效考评指标应包括被考评者工作绩效的主要方面,既不能出现指标的缺失,也不能出现指标的污染,还要根据被考评者的实际工作情况对不同指标赋予适当的权重,突出工作重点,以对被考评者的工作行为进行正确的引导。

(8) 可控性原则。考评指标应是被考评者能够控制的因素,才能充分体现被考评者的实际绩效表现,被考评者无法控制的内容不能作为绩效考评的指标。

(9) 稳定性与可变性相结合原则。绩效考评指标是一根指挥棒,对被考评者的行为产生巨大的影响作用。所以,绩效考评指标一经确定就必须保持一定的稳定性,不能朝令夕改,否则会对正常工作秩序造成较大干扰,使被考评者无所适从。但是,这种稳定性并不是绝对的,绩效考评是为实现组织战略目标服务的,当组织内外环境条件发生重大变化后,组织的战略往往要进行一定的调整,这时绩效考评指标也必须做出相应的调整。

三、绩效考评的程序

绩效考评是一项复杂的系统工作,这一般分为四个阶段(见图7-1):准备阶段、实施阶段、反馈阶段与应用阶段。

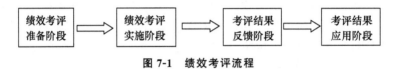

图 7-1 绩效考评流程

(一) 绩效考评准备阶段

绩效考评是一项涉及每一个员工切身利益的复杂工作,考评前必须做好充分的准备,以保证考评过程的规范和考评结果的客观、准确、公平公正。具体来说,要做好以下几个方面的工作:

(1) 制订绩效考评计划,公布绩效考评的信息,向全体员工宣传绩效考评的目的和意义,使他们正确认识绩效考评,克服抵触情绪,做好绩效考评的思想准备和工作准备,积极参与绩效考评活动。

(2) 制定绩效考评的标准。为保证考评结果的客观与公正,使被考评者心服口服,在绩效考评正式开始前,必须制定绩效考评的标准和程序,使绩效考评工作严格按既定的标准和程序进行,以避免主观偏差。考绩标准的制定必须以职务分析所确定的工作内容和职务规范为依据,并征求各方面员工,特别是被考评者的意见,以便使相关员工就考评标准达成共识,保证考评活动的顺利进行。

(3) 对考评者进行培训。为保证考评结果的准确、客观与公正,考评前还必须对考评者进行培训,使他们认识到自己的工作与报酬、晋升和职业发展机会的关系,以及考评结果的可靠性、有效性对整个组织的管理工作所具有的重要意义,提高考评者对绩效考评的重视程度和熟悉程度。通过培训,还可以提前发现考评者在考评过程中可能发生的错误,并采取有针对性的措施加以预防。

(二) 绩效考评实施阶段

根据既定的考评程序,由经过培训的考评人员对被考评者的工作绩效与既定的绩效考评标准相对照,对被考评者的工作绩效进行考核和评价。在绩效考评过程中,一般先考评基层员工的工作绩效,然后考评中层管理者,最后考评高层管理者,形成由下而上的考评过程。

（三）考评结果反馈阶段

向被考评者反馈考评结果,要对绩效考评结果突出的员工所取得的成绩表示祝贺,并鼓励他们继续努力,争取下一步取得更加优异的绩效,除此以外,还要分析他们的优势与发展潜力,为其职业生涯规划的制订提供指导与建议;但是,那些考评结果不佳员工的工作往往也不是一无是处,要充分肯定他们取得的成绩与进步,同时指出存在的不足与问题,与其一起对绩效结果进行诊断,分析绩效不佳的具体原因,并帮助员工制订下一步的绩效改进计划。

（四）考评结果应用阶段

将绩效考评结果应用于随后的人力资源管理决策,如奖金发放、岗位调整、培训开发以及职业生涯管理,只有把绩效考评结果与每一个员工的切身利益联系起来,才能使绩效管理得到员工应有的重视。需要注意的是,在将绩效考评结果应用于人力资源管理决策时,不同绩效信息的应用领域是不同的。例如,当把考评结果用于为奖金发放提供依据时,主要看工作目标完成情况,论功行赏;当把考评结果用于培训与岗位调整决策时,主要看工作过程中员工的行为表现及其反映出来的能力与素质。有些情况下的人力资源决策不一定看综合评分高低,而由某个方面的单项素质决定,如"诚信"对会计人员就是决定性指标,如果被考评者不够诚信,即使其他指标再好,也不适合从事这类职位。

四、绩效考评体系的构成要素

从测量学的角度看,绩效考评就是对被考评者绩效的测量。绩效考评体系由考评主体、考评客体、考评内容、考评方法、考评周期和考评结果应用等要素构成。

(1) 考评主体。考评主体就是对他人绩效进行考评的人,即考评者。一般来说,最常见的考评者就是被考评者的直接上级,但在现代绩效考评中,其他考评者也是重要的考评主体,如被考评者的同事、下级、客户甚至被考评者自己。不同的考评主体在绩效考评中发挥着不同的作用,分别适用于不同方面绩效的考核与评价。

(2) 考评客体。考评客体指的是考评谁,即考评对象。一般来说,被考评者往往指的是员工,但现代绩效管理中,除了对员工的绩效进行考评,组织绩效、部门（团队）绩效也需要进行考评,因此考评客体包括组织、部门（团队）和员工三个层次。

(3) 考评内容。考评内容指的是考评什么。考评内容与绩效内容是相一致的,绩效包括结果绩效与行为绩效两个方面,因此在进行绩效考评时,既要对被考评者的工作目标完成情况进行考核,也要对其在完成目标过程中的行为表现进行评价。

(4) 考评方法。绩效考评的主要方法有相对评价法与绝对评价法。相对评价法指绩效考评时没有客观的评价标准,需要互相比较不同被考评者的绩效,从而把所有被考评者按绩效高低排序;绝对考评法指事先设计好客观的考评指标与考评标准,用统一的指标与标准对从事同样工作的员工进行考评。

(5) 考评周期。考评周期指间隔多长时间进行一次绩效考评。考评周期需要根据被考评者的职位层级、所从事的岗位工作性质确定。一般来说，被考评者的职位层级越高，考评周期越长。对生产、销售等部门或岗位来说，其绩效显现的周期较短，因此，考评周期往往也较短。研发部门及岗位的考评周期一般较长，要与研发项目的周期相一致。在绩效管理中，绩效考评周期往往还需要与奖金发放周期相一致。此外，绩效考评周期与绩效管理系统引入的时间也有关系，当组织刚刚引入绩效管理系统时，为及时发现系统运行中存在的问题，考评周期一般较短；当系统运行稳定后，为减少管理成本，考评周期往往较长。

(6) 考评结果应用。绩效考评结果只有应用到随后的薪资调整、奖金发放、岗位调整、培训开发等人力资源管理决策，把绩效考评结果与每一个员工的切身利益挂钩，才能把绩效管理落到实处。

第二节　绩效考评主体的选择与培训

一、选择绩效考评主体的基本原则

绩效考评主体是对被考评者的绩效进行考核与评价的人。在选择绩效考评者时，要注意考评主体与考评内容的匹配性，一般来说，合格的绩效考评主体要满足以下三个标准：

(1) 考评者应对被考评的部门或职位的工作职责、工作内容比较了解，清楚被考评者的绩效标准。

(2) 考评者应对被考评者的工作产出及具体工作行为表现比较熟悉，最好有近距离观察其工作表现的机会。

(3) 考评者必须具备较高的品德修养和职业素质，为人正直、诚实守信、处事公正，不会把个人情绪带到绩效考评中。

二、不同考评主体的比较

(一) 上级考评

1. 上级考评的优点

由直接上级对下级进行绩效考评，是大多数考评普遍采用的方法。由上级进行考评的优点有以下几个方面：

(1) 上级对被考评的岗位和人员非常熟悉。员工的直接上级熟悉被考评岗位的基本工作职责和绩效标准，同时对员工的工作表现有全面的了解，他们了解被考评者的优点、缺点和发展潜力等方面的信息，并能从组织目标的角度评价员工的工作绩效。

(2) 上级对下级负有管理的责任，由上级对下级进行绩效考评，可以把绩效考评与日常管理结合起来，把考评结果用于员工的工作任务分配与奖惩兑现，有利于维护上级领导的权威，当被考评下级的工作被移交给其他人时，上级的权威就可能遭受削弱。

(3) 上级对下级进行考评，可以把绩效考评结果与对员工的指导与培养更好地结合起来，上级可以结合日常管理对下级进行更好的指导与帮助，必要时给下级提供适当的培训机会，以实现绩效管理的开发目的。

2. 上级考评的缺点

上级对下级进行考评的缺点有以下几点：

（1）上下级之间存在权利、地位的不平等，上级掌握着对下级的奖惩权，上级对下级的考评往往会给下级造成较大的心理压力，不利于构建融洽的上下级关系。

（2）绩效考评本应是一个双向沟通过程，但是在上级面前，员工即使有不同意见，由于存在种种心理顾虑，也可能不敢如实表达，从而使得绩效考评沦为单向沟通过程。

（3）根据领导—成员交换（leader-member exchange，LMX）理论，上级会自觉不自觉地把下级分为圈内的自己人与圈外的非自己人，从而对隶属于不同圈子的下级施以不同的管理措施。在进行绩效考评时，如果上级管理者存在个人偏见，不能保证绩效考评的客观性与公正性，就会挫伤下级的积极性。

综上，上级考评既有优点也有缺点，当前很多组织在进行绩效考评时，除了将上级作为考评者，还引入其他方面的考评主体；同时，上级的考评结果要经间接上级进行审核，防止绩效考评中出现严重偏差。

（二）员工自我评价

自我评价即员工个人对自己的绩效进行评价。自我评价是员工参与管理的一种重要方式，可以有效提高员工对绩效考评系统的理解与接受程度，是当前很多组织普遍采用的一种考评方式。

1. 自我评价的优点

（1）自我评价是最轻松的一种考评方式，员工没有心理压力，能够如实地表达自己的观点，可以提高员工对绩效考评系统的满意度。

（2）自我评价有利于员工形成工作总结的习惯，提高员工的自我意识，使员工更好地认识自己的优点和不足，反思并主动改正自己工作中存在的问题，提高员工的自我管理能力。

（3）自我评价有利于识别员工的培训和发展需求，从而为员工提供有针对性的培训。

（4）自我评价有助于促进上下级之间的沟通，如果员工自我评价结果与上级考评结果不一致，上级可以与员工进一步沟通，给员工提出建设性的建议。

2. 自我评价的缺点及应注意的问题

自我评价存在的主要问题是员工倾向于高估自己的绩效。

员工在进行自我绩效评价时，应注意以下几点。

（1）对客观地进行自我评价的员工进行激励，同时告诉员工其自我评价结果要和其他人的考评结果相比较，一旦发现明显高估就会被扣除相应分数。

（2）让员工按照一个相对标准（如平均以下、平均、平均以上）进行评价，而不是让员工按照绝对标准（如优秀、差）进行评价。

（3）要求员工对很高与很低的评价结果给出相应的评价依据。

（4）自我评价结果一般应用于员工的培训开发而非奖惩，这样就能促使员工对自己的绩效进行如实、客观的评价。

（三）同事评价

1. 同事评价的必要性

同事评价指让工作上有关系的同事参与对相关人员的绩效评价。虽然上级考评和员工自我评价很有价值，但是一些公司还是增加了同事这一重要的评价者，因为同事和上级是从不同的角度看待同一个人的绩效的。通常情况下，上级掌握着更多的员工绩效结果方面的信息，而同事则经常从不同的视角观察被考评者的工作表现，因为同一个员工在上级面前的表现与在同事面前的表现往往不一样，因此同事评价能得到更多真实的信息。

2. 同事评价的优点

（1）同事之间对彼此的工作表现非常了解，掌握的信息更准确。

（2）同事评价能使员工之间相互监督，那些意识到同事将会评价他们工作的员工，工作中会表现出更高的积极性和工作效率。

（3）同事的评价结果包括多人的观点，不以某一个人的意见为准，所以说服力比较强，容易为被考评者接受。

3. 同事评价的局限性

（1）同事评价结果容易受人际关系的影响。组织中存在的小圈子很容易对同事评价结果造成影响，导致关系比较好的人互相抬高评价分数，或者出现对受排挤者打击报复的现象。

（2）由于同事之间存在竞争关系，同事相互评价时，可能会出现通过压低别人的评价分数而变相抬高自己评价分数的现象，导致评价结果严重失真。

（3）同事互评一旦被滥用，将使绩效考评失去意义。有的公司没有真正理解同事互评的条件与作用，让没有任何工作关系而只是在同一个部门或同一个单位一起工作的员工相互打分，这种评价结果严重失真，导致绩效评价变成有关人际关系的考量，对于改进被考评者的工作绩效没有任何建设性作用。

4. 同事互评的适用范围

同事互评作为一种重要的绩效评价方式，要发挥应有的作用，就必须明确这种方法的适用范围。一般来说，这种方法适用于以下情景：

（1）进行内部客户关系分析，让有工作关系的内部客户参与对相关人员的绩效评价，而不是在部门内让所有人简单地互相评价。

（2）如果员工从事的是团队工作，那么每一个团队成员的实际贡献大小及其在工作过程中表现出的沟通能力、协作能力、工作主动性、敬业精神等，可以由同事进行评价。

（3）当同事评价结果主要用于培训开发，与工资调整和职位晋升没有直接关系时，同事互评的效果更好。

（四）下级评价

下级评价指在绩效考评时，除了上级对下级的考核评价，还有下级对上级管理者的评价，这也是当前很多组织进行绩效评价时常用的一种方法。

1. 下级评价的优点

（1）下级评价能帮助上级发现自己管理工作中存在的问题，有助于上级提高自己的领导与管理水平。对于上级管理者在工作中的信息沟通、工作分配、资源配置、协调员工关系、解决矛盾冲突、团队建设、公平管理、指导并培养员工等方面的表现，管理者的上级不一定能观察到，甚至管理者自己未必能意识到这些方面存在的问题，只有下级能获得最直观的信息，因此这些方面的绩效由下级进行评价最合适。

（2）下级评价能实现管理中的权利制衡。从系统论的视角看，系统各组成要素的相互制衡可以有效防止系统运行出现偏差，使系统在正确的轨道上运行。如果上级管理者在工作中存在以权谋私、任人唯亲、打击报复等行为，就会从下级评价中反映出来，从而对上级权利滥用产生有效的制衡作用。

2. 下级评价的缺点

（1）下级在对上级进行评价时，可能心存顾虑，不敢实事求是地进行评价，这样就失去了下级评价的意义。

（2）由于存在信息不对称，下级对上级的工作可能了解不全面，容易产生片面看法。

（3）下级可能从自身利益而非工作出发对上级进行评价，上级的严格要求可能招致下级的不满，评价时下级故意压低评价分数进行报复，导致上级管理者在工作中缩首缩尾、投鼠忌器。

3. 下级评价上级时应注意的问题

绩效管理中要使下级对上级的评价真正发挥应有的作用，应注意以下几点：

（1）下级评价上级一定要通过匿名的方式进行，综合评价结果由人力资源部或间接上级统一反馈给被评价者，不能让被评价者直接接触原始评价资料，以消除下级评价时的心理顾虑。

（2）严格限制下级评价的内容，管理绩效适合由下级评价，而任务绩效与周边绩效不宜由下级评价。

（3）下级评价时对下级人数有一定要求，如果一个上级所管理的下级人数较少，那么让下级对上级进行评价也难以得到客观的评价结果。

（五）客户评价

对于那些与客户打交道的服务性岗位来说，客户的评价也很重要。由于服务所具有的独特性质，即产品的生产和消费常常是在同一时间点发生的，无论上级、同事还是下级都没有机会去观察被评价者的行为表现，这时作为唯一的服务体验者，客户就成为最合适的评价者。对服务部门或岗位进行绩效评价时，可以邀请公司的一些客户作为评价者，评价结果可在人力资源决策和员工个体发展等方面起到积极的作用。

但是，由于客户并没有充分了解组织文化、组织目标及职务性质，其评价结果可能是不全面的。在由客户进行评价时，可以采取以下措施提高客户评价的效果。

（1）应从公司客户资源库中随机挑选一定数量的客户作为评价者，对相关人员的服务行为进行评价。

（2）客户应当对员工比较熟悉，并对其工作行为有较详细的观察。

（3）为了保证客户评价的真实性，在选择客户评价者时，应向其承诺评价的保密性。

（六）外部专家评价

在进行绩效考评时，组织有时会邀请一些外部专家对组织内有关人员进行绩效评价。

1. 外部专家评价的优点

（1）外部专家拥有考评方面的专业技术、经验，具有深厚的理论修养。

（2）外部专家与公司员工不存在利益关系，比较容易做出客观的评价，其评价结果容易为被评价者接受。

2. 外部专家评价的缺点

（1）聘请外部专家进行评价往往成本较高。

（2）外部专家对组织文化、被评价者的工作表现了解有限，评价时必须有内部人员予以协助。

三、考评者培训

（一）考评者培训的意义

为了使考评者了解绩效考评的目的与意义，掌握绩效考评的方法与技术，能够公平合理地进行绩效考评，在实施绩效考评之前，企业必须对考评者进行培训。考评者培训的意义体现在以下几个方面：

（1）考评者培训有利于提高考评者的责任感。考评者培训有利于考评者了解绩效考评的目的、作用和原则，了解考评工作对组织、对他人的影响，意识到自己在绩效考评中肩负的责任，提高对绩效考评工作重要性的认识。

（2）考评者培训有利于考评者掌握考评的方法与技巧。通过培训使考评者深入理解考评制度，了解各岗位绩效考评的内容与标准，使用统一的评价标准对担任同一职位的人进行评价，可以有效地避免考评标准不明确带来的误差，提高评价结果的准确性。

（3）考评者培训有利于减少考评过程中的心理偏差。通过培训，可以使考评者了解考评过程中可能出现的各种心理偏差的表现及其产生的原因，如晕轮效应、近因效应、对比效应、评分趋势等，帮助其掌握克服这些心理偏差的技巧。

（4）对处于管理岗位的考评者的培训，还应包括绩效信息收集与绩效反馈技能的培训，可以使他们掌握绩效信息收集和绩效反馈的方法与技巧，提高绩效评价的准确性和绩效反馈的有效性。

（二）考评者培训的内容

考评者培训的内容一般包括绩效考评的意义、一般原理、方法与技巧等方面。

（1）绩效考评重要性的培训。考评者对考评工作不够重视，是造成考评误差的重要原因。有些考评者认为考评工作不在自身工作范围之内，或者怀疑考评结果是否有用，因而采取一种应付的态度。因此，要通过培训使考评者认识到绩效考评的目的、意义，以及考评结果对于组织发展与被考评者切身利益、未来发展的关系，提高考评者的责任心。

（2）考评指标及考评标准的培训。在绩效考评中，考评者对考评指标与考评标准的理解直接影响到考评结果，如果不同考评者对绩效指标与考评标准理解不同，那么考评结果必然会产生较大偏差，导致考评信度偏低。因此，必须通过考评者培训，向考评者准确解释每个考评指标及考评标准的具体含义,讲解时可以利用一些案例加以说明,还可以进行适当的模拟考评练习,以增强直观性,加深考评者的理解。

(3) 收集与分析绩效信息的方法与技巧培训。在进行绩效考评时,考评者总是依据自己已掌握的绩效信息对各个绩效指标进行评价,如果考评者对被考评者的绩效表现缺乏了解,就必然使考评结果失真。因此,应通过培训,让考评者留意被考评者的日常工作表现,及时收集和记录绩效信息。通过系统讲解与模拟练习,使考评者学会通过观察来收集和记录被考评者的关键行为,以及向有关部门与人员调查了解被考评者的工作表现信息,掌握对这些信息进行概括分析、得出结论的技巧。

(4) 考评误差和规避措施的培训。通过举例说明绩效考评中常见的知觉误差,如近因效应、晕轮效应、对比效应、评分趋势等,分析这些误差形成的原因,制定减少这些误差对考评结果影响的具体措施。

(5) 绩效反馈面谈技巧的培训。管理者既是下属绩效考评的主要责任人,还肩负着向下属进行绩效反馈、制订绩效改进计划的重要责任。能否通过绩效反馈面谈对下属取得的成绩进行肯定、对存在的问题进行提醒,会影响到下属能否获得成就感、价值感以及下一步的绩效改进。因此,要对管理者进行绩效反馈面谈技巧的培训。

(三) 考评者培训的方法

(1) 课堂讲授法。课堂讲授法是通过教师培训系统向考评者介绍与绩效管理有关的知识、经验、方法与技术。绩效管理的目的与作用,绩效考评的原理、方法、流程,公司的绩效管理制度,绩效考评的方法与技巧,绩效考评中常见的误差,以及减少误差的预防措施等知识性内容,特别适合采用课堂讲授法进行培训。

(2) 角色扮演法。角色扮演法是让考评者扮演特定的角色,如以考评者的角色直接参与绩效考评活动,亲自体验考评的具体操作,掌握考评的方法与技巧。培训过程中首先让考评者观看一段反映被考评者工作情景的一段视频,或者阅读一段与被考评者工作相关的文字材料,接下来让其作为评价者对案例中的被考评者的工作表现进行评价,然后让每个人报告自己的评分结果,并说明自己给出这一评分的原因,最后大家一起分析每个考评者的评价结果有没有出现偏差、是哪一种偏差以及这种偏差是如何产生的、怎样才能有效预防。角色扮演法可以使考评者身临其境,增加亲历感,特别适用于绩效考评的方法、技能、技巧的培训。

(3) 案例讨论法。案例讨论法以企业绩效考评的真实案例作为培训材料,让考评者通过阅读案例材料,了解案例企业的背景(如战略目标、组织结构、绩效考评制度、工作过程中发生的关键事件、管理者对员工的绩效考评结果、考评结果的应用,以及因绩效考评而发生的矛盾与冲突),让考评者讨论案例企业绩效考评中存在的问题,对问题的成因进行分析,并提出改进企业绩效考评工作的建议。

(四) 考评者培训的时间

什么时候对考评者进行培训比较合适呢?一般来说,以下四个时间点是进行考评者培训的最佳时机。

(1) 管理者刚刚上任的时候。当员工被提拔到管理岗位后,其角色与身份发生了重大变化，由战斗员变成了指挥员，他必须在最短的时间内掌握管理工作的方法与技能，对下属的绩效考评就是需要熟悉的工作之一，需要参加绩效考评方面的培训。

（2）公司进行绩效考评前。很多公司经常在绩效考评前对管理者进行考评方法与技能的培训。因为大家平时都忙于各自的工作，很难抽出专门时间进行绩效考评方面的培训，即使培训也由于暂时还不进行考评，以至于培训往往难以引起大家的重视，效果并不好。在进行绩效考评前，进行针对本次绩效考评的程序与方法、考评指标与评价标准、考评时应注意的事项等内容的培训，能够引起考评者的重视，培训效果较好。

（3）公司修改绩效考评制度。绩效考评系统既具有稳定性，又具有可变性，当组织面临的内外环境发生较大变化后，组织战略往往要进行调整，为组织战略服务的绩效管理体系也要随之进行调整。当绩效考评的指标、评价标准、考评结果应用等绩效考评制度做出较大修订后，如果管理者不了解这些变化，就必然会影响绩效考评工作的顺利进行，进而影响到每一个员工的绩效评价结果与绩效改进，此时对管理者进行培训的必要性是显而易见的。

（4）在对管理者进行一般管理知识技能培训的同时，还应进行绩效考评方法与技能的培训。在知识经济时代，管理者的知识也需要不断更新，对管理者进行常规性的管理知识与技能培训，不断提高管理者的综合素质与管理能力，成为很多公司培训工作的重要内容。管理工作内容之一就是对下属进行绩效考评，因此绩效考评技能是管理者管理技能的重要构成要素，在进行日常管理知识、技能培训的同时，往往也进行绩效考评技能的培训。

第三节　360度绩效评价系统

一、360度绩效评价系统的含义

360度绩效评价系统又叫360度绩效反馈系统。由于不同评价者对同一被评价者进行绩效考评时各有优势与劣势，为了充分发挥不同评价维度的优势，世界500强中的许多企业采取360度绩效评价系统，主要用于对中层管理者的绩效评价。所谓360度绩效评价系统就是由被考评者的上级、同事、下级、外部客户和被考评者本人作为评价者，从各自的角度对被考评者进行全方位的评价，再通过反馈程序将评价结果反馈给被考评者，以达到改善被考评者工作行为、提高工作绩效的目的。这种评价系统也被称为多评价者评价系统或多源反馈系统。例如，某公司对销售部经理的360度绩效评价系统如图7-2所示。

二、360度绩效评价系统的优缺点

（一）360度绩效评价系统的优点

与传统的由被考评者的直接上级对下级进行考评的方法相比，360度绩效评价系统具有以下优点：

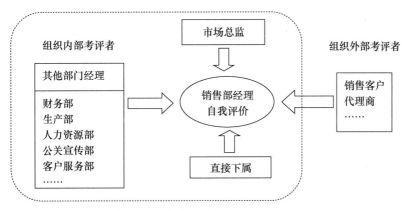

图 7-2 360 度绩效评价系统示意图

(1) 综合性强。360 度绩效评价系统的考评者来自企业内外的不同层面,得到的考评信息角度更多,评价结果更全面、更客观、更可靠。

(2) 误差较小。360 度绩效评价的考评者不仅来自不同层面,而且每个层面的评价者往往有若干名,评价结果取平均值,从统计学的角度看,其结果更接近真实值,有利于减小误差。

(3) 针对性强。360 度绩效评价中,反馈给被考评者的信息来自与自己工作相关的多方考评者的评价结果,不同的考评者分别使用不同的考评量表,在自己最熟悉的方面对被考评者进行评价,可以较好地解决考评过程中信息不对称所造成的偏差,更容易得到被考评者的认可。通过将反馈信息与自评结果相比较,可以使被考评者认识到自己工作中存在的不足。

(4) 匿名评价,评价结果比较真实。360 度绩效评价系统采用匿名方式进行考评,减轻了考评者的压力,使考评者能够客观地进行评价,从而保证评价结果公平、可靠。另外,通过填写开放式问卷,还可以收集到更多中肯的意见和建议。

(5) 有利于管理者民主意识、员工参与意识的培养。360 度绩效评价系统要求人人参与评价,给员工提供了参与管理的机会,有利于激发员工的积极性,同时有利于管理者民主意识、员工参与意识的提高。

(6) 有利于培养员工的服务意识与团队协作精神。工作过程中的推诿扯皮是造成效率低下和人际关系紧张的重要原因。360 度绩效评价系统中,让与被考评者有工作关系的人,特别是被考评者的同事与客户参与对员工的绩效评价,被考评者的服务态度、服务效率、协作意识和工作主动性等就成为重要的绩效指标。因此,360 度绩效评价有助于促进组织成员彼此之间的沟通与互动,提高团队凝聚力、工作效率和服务质量。

(二) 360 度绩效评价系统的缺点

(1) 360 度绩效评价系统需要综合各方面的信息,从多个角度对被考评者进行考评,增加了系统的复杂性,每个被考评者的考评表格可能多达几十张,如果没有强大的管理信息系统就会极大地增加绩效考评的工作量。

(2) 不同方面的考评者的考评结果有可能是相互冲突的,但是每一方面的考评者在各自的立场上所做的观察和评价可能都是正确的,这就给考评结果反馈造成一定的困难。

(3) 360度绩效考评涉及众多考评者,为保证考评的顺利进行,评价前需要对这些考评者进行必要的培训和组织安排,自然会占用更多的时间和资源。

三、当前360度绩效评价系统存在的问题与对策

(一) 360度绩效评价系统应用中存在的问题

尽管我国许多企业使用了360度绩效评价系统,并且取得了一定的效果,但需要注意的是,这种方法是从西方引入的,管理者对这一评价系统的目的、原理及其运作要求缺乏深入的了解,许多企业在使用360度绩效评价系统时也出现了一些问题。

(1) 缺乏相应的企业文化基础。许多企业只是片面地看到该评价工具在西方企业应用中的成功,没有考虑到360度绩效评价系统的文化适应性问题,让员工全面、深入、细致地理解并有效地运用这种新的评价方式存在一定的困难。如果企业没有形成信任文化、开放沟通的民主氛围,那么在实施360度绩效评价时,可能有些员工不敢实事求是地进行评价,或借360度评价之机拉关系、送人情,或对与自己有利益冲突的人打击报复。

(2) 与企业的战略脱节。许多企业在实施360度绩效评价时,忽略了绩效评价的战略导向要求,每一个评价者都是从自己的角度出发对被评价者的行为表现进行评价,忽视了被评价者在组织战略实施中做出的贡献,诱导被评价者花费不少时间用于维护与评价者的关系,而不是切实提高自己的实际工作绩效。

(3) 重奖惩,轻开发。严格地说,360度绩效评价系统并不是对员工进行绩效考评、确定其贡献大小的工具,而是主要用于员工培训开发的工具,其信息功能远大于管理功能。这一系统的主要目的是通过全方位的信息收集,对员工绩效计划实施过程中存在的问题进行诊断和分析,使其了解工作中存在的不足,克服被评价者"当局者迷"的局限性,并通过有针对性的改进措施不断改善自己的工作行为,提高自己的综合素质。当前许多企业虽然实施了360度绩效评价系统,但是在实施过程中,仅仅把它当作考评员工绩效的手段,最典型做法是把上级、下级、同事、客户、自己的评价结果分别以不同权重计入总分,并把评价结果应用于随后的加薪和晋升等决策,而不是将未来的绩效改善作为重点,这样也就无法发挥360度绩效反馈系统应有的作用。当360度绩效评价结果完全用于奖惩目的而非开发目的的时候,由于存在利益的竞争,有些评价者可能故意改变被评价者的评价等级,从而难以实现绩效改善。

(4) 实施360度绩效评价时缺乏有效的反馈。一些企业采用360度绩效评价系统的时候,仅仅把它作为一个绩效评价工具,把评价结果用于兑现奖惩,没有对绩效评价结果给出恰当的解释,没有对员工工作中存在问题进行分析和指导,员工不得不自己去处理所获得的绩效反馈信息,有的甚至根本没有反馈环节,也没有及时制定绩效改进的目标和行动方案。这样一来,通过360度绩效评价系统有效改善被评价者绩效的初衷也就难以实现。

(5) 使用者不明白使用360度绩效评价系统的目的与意义。一些企业将360度绩效评价系统视为管理和控制员工的手段,没有通过沟通或者培训告诉员工采用这一系统的宗旨和用意,以及它与员工职业发展之间的联系,结果造成评价者和被评价者对这种评价方式产生误解。比如,评价者认为它纯粹是在浪费自己的时间和精力,耽误自己的正常工

作;被评价者则认为它是管理层玩弄的新花招,在做所谓"参与管理"的表面文章,结果导致操作过程中信息失真,甚至流于形式。研究发现,在360度绩效评价的过程中,被评价者对自己的评价总是高于上级对他(她)的评价,自我评价与上级评价之间存在明显差距。

(二)提高360度绩效评价效果的对策

通过以上对我国一些企业在实施360度绩效评价中存在问题的分析可以发现,360度绩效评价作为人力资源管理的一项新技术,虽然有很多优点,但使用不当也会造成负面影响,甚至会产生"事倍功半"的结果。因此,我们不能以"追赶流行"的心态,以"拿来主义"的方式对其生搬硬套,而应该从企业的实际出发,充分考虑各种因素的影响,看企业是否有必要、是否适合使用这种评价方法。要想有效地实施360度绩效评价系统就应该做好五个方面的工作。

(1)加强企业文化建设。360度绩效评价作为一种绩效改进工具,对于企业的文化、价值观、管理理念等有着相应的要求,比如员工要有高度参与感、企业内部上下级和同级之间有较高程度的信任关系等。如果企业中不存在这样的氛围或文化,360度绩效评价系统不仅不能取得应有的效果,反而可能会对企业现有的文化与人际关系产生冲击。因此,建立一种相互信任、开放沟通、互相支持的企业文化,能够为360度绩效评价系统的运行提供良好的平台。

(2)与企业的战略相匹配。企业在实施360度绩效评价时应注意以下两个问题:一是明确企业的战略目标,确定被评价者在实施企业战略过程中所承担的责任;二是根据被评价者在实施企业战略过程中所承担的责任,确定不同的评价者需要评价的指标及权重。360度绩效评价系统的有效性需要有许多具体的条件和操作规范来保证,如果在执行过程中不能仔细、周到地安排好每一个环节的操作细节,就可能导致事倍功半,组织战略的实现也就得不到保证。

(3)重视评价者的选择与培训。360度绩效评价一般是让被评价者的上级、同事、下级、客户和自己对被评价者进行评价,但并不是所有的上级、下级、同事和客户都适合作为评价者,一定要选那些与被评价者在工作上接触较多、没有偏见的人充当评价者。此外,也不一定要求所有的评价者对被评价者的所有方面进行评价,每一个评价者评价的绩效指标应仅限于自己熟悉的、跟自己有关系的指标。

如果不对评价者进行有效的培训,会导致评价结果产生很多误差。绩效评价中,即使无意歪曲评价结果,评价者也有可能产生各种类型的误差,比如宽大或严格误差、类己误差、居中趋势误差、近因误差、晕轮效应误差等。因此,在评价之前,还要对评价者进行培训,使其对被评价者的职位角色、评价指标、评价标准、评价程序有所了解,以及如何避免评价过程常见的心理偏差。

此外,还要培养评价者与被评价者的责任意识,只有当他们充分认识到客观地评价自己与评价他人的重要意义,并把绩效评价看作自己的重要责任时,才能得到比较客观与公正的评价结果。

(4)重视360绩效评价系统的开发功能。360度绩效评价系统是帮助被评价者全面了解自己的一种行之有效的方法,360度绩效评价系统的最大优势在于可以有效促进员工开发,而不仅仅是为奖惩、晋升提供决策依据。研究表明,把360度绩效评价系统仅仅用于开发目的,而不是用于管理目的时,其效果才是最好的(Toegel,Conger,2003)。

(5)实施过程中要让管理者和员工进行有效的沟通与反馈。企业在应用360度绩效反馈系统时,要让管理者和员工进行充分的沟通,让员工了解360度绩效评价系统的意义与价值。通过不断的沟通,使员工建立起对上级的信任和对组织承诺的程序公平的认可,从而对评价结果反馈保持开放接受的态度,克服对该评价系统的抵触情绪,并能使员工和管理者认识到这些信息对自己的绩效改进确实是非常有帮助的。

在360度绩效评价实施的过程中,应该及时向被评价者提供反馈,帮助被评价者分析哪些方面做得比较好,哪些方面还有待改进,以及如何进行改进;还可以比较被评价者的自评结果和他评结果,找出存在的差异,并帮助被评价者分析其中的原因。如果被评价者对某些评价结果存在异议,那么可以由管理者向相关评价者了解评价的依据,并对被评价者做出解释。如果公司有着良好的信息共享机制和氛围,组织成员之间存在高度的相互信任关系,并且反馈的结果主要用于开发方面,那么也可以让被评价者与相关评价者自由地就评价结果进行沟通交流并达成共识。随着信息技术的发展,企业可以利用局域网逐步推行在线即时反馈,这能在一定程度上提高反馈的时效性,可以收到更好的效果。

第四节 绩效考评方法

用什么方法对被考评者的绩效进行考评是绩效考评的重点与难点,也是绩效管理中技术性很强的一项工作。绩效考评方法与前面叙述的绩效管理工具不是一回事,绩效考评方法解决的是对一个具体的绩效指标怎样打分评价的问题,绩效管理工具解决的是使用哪种工具提高工作绩效的问题。

一、绩效评价方法分类

从大的方面来说,绩效考评方法分为两类:一类是相对评价法,另一类是绝对评价法。相对评价法又叫比较法,指绩效考评时,不是根据事先制定的客观评价标准(即统一尺度)对担任同一职位的被考评者进行评价,达到什么标准就得对应的评价结果,而是把部门或团队内的员工进行相互比较,根据绩效优劣进行排序,从而得出评价结果。相对评价法的特点是不用设计复杂的评价量表,简单易行,成本较低,但这种方法最大的问题是无法对一个人单独进行评价,而且在绩效反馈面谈时难以给出充分的理由向被评价者说明最终评价结果的合理性。

绝对评价法指绩效考评时,按照事先设计的统一标准尺度衡量担任同一职位的所有被考评者的工作绩效,也就是将被考评者的工作绩效与客观的评价标准相对照,达到什么标准就得什么评价结果。绝对评价法使用的是绝对评价标准,绝对评价标准不以评价对象为转移,是客观的、固定的,设计合理的话,可以确保评价结果的客观性,也可以对每个员工单独进行评价,并且向被考评者进行绩效反馈时能给出充分的根据,因此评价结果容易被员工接受。但使用这种评价方法时,需要事先设计相应的评价工具,评价工具越精确,设计越复杂,成本也越高。

二、相对评价法

在进行绩效考评时,常用的相对评价法有三种。

(一)排序法

在被考评的员工人数不多,且所从事的工作又大体相同的情况下,排序法是一种简便易行的方法。这种方法把被考评的员工按每个人绩效的相对优劣排出顺序或名次。排序法可进一步分为简单排序法与交叉排序法。

(1)简单排序法。排序时,可以按某种考评标准,首先选出绩效最优者排在第一位,然后再选出次优者排在第二位,以此类推,直到最后把绩效最差的员工排在末位。

(2)交叉排序法。首先选出最优者排在第一位,然后选出最差者排在最后一位,第三次选出次优者排在第二位,第四次选出次差者排在倒数第二位,从两头往中间排,直到全部排完为止。这种方法的好处是,越是处在两端的越容易挑选,排到最后时,即使发生排序错误,排的位次也不会出现太大差错。

排序时可用被考评者的整体工作绩效表现作为标准,这样被考评者在排序中的位次就是最终的绩效评价结果;也可使用复合评价标准,即根据绩效考评所使用的指标,从几个特定的绩效维度(如产品数量、质量、销售额、服务态度等)分别进行排序,员工最终的绩效结果取决于他在各个绩效维度上排序位置的平均值,用这个位置与其他员工进行比较,从而决定他的最终位置。

(二)对偶比较法

在使用排序法对员工进行绩效考评时,需按照某种绩效标准把全部员工从好到坏进行排列,随着员工数量的增加,排序的难度越来越大。为了降低排序的难度,可以采用成对比较的方法。这种方法要求把被考评者横着排成一行,纵着排成一列,把所有员工进行两两比较,以行中员工为基准,分别与列中自己以外的其他人逐一进行比较,绩效优者计1分,劣者计0分,然后把行中每个人下面的分数加起来,分数越高绩效越好。对偶比较法如表7-1所示。

表7-1 对偶比较考评表

	A	B	C	D	E
A	×	0	0	0	0
B	1	×	0	0	0
C	1	1	×	1	0
D	1	1	0	×	0
E	1	1	1	1	×
考评结果	4	3	1	2	0

对偶比较的结果表明,A的绩效最优,B次之,D与C分列第三和第四,E最差。与排序法相比,对偶比较法的结果更准确。但是,在使用对偶比较法时,要在员工之间进行

$n(n-1)/2$ 次比较，当员工有 50 人时，比较的次数多达 1 225 次，因此，当员工人数较多时，成对比较的次数太多，工作量过大，被考评员工人数在 15 人以内时使用这一方法比较合适。

（三）强制分配法

强制分配法是把绩效考评结果分为优、良、中、差、劣五个等级，按照"中间大，两头小"的正态分布规律，确定各等级的比例。考评前，人力资源部向每个部门下达本次绩效考评各个等级的比例分配，例如优秀占 10%，良好占 20%，合格占 40%，基本合格占 20%，不合格占 10%，每个部门根据本部门总人数来确定每个绩效等级的人数，把名单上交人力资源部，作为考评结果记入员工的绩效档案。

强制分配法可以有效地解决绩效考评中，因评价者的宽大趋势、过严趋势以及居中趋势所造成的由同一个评价者对员工进行评价时绩效考评结果拉不开差距的问题。但强制分配法存在的问题是：实际上是将员工按不同的组进行排队，而不是按个人排队，不能解决如何比较两个人绩效的具体差别问题；而且，员工的绩效有时并不遵循"中间大，两头小"的正态分布规律。例如，当对员工进行有效的选择后，员工的绩效分布应该是负偏态而不是正态，如果一个部门的员工全是优秀员工，那么将绩效结果按正态分布规律强制进行分配显然是不合理的。此外，这种一刀切的方法还容易造成部门间的不公平，因此在使用这一方法时，应首先对部门绩效进行评价，然后根据部门绩效评价结果确定本部门员工在各等级所占的比例。

三、绝对评价法

绝对评价法是使用客观的评价尺度对被考评者的工作绩效进行评价的方法。根据绝对评价中使用的"绝对标准"的不同，又可以将绝对评价法进一步分为两类：一是将员工的工作情况与客观工作标准相比较的量表评价法；二是将员工取得的实际工作结果与绩效计划阶段所设定的绩效目标相比较的目标考核法。

（一）量表评价法

量表评价法的具体做法是，首先将绩效分为不同的维度，即绩效指标；然后将一定的分数或比例分配到各个绩效指标上，使每一个评价指标有一个权重；最后由评价者根据评价对象在各个维度上的具体表现，用五点量表进行评价，不同指标的评价分数加权求和后得出的总分就是被评价者的绩效评价得分。根据评价时所使用量表的不同，量表评价法又分为七种具体类型。

1. 图示量表法

图示量表法是在示意图的基础上，使用非定义式的评价尺度进行绩效评价的一种量表评价法，如表 7-2 所示。

表 7-2　图示量表法样例

评价要素	评价标准	事实依据
工作主动性(20%)	1　2　3　4　5 d　c　b　a　s	
协作意识(20%)	1　2　3　4　5 d　c　b　a　s	
纪律性(10%)	1　2　3　4　5 d　c　b　a　s	
……	……	……

2. 等级择一法

等级择一法的原理与图示量表法完全相同,只是在规定评价尺度时没有使用图示,而是采用一些有等级含义的短语来表示,如表 7-3 所示。

表 7-3　等级择一法样例

评价指标	评价尺度				
	优异	优秀	良好	合格	不合格
主动性	5	4	3	2	1
创造性	5	4	3	2	1
团队合作	5	4	3	2	1
沟通协调	5	4	3	2	1
工作质量	5	4	3	2	1

跟图示量表法一样,等级择一法的优点是设计简单,不需要复杂技术;但不足是评价结果准确性较差,受评价者主观因素的影响较大,因为每一评价等级没有明确的具体标准,不同评价者对诸如 s、a、b、c、d 以及优异、优秀等标准的理解可能是不同的。

3. 行为锚定法

(1) 行为锚定法的含义。行为锚定法又称行为定位评定量表法(behaviorally anchored rating scale method,BARS),该方法把传统的量表评价法与关键事件法相结合,使用具体的行为标准对每一评价等级进行界定。行为锚定法主要评价那些明确的、可观察的、可测量的工作行为。使用这一方法时,首先确定要评价的维度,即需要从哪些方面对员工的绩效进行评定;然后为每一评价维度设计一个评价量表,并列举与各评价等级相对应的关键事件,作为对员工的绩效进行评价时的参考依据。赫尔曼·阿吉斯(2008)提出的行为锚定法如表 7-4 所示。

表 7-4　行为锚定法样例

评价指标	评价标准	得分
工作知识：员工所掌握的与工作有关的知识和技能的数量	**优秀**：员工在本职工作的所有领域所掌握的工作知识都能达到高水平；其他员工都请这个人为自己提供一定指导	5
	胜任：员工在大多数工作领域所掌握的知识都能达到较高水平；能够一贯地完成所有的常规工作任务；员工持续地学习更多的工作知识，其他员工在某些领域可能寻求这个人的指导	4
	称职：员工所掌握的与本职工作有关的各方面知识都能达到一定的水平；在完成一些比较困难的工作任务时可能需要他人帮助	3
	需要改进：不能总是在规定时间内完成工作，或者不能总是完成本职工作要求完成的各项任务，而且并不试着通过获得新的技能或知识来提高自己的绩效	2
	需要重大改进：通常无法正确完成工作任务或根本不能完成工作任务；员工没有任何提高自己绩效的意愿	1

（2）行为锚定法的优点。行为锚定法的优点是，尽管在实际的考评过程中，所列举的关键事件是有限的，被考评员工的实际行为很少能与量表所列举的关键行为完全吻合，但有了量表上的关键行为作为参考后，评价者在对员工工作过程所表现的行为进行评价时便有了参考框架，比一般评价量表中的"优""良""中""差"等抽象词语好掌握得多，从而在一定程度上避免了评价者的主观随意性；同时，员工也可以把自己的行为表现与评价量表上不同评价等级的典型行为相对照，从而发现自己的差距，找到具体的改进方法。

（3）行为锚定法的缺点。行为锚定法的缺点是，量表的设计是一项极复杂的、费时费力的工作，要求很多人参加，通常由公司领导、考评者、被考评者代表、人力资源专家，甚至外聘专家等共同制定，而且对不同的工作必须采取不同的行为锚定量表，因此量表设计的难度和成本均较高。

设计行为锚定量表时需要注意的问题是，界定每一个评价等级时所使用的关键行为应有一定的概括性，不能过于具体或情境化，因为在一个绩效管理周期内，被评价者在同一个行为维度上完全可能既有过较好的行为表现，也有过较差的表现，即在一个评价周期内曾表现出量表两端的行为，这就给评价工作带来一定的困难。

4．混合标准量表法

设计行为锚定量表难度很大，评价等级越多，给每一个等级设计关键行为作为评价标准的难度就越大，为降低量表设计难度，有人提出混合标准量表法。该方法先分解出若干考评维度，为每一评价维度指标只设计"好""中""差"三个评价等级，为每一等级分别拟制一条典型表现的陈述句作为评价标准，然后把各维度的不同等级陈述句的顺序打乱并随机排列，使评价者看不出每个陈述句评价的是哪个维度。评价时评价者只需把被考评者的实际情况与这些陈述句逐条对照，若被考评者的实际表现与陈述句所描述的行为相符，在该陈述句后画"O"，优于陈述句所述则画"+"，不及陈述句所述则画"—"，最后根据各维度的符号组合，判断该员工在各维度上的得分。混合标准量表评价法如表 7-5 所示。

表 7-5　混合标准量表评价法样例

评价维度		绩效等级说明	评价结果
主动性	高	该员工是一个工作主动的人,一贯积极主动地做事,总是提前完成工作,从来不需要上级督促	
纪律性	中	该员工通常能遵守组织纪律,但偶尔也有一些违规、违纪情况发生	
人际关系	低	该员工很少主动帮助别人,自己有错误却向领导或同事发火,让大家很反感	
主动性	中	虽然总体来说,该员工的工作还是积极主动的,但有时也需要上级督促	
人际关系	高	该员工总是乐于帮助别人,其他员工不仅愿意和他谈工作中的问题,也愿意和他谈个人的问题	
纪律性	高	该员工纪律性很强,从来没有违规、违纪现象	
主动性	低	上级催一催才动一动,该员工在工作中经常需要在上级多次督促下才能完成工作	
人际关系	中	该员工平时能够友好地帮助别人,但有时自以为是的态度使别人不敢与之交谈	
纪律性	低	该员工无视组织纪律,经常有违规、违纪的情况	

说明:请把待评价员工的实际表现与每一陈述句相对比,与该陈述句描述的情况相符合的在评价结果栏填"O",高于陈述句水平的填"+",低于陈述句水平的填"-"。

最后,根据被评价者在每一维度的符号组合,确定最终的评价得分,如表 7-6 所示。

表 7-6　混合标准量表评价法不同符号组合得分

等级	符号组合						
高	−	−	−	−	−	O	+
中	−	−	−	O	+	+	+
低	−	O	+	+	+	+	+
得分	1	2	3	4	5	6	7

混合标准量表法的特点是,每个指标只需给出高、中、低三个等级的标准,大大降低了量表设计的难度与复杂性,但最后能得到七个等级的评价结果,评价的精确度较高。

5. 行为对照表法

行为对照表法是由普罗夫斯特于 1920 年创建的一种评价方法,又叫普罗夫斯特法。该方法把员工在工作过程中可能表现出的工作行为列出一个详细的清单,这些行为中既有好的表现,也有差的表现,评价者只需将员工的实际工作表现与清单中的描述相对照,把与员工工作行为相符合的描述选出来就构成对一个员工的评价,好的表现得正分数,差的表现得负分数,最后把每项行为的分数相加就可得到被评价员工的绩效总分。

(1)行为对照表法的优点。该方法的优点是简单易行,评价时评价者只需把员工的行为表现与评价表中的条目相对照,对符合的行为打勾就行,执行成本很低,不易产生晕轮效应、评分趋势、对比效应等偏差，对员工的工作行为也有良好的导向作用。

（2）行为对照表法的缺点。该方法的不足是评价表的设计难度较大，要列举员工在工作过程中所有可能的行为几乎是不可能的。此外，员工在同一个评价周期内，同一种行为可能不止一次出现，当某种行为重复发生时是否重复计分以及如何处理分数是需要考虑的问题。

6. 行为观察量表法

在使用行为观察量表法进行绩效评价时，首先找出员工工作过程中的有效工作行为，然后根据有效行为发生的频率对评价对象的绩效做出评价，如图7-3所示。

员工到公司准时上班

1	2	3	4	5
从不	有时	经常	绝大多数时候	总是

图7-3 行为观察量表法样例

（1）行为观察量表法的优点。该方法的优点是：第一，将企业发展战略与所期望的员工工作行为结合起来，能够向员工提供有效的信息反馈，指导员工改进工作行为；第二，管理人员可以根据量表中的信息有效地监控员工的行为，并使用具体的行为描述提供绩效反馈。

（2）行为观察量表法的缺点。该方法的不足是：第一，这一方法只适合对工作行为比较稳定、不太复杂的工作岗位的员工进行评价；第二，不同的人对中间评价等级（"有时""经常""绝大多数时候"）的理解可能存在差异，从而导致评价结果出现偏差。

7. 综合尺度量表法

以上各种量表主要是对被评价者的工作行为表现进行评价的工具，综合尺度量表法是将结果导向量表法与行为导向量表法相结合的一种评价方法，评价指标的评价等级的界定采用行为与结果相结合的方式，如表7-7所示（方振邦，唐健，2018）。

表7-7 综合尺度量表法样例

指标名称	协作性	职位等级	中层管理人员	职位类别	职能管理
指标定义	在工作中是否能够充分认识本部门在工作流程中所扮演的角色，考虑别人的处境，主动承担责任，协助上级、同事做好工作				

等级	定义	评分
S	正确认识本部门在工作流程中所扮演的角色，合作性很强，自发主动地配合其他部门的工作，积极主动地推动公司总体工作的顺利进行	20
A	愿意与其他部门合作，在其他部门需要的时候，能够尽量配合其工作，从而保证公司总体工作的正常进行	16
B	大体上能够按照规定配合其他部门工作，基本上能够保证公司总体工作的正常进行	12
C	有时候有不配合其他部门工作的现象，存在本位主义倾向，从而导致公司的总体工作有时会遇到困难	8
D	根本不与其他部门沟通和协作，部门本位主义倾向明显，在工作中经常与其他部门发生冲突，导致公司总体工作陷入僵局	4

综合尺度量表法的优点是：既能够有效引导员工的行为，又能够直接控制结果。

综合尺度量表法的缺点是：设计与被评价岗位相关指标的难度较大，需要较大的设计成本。

（二）目标考核法

目标考核法是在"目标管理"的管理制度下对员工的绩效进行考核的方法。在考核之前，主管人员和员工共同设定考核期内要达到的工作目标，所设定的目标必须明确具体且可以量化。目标设定以后，还要制订达到目标的具体计划以及执行计划中的绩效评估标准。在进行考核时，对照既定的目标和绩效考核标准，根据目标达成率对员工完成目标的情况进行具体的考核，然后根据绩效计划阶段所确定的标准，对每一目标的得分进行核算。通过考核，可以发现员工的实际工作绩效与既定目标之间的差距，考核人员与被考核员工一起找出造成这些差距的原因，并采取相应的改进措施以提高员工的工作绩效，从而实现既定的目标。表 7-8 是一个对推销员进行目标考核的例子（唐军，1997）。

表 7-8　推销员目标考核法样例

目标项目	计划目标	完成情况	完成率（%）
1. 销售电话拨打次数	100	104	104.0
2. 接触新客户数量	20	18	90.0
3. 批发销售 17 号新产品数量	30	30	100.0
4. 销售 12 号产品数量	10 000	9 750	97.5
5. 销售 7 号产品数量	17 000	18 700	110.0
6. 客户投诉/服务电话	35	11	31.4
7. 成功完成销售函授课程的数量	4	2	50.0
8. 每月底完成销售报告的次数	12	10	83.0

到目前为止，人们已经开发出多种绩效考评方法，每种方法都有自己的优点与缺点，有的方法设计简单，但考评结果精度不够，有的方法考评结果准确，但设计复杂、成本较高，没有一种方法是十全十美的。绩效考评的目的不同，考评指标特性不同，所使用的绩效考评方法也不同，绩效考评实践中应根据具体情况灵活选择。需要指出的是，同一张绩效考评表中，不同的指标可能需要使用不同的考评方法，并非同一张绩效考评表上的所有指标只能使用一种方法进行考评。

❑ 重点与思考题

1. 绩效考评在人力资源管理中发挥哪些方面的作用？
2. 绩效考评的基本原则有哪些？
3. 绩效考评的基本程序分哪几个阶段？

4. 绩效考评体系包括哪些基本要素？这些要素对被考评者的工作行为有什么影响？

5. 选择考评主体的原则有哪些？

6. 常见的绩效评价主体有哪些？各有什么优缺点？

7. 什么是360度绩效评价？360度绩效评价存在的问题有哪些？如何提高360度绩效评价的效果？

8. 相对评价法与绝对评价法各有什么优缺点？

9. 列举你熟悉的一种绩效评价方法，并分析其优缺点。

21世纪经济与管理规划教材
工商管理系列

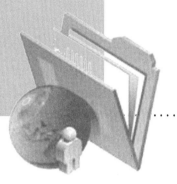

第八章

绩效反馈与考评结果应用

绩效管理的最终目的并不是把员工按照绩效考评结果分成不同等级，然后进行奖励或惩罚，这些仅仅是手段，绩效管理的最终目的是提高员工的绩效，促进员工的发展。因此在绩效考评结束后，上级管理者要把绩效考评结果反馈给下级，分析绩效优劣的原因，并制订下一步的绩效提升计划。绩效反馈面谈在绩效管理中也是必不可少的一个环节。此外，绩效管理是人力资源管理系统的一个子系统，只有把它纳入整个人力资源管理系统，与人力资源管理其他环节有机对接，才可能取得预期的效果，因此绩效考评结果还必须应用于随后的各项人力资源管理决策。

第一节　绩效反馈概述

绩效反馈(performance feedback)是指在绩效考评结束以后，管理者将绩效考评结果反馈给下级，肯定下级取得的成绩与进步，共同分析绩效不佳的方面及其原因，并制订下一步的绩效改进计划与新绩效周期的绩效目标的过程。绩效反馈是绩效管理不可缺少的环节，通过绩效反馈，绩效管理才形成完整的循环。

一、绩效反馈的目的

绩效反馈的目的包括四个方面。

（1）对绩效考评结果达成共识。绩效考评时，上级的考评结果与员工自我考评结果之间往往存在一定的差异，这是一个常见的现象，但如果两者差距过大且不能及时化解这一分歧的话，不仅不利于员工下一步的绩效改进，还可能在上下级之间造成一定的矛盾和冲突，影响正常工作的进行。绩效反馈的第一个目的就是通过上下级之间的双向沟通，对绩效考评结果形成共识。

（2）肯定员工的成绩，及时对员工进行鼓励。工作一段时间后，每个人都渴望得到上级对自己工作结果的反馈信息，特别是对于工作绩效比较好的员工来说，管理者对他们在本绩效周期内取得的成绩与进步的及时肯定，能够使其获得成就感与价值感。工作结果反馈本身对员工的工作行为会产生很大的影响作用，被称为"经营管理之父"的亨利·法约尔(Henri Fayol)曾做过一个试验：他挑选了20个技术相近的工人，每10人为一组，让两组工人在相同条件下同时进行生产，每隔1个小时，他会检查一下工人们的生产情况。对第一组工人，法约尔只记录下他们各自生产的数量，但不告诉工人工作进度；对第二组工人，法约尔不但将生产数量记录下来，而且让每个工人了解自己的工作进度。每次考核完毕，法约尔会在生产速度最快的两个工人的机器上插上红旗，在生产速度居中的四个工人的机器上插上绿旗，在生产速度最慢的四个工人的机器上插上黄旗。如此一来，每个工人对自己的工作进度一目了然。试验结果是：第二组工人的生产效率远远高于第一组工人。

（3）使员工认识到工作中存在的问题，制订绩效改进计划。通过绩效反馈，还可以就当前绩效不佳的工作寻找原因,一起探讨如何制订具体的绩效改进计划,采取有效措施,使员工改进绩效。

(4)协商下一个绩效管理周期的绩效目标与行动方案。根据本绩效管理周期员工的绩效考评结果与具体表现,确定下一绩效管理周期新的绩效目标与实现目标的行动方案。

二、绩效反馈的作用

(1)绩效反馈有利于提高员工对绩效考评结果的接受程度。绩效反馈是绩效管理过程中上下级之间进行绩效沟通的重要环节之一,绩效考评结束以后,每个被考评者都渴望了解自己的绩效考评结果,绩效反馈能满足被考评者的信息需要。通过绩效反馈,管理者告诉员工每项绩效指标的考评结果,如果员工对考评结果有疑问,也可以及时进行解释和说明,给出评价的具体依据。绩效反馈在上下级之间搭起了一座沟通的桥梁,使员工拥有了一定的知情权与发言权,确保了绩效考评结果的公开性与透明性,有利于员工认可并接受考评结果。

(2)绩效反馈有利于员工了解自己的成绩与不足。通过绩效反馈,上下级之间不仅就绩效考评结果与评价依据进行沟通,在此基础上,管理者还要分析员工取得的成绩与进步,对员工为组织做出的贡献给予充分的肯定与认可,管理者的肯定和认可会对员工起到极大的激励作用;同时,双方也要一起分析哪些方面的工作没有做好,背后的主要原因是什么。绩效反馈使员工既受到鼓励,又认识到存在的不足,为下一步的绩效改进奠定了基础。

(3)绩效反馈有利于绩效改进计划的制订与实施。在对员工绩效考评结果诊断分析的基础之上,针对员工知识、技能、工作方法方面存在的问题,上下级还要一起讨论下一步的绩效提升计划,帮助员工进一步提高绩效。员工可以感受到来自上级管理者的关心与支持,通过沟通,员工也可以充分表达自己改进工作的具体打算与设想,征求上级管理者的意见。绩效反馈过程中,员工亲自参与了绩效改进计划的制订过程,更容易接受绩效改进方案,对绩效改进的承诺得以增强,有利于绩效改进计划的贯彻与执行。

(4)绩效反馈能够为员工职业生涯规划与职业发展提供信息。通过绩效反馈,上级还可以与员工讨论工作中的强项与进一步发展的潜力,为员工下一步的职业发展方向提供建议;也可以根据员工当前知识、能力方面存在的短板,帮助员工制订个人学习与发展计划,给员工提出培训建议,帮助员工取得职业成功。

三、管理者不愿意进行绩效反馈的原因

尽管绩效反馈非常重要,但并非所有的管理者都愿意进行绩效反馈,其原因有两个方面:一是有的管理者认为,对下级进行绩效考评是自己的权利,给员工打多少分完全是自己的事,没必要跟员工商量;二是有的管理者担心,反馈考评结果后,如果跟员工的预想相差太大,很可能会引发员工的不满,激化矛盾,甚至引起冲突,由此他们选择不公开考评结果。

第一个方面的原因与管理者落后的观念有关,"管理者掌握着员工的命运,一切上级说了算"这种陈腐的观念已经不适用于现代企业管理。上下级间不是控制与被控制的关

系，而是绩效伙伴关系。上级管理者肩负着对员工进行帮助指导，提高员工绩效的责任。如果不进行绩效反馈，员工或许永远不知道自己工作中究竟存在什么问题，也不知道需要进行哪些方面的改进，不利于绩效的提高。

第二个方面的原因与绩效考评技术有关。管理者之所以不愿意进行绩效反馈，是因为对绩效考评结果没有信心，担心一旦员工提出异议，自己没有充分的理由向员工解释，说话没有底气。这就需要做好两项工作：一是改进绩效考评方法，制定客观的绩效考评标准，绩效考评指标与评价标准尽可能定量化与行为化，减少考评结果的主观偏差；二是管理者在绩效监控期间一定要收集员工翔实的绩效信息，为绩效考评提供充分的信息，这样绩效反馈时也就有了充分的依据。

四、绩效反馈的基本原则

绩效反馈的主要目的是使员工接受绩效考评结果，并改进下一步的工作绩效。为此，绩效反馈时要遵循以下基本原则：

（1）绩效反馈应该对事不对人。绩效反馈的目的不是给员工下一个结论或贴上一个标签，而是使员工认识到当前工作中存在的问题，在以后的工作中主动加以改进。因此，绩效反馈的重点应集中在员工的具体工作行为与工作结果上，而不是过分关注员工的个性与品质。

（2）绩效反馈的内容应该具体。对员工的行为表现进行反馈时，应针对具体的可观察行为，而不是一般的概括性行为。应根据绩效监控阶段收集的员工具体关键行为进行反馈，有具体的时间、地点、情节和结果，事实确凿，没有任何夸张和虚构的内容，这样就不易产生分歧，这种反馈才容易得到员工的认可。若反馈的内容过于笼统，等于给员工下了一个结论，容易引起员工的抵触情绪。

对员工的工作结果进行反馈时，应有具体的数据或事实，并结合绩效计划所设定的各种绩效指标的指标值，作为判断绩效好或差的依据。

（3）绩效反馈的语言应该简明准确。绩效反馈时应该使用简单明确的语言，传递准确的信息，尽量避免使用模糊的语言或有歧义的词汇，以免引起员工不必要的误解或防范心理。

（4）绩效反馈的内容应该具有可控性。既然绩效反馈的目的是进一步改进被考评者的绩效，绩效反馈的重点就应该是影响绩效的有关因素中员工自身可控制的因素，或者能够利用反馈进一步改进的因素，而不是员工无法改变的因素。比如一个销售员由于市场环境突然改变，导致销售额大幅下降，环境因素是员工无法改变的，对这一因素进行反馈无益于绩效的提高。

（5）遵循人际公平原则。绩效反馈时，尽管上下级之间在身份、地位与权利方面存在差异，但双方的人格是平等的，反馈过程中双方要进行平等、坦诚的交流，管理者应允许员工对不同意见进行询问或辩解，鼓励员工充分表达自己的观点，甚至提出质疑。管理者不可居高临下、以势压人，利用手中的权力迫使员工接受绩效考评结果。

（6）全面反馈原则。全面反馈原则要求绩效考评结束后，要对所有的被考评者及时进行反馈，反馈的内容既包括正反馈也包括负反馈。绩效反馈时，既要及时肯定和鼓励员工取得的成绩,也不能回避存在的问题,直接告诉员工哪些方面的绩效评价分数较低,原因是什么。尤其需要注意的是,对绩效好的员工进行绩效反馈时,要指出哪些方面尚需改进,或为其设定进一步努力的目标,防止其滋生骄傲自满情绪;对绩效较差的员工进行绩效反馈时,也要及时肯定其取得的成绩与进步,给予应有的肯定与鼓励,以防止员工灰心丧气、失去斗志。

五、反馈的类型

绩效反馈分为正反馈与负反馈两大类型。

(一)正反馈

所谓正反馈是指针对正确行为进行的反馈。当员工工作表现较好,取得了成绩与进步,管理者对其绩效评价较高时,把这一结果反馈给员工,使这种行为进一步得到强化,这就是正反馈的过程。

1. 正反馈的目的

正反馈的目的是让员工知道,他的表现达到甚至超出管理者对他的期望与要求,通过对这一行为的认可,强化这一行为,增大这一行为重复的可能性。

2. 正反馈的要求

对员工进行正反馈的基本要求有两项:一是真诚,二是具体。

真诚指要使员工意识到,上级的肯定与赞赏是发自内心的,不是简单的客套话,这样才能使员工深受感动而进一步努力工作。要达到这个效果,正反馈必须是具体的。

具体指对员工取得的成绩与进步的肯定与鼓励不能太笼统、太概括,一定要就事论事,描述员工的具体工作行为,行为越具体,效果越好。

3. 正反馈的步骤

(1) 根据绩效监控阶段收集的员工关键行为信息,具体描述员工在工作表现上的细节,分为 STAR 四个方面进行反馈:S(situation)指这种行为发生在什么情况下;T(task)指当时面临的问题与任务是什么;A(action)指当时采取了什么具体行动;R(result)指最后的结果如何;也就是说,把一件事件的来龙去脉讲清楚。

(2) 描述这一事件造成的影响,如一个服务员靠自己真诚、细心、周到的服务,消除了一个怒气冲冲前来投诉的顾客的误解,使顾客深受感动,向新闻媒体写了表扬信,并且又给公司介绍了几个新的顾客,大大提升了公司的形象。

(3) 从这件事情中,反映了员工具备哪些方面的能力或品质。

反馈的内容事实确凿、客观具体,没有任何夸张或虚构,说明上级领导对每个人的具体工作表现心中有数、了如指掌,这样就能够使接受反馈的员工深受感动,备受鼓舞。

(二)负反馈

负反馈是对员工错误行为进行的反馈,即员工在工作中表现不佳,管理者对其绩效评价较低,通过沟通把这一结果反馈给本人。一般来讲,管理者喜欢进行正反馈,而不愿进行负反馈,因为人本能地喜欢接受对自己有利的信息而排斥不利的信息,负反馈可能使员工产生较大的抵触情绪,甚至会与管理者发生冲突。但是,对于员工的绩效改进来说,负反馈比正反馈价值更大。因此,管理者必须掌握负反馈的技巧。

1. 负反馈的目的

负反馈的主要目的是使员工认识到自己工作中存在的问题与不足,然后采取有效措施主动加以改进,避免同样的问题再次发生。

2. 负反馈的要求

(1) 以事实为中心。负反馈并不是给员工下结论,更不是秋后算账。负反馈的目的是让员工认识到当前工作中存在的问题以及自身存在的不足,找到背后的原因,然后采取有效措施加以改进,避免低绩效行为再次出现。因此在进行负反馈时,应重点围绕具体事实展开沟通、就事论事,尽量不要过多涉及员工行为背后的动机与品格,避免主观臆断与猜测。

(2) 立足于员工的进步与发展。管理者应以绩效伙伴而非监督者的身份与下属沟通,要跟员工共同面对当前的问题,共同承担责任。通过沟通给员工提出具体的建议,帮助员工改进工作,促进员工的发展,而不是为推卸自己的责任而对员工横加指责、抱怨和训斥,这样的负反馈才容易得到员工的认可。

3. 负反馈的步骤

负反馈要按照 BEST 反馈的方式进行,分为四个阶段。

(1) B(behavior description)指描述行为,具体描述员工的相关工作行为表现。管理者进行行为描述时一定要耐心、具体,客观地描述当时发生了什么事情,包括员工说了什么话、做了什么事,描述过程中对事不对人、客观理智,只描述事实而不做任何推测与判断。

(2) E(express consequence)指表达结果,描述这种行为造成的后果。对结果的描述应客观、准确,没有任何夸大与虚构,没有任何不满与抱怨,没有掺杂任何情绪因素。

(3) S(solicit input)指征求意见,询问员工当时是不是这样一个情况,还有没有需要进一步补充与解释的。在这一过程中,管理者要注意倾听员工的想法,增强共情意识,理解员工的心态与感受。

(4) T(talk about positive outcomes)指着眼未来。当双方就事实和细节达成共识以后,分析在这一过程中员工的行为存在哪些问题,进一步讨论采取什么措施可以避免这种结果再次出现,在此基础上,管理者给员工提出以后处理此类问题的具体建议。

负反馈的目的是改进员工的绩效,促进员工的发展,而不是追究员工的责任,惩罚员工的过失,双方的目标是一致的,通过反馈,既解决了问题,又没有损害上下级的关系,甚至进一步拉近了双方的心理距离,这种沟通就是一种建设性沟通。

第二节　绩效反馈面谈与绩效申诉

绩效反馈是通过上下级之间面对面的沟通实现的,面谈质量的高低直接影响到绩效反馈的成败。

一、绩效反馈面谈的过程

绩效反馈面谈包括三个阶段：绩效反馈面谈的准备、绩效反馈面谈的实施、绩效反馈面谈的总结与跟进。

（一）绩效反馈面谈的准备

绩效反馈面谈的准备既包括管理者的准备，也包括参与面谈的员工的准备。

1. 管理者的准备

绩效反馈面谈是由管理者发起的一次正式沟通，管理者掌握着沟通的主动权，面谈的时间、地点与方式等都是由管理者决定的，面谈前管理者要做好四个方面的准备。

（1）选择合适的面谈时间。绩效反馈面谈是管理者与下属之间进行的双向沟通过程，最恰当的时间应当是双方都空闲的时间，这样大家才能静下心来充分地进行沟通，而不会受到其他事情的干扰。在确定面谈时间时，如果有可能，最好先提出几个可能的时间段，然后征求下属的意见。这样既能表现出对员工的尊重，又能照顾到双方的实际情况，有助于双方把手头的事情安排好，不至于顾此失彼。在确定面谈时间时，尽量不要选择在刚刚上班或快下班的时间。这是因为，刚上班时，大家往往还没有进入状态，难以全神贯注地进行沟通；而临近下班时，又往往着急回家，也难以全身心投入。

需要注意的是，合适的面谈时间不是一个时间点，而是一个合适的时间段。时间段的长短要适宜，时间过长会引起疲倦，员工的注意力不集中，从而降低沟通效果；时间过短又难以进行充分的沟通。

（2）选择合适的面谈地点与环境。在进行绩效反馈面谈时，尽量选择不受干扰的场所，远离电话、电脑、传真机，避免面谈被中途打断。一般来说，封闭的场所不易受外界干扰，有利于双方集中注意力，更能保证面谈的效率和效果。一般来说，绩效反馈面谈的地点可以选择管理者办公室、接待室、会议室等，相比而言，小型会议室或接待室是比较理想的场所，这种场所既正式又不易受外界干扰，便于交流沟通。

面谈过程中双方的距离要适当。距离太远，会给双方的沟通造成一定的不便；距离太近，又容易使员工产生一定的心理压力。在双方座次的安排上，若采用圆形桌则最好是侧对面，若是方形桌则最好成90度的夹角，这样既有利于观察对方的表情和非语言行为，又可以避免双方眼神的直视给员工造成心理压力。

除了要考虑面谈的地点，面谈的环境准备也很重要。一般来说，绩效反馈面谈时员工的心理压力比较大，尤其是当员工工作中出现差错时更是如此。为减轻员工的紧张情绪，绩效反馈面谈要注意选择一些轻松的环境。除正式工作场所以外，非正式的社交场所也是适合绩效反馈面谈的场所，比如咖啡厅、茶室等地点，这种非正式的场所能够在一定程度上降低面谈的严肃性，营造上下级间的亲近关系，使上下级在轻松的环境中充分沟通与交流。需要在管理者办公室进行沟通时，管理者最好避免隔着办公桌与员工谈话，可以与员工一起坐在长沙发上，这样能在一定程度上减轻员工的紧张情绪。

（3）收集和整理面谈过程中需要的资料。面谈前，管理者要准备好面谈需要的各种文件和资料，包括绩效计划书、员工岗位说明书、员工关键行为记录手册、员工绩效考评表以及员工的表扬信与投诉信，以显示管理者对绩效反馈面谈的重视和对员工的尊重。

(4) 设计面谈过程。为提高面谈效果,管理者事前要对面谈过程进行设计,包括以下几个方面:

① 设计好开场白。好的开始是成功的一半,设计好开场白是确保面谈成功的重要一环。要考虑针对不同类型的员工如何开始面谈,是开门见山、直奔正题?还是迂回曲折,先营造轻松的气氛?在设计开场白时,要考虑被考评者的绩效考评结果、员工的性格特点、上下级的关系等因素。

② 明确面谈的目的与预期效果。面谈前要考虑面谈的主要目的是什么,通过面谈是要对绩效优异的员工进行充分的肯定与鼓励以鼓舞士气,鼓励员工接受更高的目标?还是通过面谈找出绩效不佳的下级工作中存在的主要问题,帮助他增强信心以尽快提高绩效?不同的目的决定了与不同员工面谈时的重点。

③ 设计具体的面谈内容和顺序。根据面谈要达到的主要目的,确定面谈的主要内容和各部分内容的面谈顺序。

(5) 提前通知下属做好面谈准备。时间和地点确定后,应至少提前一天通知下属,以便下属有足够的时间来回顾和总结过去一段时间的工作情况,准备好面谈所需的各种资料,安排好自己的工作,双方在面谈的过程中也可以基于更多的信息和资料进行交流。

2. 员工的准备

绩效反馈面谈前,员工需要做好三个方面的准备。

(1) 准备好面谈需要的资料。员工需要准备的资料包括绩效计划书、自我评价表等。

(2) 草拟个人发展计划。员工根据自我评价结果进行工作总结,分析工作中取得的成绩与进步、存在的问题与不足,草拟下一步个人的绩效提升计划与自我发展计划。

(3) 安排好个人的工作。绩效反馈面谈需要员工离开工作岗位,与管理者进行正式沟通,如有需要员工要与同事提前做好工作交接,避免影响部门正常工作的进行。

(二) 绩效反馈面谈的实施

绩效分反馈面谈包括七个阶段。

(1) 营造一个和谐的气氛。只有在和谐、轻松的气氛中,上下级之间才能进行坦诚、充分的沟通,因此合适的沟通气氛非常重要。面谈时,管理者发现员工情绪比较紧张就不要急于进入正题,可以先聊一个轻松的话题,比如时事要闻、孩子的学习、当前的天气等,打开话题以后,待员工的情绪平静下来再进入正题。

(2) 说明本次讨论的主要目的、内容、讨论顺序,以及本次谈话大概占用多少时间。

(3) 对绩效考评结果达成共识。首先让员工对自己在本绩效管理周期的工作进行总结,并说明自我评价结果和评价依据。然后,管理者向员工反馈绩效考评结果,对于下属表现较好的方面,管理者应适时给予鼓励;对于绩效表现不佳的方面,管理者应采取建设性沟通的方式,给出评分的依据。

在这一阶段,如果员工对考评分数有不同意见,管理者应允许并鼓励员工说出自己的观点和理由,管理者要耐心倾听,积极予以反馈。针对工作目标考核结果方面存在的意见分歧,管理者应引导员工共同回顾绩效计划阶段所确定的各项绩效目标、绩效评价指标与指标值,对照员工各项绩效目标的实际完成情况,根据公司绩效评价标准分析各项指标应得的分数。对于工作行为表现方面的评价结果存在的分歧,管理者提供绩效监控期间记录的员工关键行为表现,解释每项指标评分的依据,尽可能通过双向沟通对考评结果达成共识。

(4)绩效结果分析。对于绩效表现较好的方面,分析成功的原因是什么,员工有哪些方面的强项与进一步发展的潜力,并为员工制订下一步的发展计划;对于绩效表现较差的方面,也要分析绩效不佳的原因,找出存在的问题并制订绩效改进计划,以及实施改进计划员工所需要的指导与培训。

(5)为下一绩效管理周期制订新的绩效计划,并讨论员工达成新的绩效目标所需的资源与支持。

(6)如果双方对各项绩效考评结果没有异议,对下一步的绩效改进计划以及新的绩效管理周期的绩效目的达成共识,双方在绩效反馈面谈表上签字。

(7)绩效反馈面谈结束。当绩效反馈面谈的目的已经达到,管理者宣布面谈结束但出于某些原因无法达到预期目的时,应当约好下次面谈的时间,及时结束本次面谈,防止因在某些方面产生意见分歧而陷入无休止的争论。

(三)绩效反馈面谈的总结与跟进

绩效反馈面谈结束后,管理者要对本次绩效反馈面谈效果进行评估,总结本次面谈成功的经验与失败的教训,以便在下一次面谈时加以改进。对双方存在的异议要认真进行分析,对员工提出的疑问要高度重视并及时予以解答,对通过面谈发现的当前绩效管理中存在的问题要及时向有关方面反映,以便进一步完善绩效管理系统。

二、绩效反馈面谈效果评估

绩效反馈面谈结束后,要从六个方面对本次面谈的效果进行评估。

(1)面谈是针对人还是针对事。与员工进行绩效反馈面谈时,有没有真正遵循事实导向的原则,特别是对绩效不佳的员工进行负反馈时,重点针对的是人还是工作?

(2)面谈是否注重实际情况。给员工的反馈是否有事实根据?特别是对绩效不佳的员工进行反馈时,给出的意见和解释是否具体可靠?

(3)通过面谈是否找到绩效问题背后的原因。对于员工绩效不佳的方面有没有找到真正的原因?

(4)面谈过程是否注重双向交流。面谈过程中是否与员工进行了平等的交流与沟通?大部分的时间是谁在说话?有没有鼓励员工说出自己的真实想法?沟通过程中员工有没有表达出不同的意见?

(5)有没有通过面谈建立新的目标。通过绩效反馈面谈,有没有确定下一个绩效管理周期的绩效目标?绩效目标是否符合SMART原则?绩效目标是通过双方共同讨论确定的还是强加给员工的?

(6)下属是否通过面谈而受到激励。面谈过程中有没有对下属取得的成绩与进步表示肯定与赞赏?对绩效暂时不佳的下属有没有指出他们在哪些方面取得了进步?下属是否表示愿意接受更高的目标?下属是否表现出对未来目标的信心?

三、影响绩效反馈面谈效果的因素及面谈时应注意的事项

(一)影响绩效反馈面谈效果的因素

绩效反馈面谈有两个主要目的:一是通过面谈把员工的绩效评价结果反馈给他们,使他们对自己的工作绩效有一个正确的认识;二是增强员工进一步提高工作绩效的动机。国外心理学家对影响面谈效果的因素进行了大量研究,得出了一些初步的结果。

弗朗西斯·凯等(2004)对影响员工对绩效反馈面谈反应的因素进行了研究,发现领导对员工批评得越厉害,员工的抵触情绪越大。因此,许多领导通过表扬来消除员工对批评的抵触。他们先对员工进行表扬,使员工不至于过于紧张,接下来批评员工绩效不佳,最后再表扬员工,使他们带着非常愉快的心情离开。这种方式往往被戏称为"受表扬的沙丁鱼罐头"。但是,这种方法并不能从根本上化解员工的抵触情绪,员工往往会形成一种条件反射,即他们认为所受到的表扬就是接下来挨批评的信号。

Ilgen 和 Schneider(1991)的研究结果表明,考评者的可信性和权利是影响面谈效果的两个重要因素。可信性是员工认为考评者进行绩效考评的公平与合法程度。当员工认为考评者对他们所从事工作的了解具有专家权威时,可信性就会增加。权利是考评者能够控制报酬等人事决策的程度。可信性和权利会影响员工认为考评结果正确的程度,以及员工根据考评结果改变行为的自愿程度。

Maier(1963)研究了绩效反馈面谈中管理者的不同沟通方式对员工的满意度和提高绩效动机的影响。第一种是单纯劝说方式,即领导直接告诉员工应该怎么做才能提高绩效。第二种是说听结合方式,即领导告诉员工他们有什么长处和弱点,然后让员工自己说明应如何提高绩效。第三种是问题解决方式,即根据考评结果建立新的绩效目标,让员工高度参与其绩效目标的建立过程。梅耳的研究结果表明,当以解决问题的方式建立绩效目标时,员工对面谈的满意度和提高绩效的动机都较高。

Walther 和 Taylor(1988)还对绩效反馈面谈中的非言语沟通进行了研究。结果表明,绩效反馈面谈中的非言语信息对管理者和员工双方都具有某种意义,但是他们所理解的意义并不一定一致。例如,一个员工有点无精打采,管理者可能会认为员工对绩效考评结果漠不关心甚至反感。在整个面谈期间,领导始终不笑,员工可能会认为领导对他的绩效一定很不满意。实际上,这种理解往往是错误的,员工无精打采,可能是由于过于紧张;领导始终不笑,可能是他们希望员工重视绩效考评结果。因此,非言语沟通对绩效反馈也有很大影响。

(二)绩效反馈面谈中应注意的问题

一般来说,人们喜欢听对自己积极的评价信息,对消极的评价容易产生反感甚至产生抵触情绪。同时,绩效考评结果事关员工的奖惩及晋升等切身利益,所以员工对绩效反馈面谈非常敏感。能否通过绩效反馈面谈与被考评员工进行有效的沟通,关系到整个绩效管理工作的成败。余凯成(1997)提出了绩效反馈面谈时应注意的问题。

1. 考评者在进行绩效反馈面谈时要保持双向信息沟通

绩效反馈面谈不是考评者把考评结果简单地传达给被考评者,不能考评者单方面说

了算,而必须给被考评者说明和解释的机会与权利,征求被考评者对考评结果的意见。在绩效考评过程中,出于种种原因,难免会产生评价偏差,绩效反馈面谈过程中,通过考评者的询问和被考评者的说明和申辩,可以澄清一些事实,纠正考评中产生的一些偏差。此外,考评者还要就被考评者的要求、建议与新一轮的工作计划制订等问题与被考评者进行广泛的沟通,这样才能激起被考评者克服缺点的信心。

2. 对不同的员工进行绩效反馈面谈时要使用不同的策略

(1) 对优秀员工的绩效反馈面谈最顺利,但考评者要注意两点:一是要鼓励员工的上进心,为他制订个人发展计划;二是不要急着许诺,也不要应允提拔或给予何种物质奖励。

(2) 对绩效差的员工的绩效反馈面谈比较棘手,处理不妥当的话,容易引起被考评员工的抵触情绪。面谈时要对事不对人,先不要责怪和追究当事者个人的责任与过错,语气不带威胁性;否则,很容易引起被考评者的反感、强辩与抵制,从而达不到绩效反馈的真正目的。面谈的重点应集中在以具体数据为基础的绩效结果上,避免泛泛的、抽象的一般性评价。在此基础上,和员工一起进一步分析绩效差的具体原因,比如绩效差是因为工作态度不良、积极性不高还是缺乏训练、工作条件差等。找出真正的原因后,再与员工一起制定相应的改进措施。切忌不问青红皂白,认定是员工个人的过错而大加训斥。

(3) 对年龄大、工龄长的员工的绩效反馈面谈一定要慎重。他们看到比自己年纪轻、资历浅的人后来居上,自尊心会受到伤害,或者是对自己未来的发展感到焦虑。面谈时对他们要尊重,要肯定他们过去的贡献,语气应耐心而关切,为他们出主意。

(4) 对过分雄心勃勃的下级的绩效反馈面谈要讲究策略。有雄心是优良的品质但过犹不及,这类员工会急于得到提升和奖励,尽管他们此时还没有进展到这种程度。对他们要耐心开导,说明政策是论功行赏,用事实说明他们还有一定差距,但不能只泼冷水,还要与他们讨论未来发展的可能性与计划;不能让他们产生错觉,以为只要达到某一目标就一定马上能获奖或晋升,但要说明只要努力进步,待机会到来,自会水到渠成的道理。

(5) 对于暴躁易怒型的员工要有耐心。这类员工心直口快、脾气火爆,一旦有什么事情谈不拢就容易火冒三丈。对于这类员工,要耐心、冷静,不可自己先乱了阵脚,先倾听员工把话说完再查找原因。

(6) 对沉默内向型员工要多鼓励。这类员工容易紧张、局促,除非被问,否则很少会主动说出心里的想法。对于这类员工,管理者要温和、有亲和力,多征询他们的意见,鼓励他们说出内心的真实想法。

四、绩效申诉

通过绩效反馈面谈,如果上下级对绩效考评结果达成一致意见,绩效考评表经双方签字后上交到人力资源部并存入员工绩效档案,成为日后人力资源管理决策的重要依据。当双方对绩效考评结果存在分歧时,这一分歧要通过双方的进一步沟通加以解决。如果双方的分歧最后通过沟通没有得到解决,那么员工有绩效申诉的机会与权利。

(一) 绩效申诉的含义

所谓绩效申诉,指被考评者对绩效考评结果持有异议,按照企业绩效管理制度的规定,向公司绩效管理办公室提起绩效申诉申请,绩效管理办公室组织公司绩效管理委员会的相关人员,按照组织规定的申诉处理程序,在规定时间内对申诉者提出的申诉问题及理由进行审查、调查,并给出处理结果的过程。

(二) 绩效申诉的作用

绩效申诉制度是绩效管理体系中制衡机制的重要组成部分。建立完善的绩效申诉制度,对于确保绩效考评结果的公平性与严肃性,防止绩效考评中的权利滥用和打击报复现象,维护公司绩效管理制度的威严性,减少因绩效考评而产生的矛盾与冲突等具有重要意义。绩效申诉制度的作用体现在三个方面。

(1) 绩效申诉能预防和制止绩效考评中考评者的打击报复行为,提高绩效考评结果的公平性与可接受性。当被考评者感到考评不公,对考评结果持有异议时,可以向绩效管理办公室提起绩效申诉。绩效管理办公室组织有关人员对被考评者申诉的问题及理由进行调查,一旦申诉的问题属实、申诉理由成立,就立即纠正考评结果中的错误,以纠正后的结果作为最终结果记入被考评者的绩效档案。经过调查后,如果绩效考评过程中确实存在打击报复现象,要对相关责任人按照组织有关的制度规定进行严肃处理,以消除员工的不满,维护绩效考评工作的严肃性与公正性。

(2) 绩效申诉有利于及时发现和纠正绩效考评系统中存在的问题。绩效考评结果出现的偏差,既可能有主观的原因,也可能有客观的原因。主观方面的原因除了打击报复,也可能有考评者对考评工作不够重视、没有掌握正确的考评方法、所掌握的被考评者绩效信息不足等;从客观方面来说,考评标准模糊、考评方法不恰当、考评者选择不合适等考评系统设计中存在的问题也会使考评结果失真。通过被考评者的绩效申诉,组织可以及时发现这些问题并立即加以纠正,以保证绩效考评系统的正常运行。

(3) 绩效申诉可以增加被考评者对组织的信任,提高被考评者对绩效考评的满意度。绩效申诉机制的建立,使得那些认为自己在绩效考评中受了委屈的被考评者明白考评者并不能一个人决定考评结果,组织中总有说理的地方,错误的结果能及时得到纠正,这样就能使被考评者得到一定的心理安慰。如果申诉理由不成立,申诉者的不满情绪是由误解造成的,那么通过调查也可以及时弄清真相,给申诉者一个合理的解释以消除误解,提高其对绩效考评结果的理解和接受程度。这样,申诉者能够感受到组织的关心与支持,在该组织工作心情舒畅,因而能够增加其对组织的信任与对绩效考评的满意度。

(三) 绩效申诉的程序

(1) 被考评者提出申诉申请。当被考评者对考评结果或考评程序产生异议时,一旦他向绩效管理办公室提出申诉申请就启动了申诉程序。绩效申诉遵循"民不告,官不究"的原则,如果被考评者没有提出申诉申请就不能进入申诉程序。

(2) 绩效管理办公室受理申诉。绩效管理办公室收到被考评者的申诉申请后,首先对其申诉的资料进行审查,看是否符合申诉的受理条件,若符合就予以立案受理。

(3) 对申诉问题进行调查处理。绩效管理办公室组织公司绩效管理委员会相关专家,针对申诉者申诉的问题及理由进行调查取证,并给出最终处理意见。

(4) 绩效管理办公室在规定工作日内向申诉者反馈申诉处理意见,遇到节假日顺延。

第三节 绩效考评结果的应用

绩效管理作为人力资源管理中的一个重要环节,要在人力资源管理中发挥应有的作用,我们必须把它纳入人力资源管理的整个系统中。只有与人力资源管理的其他模块有机对接,绩效管理才能对员工的工作行为产生有效的牵引与激励作用。

一、绩效考评结果在绩效改进中的应用

绩效管理的目的是进一步提高员工未来的绩效。绩效考评结束后,要根据绩效考评结果,分析员工工作中的短板及其原因,在此基础上,确定具体的改进目标和行动计划。绩效改进指通过对当前绩效现状的分析,找出与理想绩效水平之间的差距,制定并实施相应的干预措施以缩小绩效差距、提升绩效水平的过程。绩效改进分为绩效考评结果的诊断分析、绩效改进计划的制订、绩效改进计划的实施、绩效改进计划的评价四个阶段。

(一)绩效考评结果的诊断分析

绩效考评结束后,针对被考评者绩效不佳的方面,分析绩效不佳的具体原因,从影响绩效的多种因素中找到真正的原因。绩效诊断分析有两种方法:三因素法和四因素法。

1. 三因素法

三因素法是从员工、主管、环境三个方面分析绩效不佳的原因。

(1)员工方面。员工缺乏工作所需的知识、技能,工作动机不足,工作方式不恰当。

(2)主管方面。主管对员工指导不够、支持不力,管理方法不当,压制了员工的工作积极性。

(3)环境方面。员工缺乏完成工作必需的条件,比如设备老化、原材料和能源供应不及时,其他岗位的支持与配合不到位,部门人际关系紧张,工作条件恶劣(温度、湿度、噪音、光线、粉尘等方面使人不适),职责不清、推诿扯皮,等等。

2. 四因素法

四因素法是从知识与技能、态度与动机、工作环境、机会四个方面分析绩效不佳的原因。

(1)知识与技能。员工没有从事这方面工作的知识经验,缺乏运用这些知识经验于实际的技能。

(2)态度与动机。员工工作态度不端正,工作积极性不高。

(3)工作环境。企业的管理制度、人际关系、激励政策、工作条件等因素影响了员工的正常工作。

(4)机会。机会指被考评者无法控制的运气、偶然因素等。

使用三度归因理论对员工的工作表现进行分析,确定绩效不佳的影响因素究竟是来自内部还是来自外部,分析主要是内部、外部因素中的哪种因素造成当前的结果。

(二)绩效改进计划的制订

影响绩效的真正原因找到以后,上下级通过讨论一起制订下一步的绩效改进计划。

1. 制订绩效改进计划的原则

（1）绩效改进计划要切合实际，绩效改进计划的内容要与员工工作中待改进的短板相关，泛泛的培训或学习可能无法满足绩效改进的要求，绩效改进计划要有针对性。

（2）绩效改进计划要有明确的时间规定，必须要有具体的截止日期。

（3）绩效改进计划要具体，该做的事必须叙述清楚。例如，与下属沟通不良是一个管理者当前工作中存在的问题，需要进一步改进，建议该管理者读一本书是要采取的具体行动。这时，要告诉管理者具体读哪一本书，而不是笼统地说"去读一本有关沟通的书籍"。

（4）绩效改进计划要获得被考评者的认同。绩效改进计划应是上下级共同讨论确定的，主管与下属都应接受并实施这个计划。

2. 绩效改进计划的内容

所谓绩效改进计划，就是指采取一系列具体行动来改进下属绩效的工作计划，包括做什么、由谁做和何时做等内容。具体来说，绩效改进计划的内容包括以下几个方面：

（1）员工的姓名、所属部门、直接上级姓名，以及计划的制订时间和实施时间。

（2）根据对绩效管理周期绩效考评结果的分析，确定该员工工作中存在的主要问题。

（3）根据该员工工作中存在的问题，提出有针对性的改进意见。

（4）明确经过绩效改进后要达到的目标，在可能的情况下将目标明确地表达为员工在未来绩效考评中应得的评分。

（三）绩效改进计划的实施

管理者要监督绩效改进是否按照预期的计划正常进行，并根据员工在绩效改进过程中遇到的新问题及时修订和调整计划。

（四）绩效改进计划的评价

绩效改进计划的实施效果通过员工前后两次绩效考评结果的比较反映出来。如果员工第二次绩效考评结果与前一次相比有明显的提高，就说明绩效改进计划取得了成效。

二、绩效考评结果在员工招聘中的应用

绩效考评既是对岗位现任员工的考核评价，又是对前期员工招聘效果的检验，同时可以用来作为企业未来提高员工招聘有效性的手段。

（一）对招聘有效性的检测

对企业来说，招聘是有成本的，而且招聘的各项成本可能还不低，比如广告费、宣传费、招聘工作人员的人工成本等；除此之外，还包括招聘到的人员不合适而给企业带来的损失。因此，很多企业非常重视通过各种手段对应聘人员进行有效的甄选。这些手段的有效性究竟如何，可以通过员工进入实际工作岗位后的绩效考评结果进行检验。把岗位现任员工的绩效考评结果和他们应聘时的各种测验结果进行比较分析，就可以对各种测验手段的有效性做出判断。例如，管理者可能会发现在甄选测验中得分大致相等的应聘者一年后在工作岗位上的绩效考评结果却相差很大，这说明甄选测验未能准确预测应聘者的行为。通过检测，可以对招聘筛选的方法与测验手段进行改进，从而提高招聘的有效性。

(二)为制定甄选标准提供参考

通过绩效考评和其他反馈,人力资源管理人员可以对企业内各岗位优秀人员所具有的优秀品质与行为特征进行一定的总结,这些信息能给招聘过程中的人员甄选标准的制定提供有益的参考。例如,通过对企业中优秀销售员的行为特征进行分析后发现,这些特征主要是能吃苦耐劳、有耐心、沟通能力强等,那么在招聘销售员时,以什么样的标准甄选应聘者就不言而喻了。

(三)绩效考评结果用于甄选决策

在做员工录用决策时,既要考虑应聘者的潜质,也要考虑其显质。潜质是应聘者具备的但到目前为止还没有充分表现出来的能力与素质,这种潜质往往需要通过各种人才测评手段加以测量;显质是应聘者已经展现出来的能力与素质,这种显质是通过绩效考评结果反映出来的。所以,在招聘有工作经验的人员时,应聘者已有的绩效档案是做录用决策的重要参考依据。

三、绩效考评结果在员工培训中的应用

员工培训与开发是现代人力资源管理工作的重要内容,同时也是企业对员工进行的一种人力资本投资。任何一项投资都重视投资回报,人力资本的投资也不例外。为了提高人力资本投资回报、降低投资风险,企业必须保证人力资源开发与培训决策的有效性。

通过对绩效考评结果进行分析,能够了解到员工知识经验、工作能力等方面的不足与薄弱环节,从而给人力资源开发与培训提供决策依据。没有绩效考评,就无法做出有针对性的人力资源开发与培训决策。

(一)绩效考评可以提高人力资源开发与培训的针对性

人力资源开发与培训必须有针对性,才能发挥其应有的作用,即培训必须针对最需要培训的员工,针对这些员工的薄弱环节进行培训,才能使他们获得急需的知识和技能。而要了解员工的优势和劣势,就必须对员工的绩效考评结果进行分析,由此绩效考评结果为人力资源开发与培训提供了依据。例如,如果某位员工的工作要求其应具备较强的沟通能力,而他在该项指标上只得到一个勉强合格的评价,就说明他在沟通方面需要进行相应的培训。如果人力资源经理发现许多基层主管在纪律管理方面存在困难,就有必要对他们进行这一方面的管理技能的培训。因此,绩效考评是识别培训需求的一条重要途径。

(二)可以通过绩效考评对培训效果进行评估

绩效考评是对培训效果进行评估的重要手段。员工参加培训后,其绩效考评结果与培训前相比有了明显改进;或者选择两组基本情况与工作绩效差不多的员工,一组参加培训而另外一组不参加培训,参加培训一组员工的绩效考评结果明显优于未参加培训一组员工的绩效考评结果。这就说明培训确实有效。因此,绩效考评有利于企业管理培训活动,并提高培训开发活动的质量,使公司的人力资本投资取得最大收益。

四、绩效考评在人事调整决策方面的应用

人事调整决策包括人员晋升、降职、岗位调整和辞退等,绩效考评结果是做人事决策

的重要依据。

（一）晋升

晋升可以满足员工的发展愿望，也意味着员工在组织内的权利、地位和报酬的增加。员工晋升必须满足两个条件：一是在现有岗位上绩效优秀，二是胜任更高岗位的潜力较大。因此，员工的绩效考评结果常作为晋升的重要依据。

（二）降职

降职是把一名员工调整到低一级职位，其工资也会相应降低。一个人被降职时，通常会情绪激动，会感到尴尬、愤怒和失望。所以，通常应谨慎对待降职决策，降职必须有明确的理由，这种理由必须是令人信服的，必须以确凿的绩效考评结果为依据。如果绩效考评被公认为合理的话，其结果也是可信的。也就是说，当当事人在绩效考评中的表现超过企业可容忍的限度时，企业有足够理由采取降职措施。

（三）岗位调整

除了晋升、降职，人事调整还包括员工在同级但不同岗位或部门间的变动，即水平的流动。根据绩效考评结果分析，虽然员工在本岗位绩效一般，但具备更适合其他同级岗位的基本素质，可把该员工调整到其他岗位，以达到适才适用、人岗匹配的效果。

（四）辞退

辞退员工是一件十分棘手的工作，必须有充分的依据；否则，员工可能会向劳动仲裁部门提起申诉，甚至引起法律纠纷。做出辞退决策时，必须有充分的绩效考评结果证明该员工达不到工作岗位要求，而且调整岗位后的工作绩效依然达不到岗位要求的绩效标准，此时绩效考评结果是非常重要的依据。

五、绩效考评结果在员工奖惩中的应用

绩效考评结果为奖励和惩罚员工提供了客观依据。根据科学的、严格的绩效考评结果对员工进行奖励，兑现各种物质奖励与精神奖励，能使员工普遍感到公平，增强员工的工作积极性和满意度，因而绩效考评具有激励功能，能促使员工为实现组织目标而更加努力地工作。此外，绩效考评结果也是执行惩戒的依据之一，惩戒可以纠正员工偏离组织目标的行为，因而也是提高工作绩效不可缺少的手段。

六、绩效考评结果在薪酬管理中的应用

绩效考评结果为薪酬管理提供了客观依据。根据员工的工作绩效高低决定薪酬，体现了按劳分配、多劳多得的分配原则，能使员工感到公平与合理，可以充分调动员工的工作积极性。而现有的薪酬制度是否合理、是否具有适度的激励功能，也可以通过绩效考评获得相关信息，并在此基础上加以改进。

绩效考评结果在薪酬管理中的应用主要涉及两个方面：绩效调薪与绩效奖金。

（一）绩效调薪

绩效调薪是根据绩效考评结果对员工基本工资进行的调整。比如有的公司规定，绩

效考评连续两年获得优秀的员工,其基本工资可以晋升一级。绩效调薪调整的是基本工资,是固定工资的一部分。薪酬管理中,工资具有刚性,一般情况下只升不降,一旦降低工资,往往会产生严重后果。因此,基本工资调升后,不管以后企业效益如何,都要按照调升后的标准发放,并且基本工资跟员工的绩效没有直接关系,这种利益今后不需要个人继续做出贡献就能持续得到,即基本工资的提高会给企业带来一定的人力成本风险。因此,企业更倾向于根据员工绩效支付一次性的绩效奖金。

(二)绩效奖金

1. 绩效奖金的概念

根据每个绩效考评周期员工的绩效考评结果支付给员工一次性的奖金。

2. 个人奖金的计算方法

奖金的多少取决于两方面的因素:一是由绩效考评结果决定的绩效奖励系数,二是由职位决定的岗位工资基数。

(1)绩效奖励系数。在企业管理中,绩效考评结果只有与奖惩挂钩才能调动员工的积极性;但需要注意的是,这种挂钩又不能过于紧密。绩效管理专家迪恩·R.斯彼德(2007)指出:"考评与奖励的适当排列组合是可以的,但将二者联系得太过紧密(如你达到绩效考评的这个水平,你将会得到奖励)只会带来失调的后果。"如果绩效考评分数与奖金挂钩过紧的话,比如绩效考评结果增加1分就会增加多少奖金,就会导致员工把主要的精力花费在对绩效考评结果斤斤计较、讨价还价,而不是致力于提高未来的绩效。因此在绩效管理中,绩效考评结果与奖金的关系是不完全关联的,即奖金虽与绩效考评分数挂钩但又不是直接挂钩,并不是绩效考评结果1分直接对应多少数额的奖金,而是根据绩效考评分数把绩效结果分为不同等级,每个等级分别对应不同的奖励系数,如表8-1所示。

表 8-1 绩效考评等级与奖励系数对照表

考评等级	优秀	良好	合格	基本合格	不合格
奖励系数	2.0	1.5	1	0.6	0

这也就意味着,绩效考评分数增加1分、2分不起什么作用,只有大幅提高绩效考评分数,才能提高绩效等级,从而得到更多奖金,这样就能把员工的注意力引导到如何有效提高未来绩效。

(2)岗位工资基数。在发放奖金时,对于不同岗位的员工来说,在绩效考评中得到同样的绩效考评分数所得到的奖金并不相同。这是因为,不同岗位员工的工作的难度、复杂度是不同的,取得同样绩效考评分数所付出的努力也是不同的,对企业的贡献大小也不同。如果公司建立了岗位工资体系,在进行岗位评价时,岗位的工作难度、复杂度、责任与风险等因素都是重要的岗位评价因素,由此确定的岗位工资体现了岗位的相对价值大小。因此,绩效考评结束后发放奖金时,既要考虑员工的绩效考评结果,又要看其岗位工资基数。

员工应得奖金额=公司奖金总额×个人岗位工资系数×个人绩效奖励系数

其中, 个人岗位工资系数=个人岗位工资基数/公司岗位工资总额

3. 与团队绩效联动的员工奖金计算办法

企业管理中,个人激励与团队激励不可偏废,只有个人激励而没有团队激励,必然导致员工之间产生激烈竞争、协作性下降;只有团队激励而没有个人激励,又容易出现搭便车行为,即社会惰化现象。因此,企业管理中要把个人激励与团队激励结合起来,既能充分激发每个人的积极性,又能培养团队合作意识。具体做法是先考评团队绩效,再考评个人绩效,以团队绩效为横向因子,以个人绩效为纵向因子,构成一个矩阵,员工落在不同方格中,分别得到不同等级的激励系数,如表8-2所示。

表8-2 个人绩效与团队绩效联动的激励系数

个人绩效权重0.5	团队绩效权重0.5				
	优秀(2.0)	良好(1.6)	合格(1.0)	基本合格(0.6)	不合格(0.0)
优秀(2.0)	2.0	1.8	1.5	1.3	1.0
良好(1.6)	1.8	1.6	1.3	1.1	0.8
合格(1.0)	1.5	1.3	1.0	0.8	0.5
基本合格(0.6)	1.3	1.1	0.8	0.6	0.3
不合格(0.0)	×	×	×	×	×

在实际运用中,如果更加强调团队合作,就可以适当增大团队绩效权重;如果员工的工作主要以个人为主,就可以适当增大个人绩效权重。

个人奖励系数确定后,按照前面计算个人奖金的公式,就能得出个人应发奖金额。

4. 奖金总额的控制

人力资源具有两重性:生产性与消费性。人力资源的使用能够给企业创造巨大价值,但人力成本也是企业的主要成本之一,奖金的发放往往有奖金总额的限制。控制奖金超发的方法有两个:一是指导或强制分布法,二是平均系数法。

(1) 指导或强制分布法。员工绩效考评等级越高,发放的奖金也越多。因此,为控制奖金总额不超发,一些企业在绩效考评时对考评结果分布有一定要求。比如,严格控制优秀与良好等级的比例,规定各部门优秀比例不能超过10%,良好比例不能超过30%等,试图通过控制考评结果各等级的比例来控制奖金发放额。这种方法有一定作用,但存在两个不足:一是这种人为的比例控制未必符合实际情况,假如许多员工的实际工作绩效达到优秀水平,但因为优秀名额不足而不能得到优秀的考评结果,势必会引发员工的不满情绪;二是这种控制并不精确。

(2) 平均系数法。平均系数法的基本思路是:按照从公司到部门再到个人的思路逐级分配奖金额。公司的奖金总额确定后,在总额范围内分析各部门应发的奖金额;部门的奖金额确定后,再计算每个人应发的奖金额。其具体操作步骤如下:

第一步,根据公司财务状况以及公司要达到的激励效果,决策层确定本年度全公司奖金总额。

第二步,计算部门年度奖金额。在公司奖金总额既定的前提下,根据部门绩效考评结

果确定部门奖金额,其计算公式如下:

$$部门间年度奖金平均系数 = \frac{企业年度奖金总额}{\sum(部门岗位工资总额 \times 部门绩效奖励系数)}$$

$$部门年度应发奖金额 = 部门岗位工资总额 \times 部门绩效奖励系数 \times 部门间年度奖金平均系数$$

第三步,计算个人奖金额。个人奖金与部门奖金的计算逻辑一样,根据个人绩效考评结果测算个人在部门奖金额度内应分配的数量,其计算公式如下:

$$部门内年度奖金平均系数 = \frac{本部门年度应发奖金额}{\sum(员工个人岗位工资基数 \times 个人绩效奖励系数)}$$

$$个人年度奖金额 = 员工个人岗位工资基数 \times 个人绩效奖励系数 \times 部门内年度奖金平均系数$$

与指导或强制分布法相比,平均系数法既能精准地控制奖金总额,对绩效考评结果各等级的比例分布也没有任何要求,绩效考评时可以根据实际情况如实地对员工进行考评,不容易引起员工的抵触情绪,是一种更好的奖金总额控制办法。

❏ 重点与思考题

1. 什么是绩效反馈?绩效反馈的目的与作用是什么?
2. 绩效反馈的基本原则有哪些?
3. 什么是正反馈?什么是负反馈?进行正、负反馈的要求和步骤是什么?
4. 绩效反馈面谈的步骤有哪些?
5. 如何对不同的员工进行绩效反馈面谈?
6. 什么是绩效申诉?绩效申诉的作用与程序是什么?
7. 绩效改进的基本流程是什么?
8. 如何把绩效考评结果应用于员工招聘?
9. 如何控制奖金总额?
10. 绩效调薪与绩效奖金有什么区别?为什么企业更倾向于给绩效优秀的员工发奖金而非绩效调薪?

参 考 文 献

[1] Andre A W, 2003. Behavior factors important for the successful implementation and use of performance management systems[J]. Management Decision, 41(10):688-697.
[2] Bernadin H J, Beatty R W, 1984. Performance appraisal: assessing human behavior at work [M]. Boston: Kent Publisher.
[3] Bies R J, Moag J S, 1986. Interactional justice: communication criteria of fairness[J]. Research on Negotiation in Organizations, 1(1): 43-55.
[4] Borman W C, Motowidlo S J, 1993. Expanding the criterion domain to include elements of contextual performance [M]. San Francisco: Jossey-Bas.
[5] Campbell J P, McCloy R A, Oppler S H, et al. , 1993. A theory of performance [M]. San Francisco: Jossey Bass.
[6] Cheslley A, Locke E A, 1991. Relationships among goal difficulty, business strategies, and performance on a complex management task [J]. Acadamy of Management Journal, 34: 400-424.
[7] George S O, 1970. Training by objectives [M]. Suttgart: Macmillian.
[8] Greenberg J, 1993. The social side of fairness: interpersonal and informational classes of organizational justice [M]. Hillsdale, NJ: Erlbaum.
[9] Guy R F, 1987. Social research methods[M]. Boston: Allyn and Bacon Inc.
[10] Harold H K, 1973. The process of causal attribution[J]. American Psychologist: 107-128.
[11] Ilgen D R, Schneider J, 1991. Performance measurement: a multi-discipline view [J]. International Review of Industrial and Organizational Psychology: 6.
[12] Jensen M C, Murphy K J, 1990. Performance pay and top2 management incentives [J]. Journal of Political Economy, 98(2): 225-264.
[13] Majer R F, 1963. Problem-solving discussions and conferences: learship methods and skills[M]. New York: McGraw Hill Companies, Inc.
[14] McConkey D D, 1965. Management by objectives: how to measure results [J]. Management Review, 54(3): 60-62.
[15] Organ D W, 1998. Organizational citizenship behavior: the good soldier syndrome [M]. Lexington M A: Lexington Books.
[16] Robert S K, David P N, 1992. The balanced scorecard: measures that drive performance [J]. Harvard Business Review.
[17] Ryan R M, Deci E L, 2017. Self-determination theory: basic psychological needs in motivation, development, and wellness[M]. New York: Guilford Publishing.
[18] Stevens S S, 1946. On the theory of scales of measurement [J]. Science, 103(2684): 677-680.
[19] Thomas W B, 2007. Performance management theory: a look from the performer's perspective with implications for HRD [J]. Human Resource Development International, 10(1):59-73.
[20] Toegel G, Conger J A, 2003. 360-degree assessment: time for reinvention [J]. Academy of Management Learning & Education, 2: 297-311.
[21] Walther F, Taylor S, 1988. An active feedback program can spark performance[M]. New York:

Facts on File Publications.
[22] 〔美〕彼得·德鲁克,2019.管理的实践[M].齐若兰,译.北京:机械工业出版社.
[23] 〔美〕戴维·帕门特,2018.关键绩效指标:KPI的开发、实施和应用[M].王世权等,译.北京:机械工业出版社.
[24] 〔美〕戴维·帕门特,2019.关键绩效指标:KPI的开发、实施和应用[M].张丹等译.北京:机械工业出版社.
[25] 〔美〕道格拉斯·麦格雷戈,2008.企业的人性面[M].韩卉,译.北京:中国人民大学出版社.
[26] 〔美〕迪恩·R.斯彼得,2007.绩效考评革命[M].龚艺蕾,译.北京:东方出版社.
[27] 杜映梅,2006.绩效管理[M].北京:中国发展出版社.
[28] 方振邦,2003.绩效管理[M].北京:中国人民大学出版社.
[29] 方振邦,2007.战略性绩效管理[M].2版.北京:中国人民大学出版社.
[30] 方振邦,2010.战略性绩效管理[M].3版.北京:中国人民大学出版社.
[31] 方振邦,2014.战略性绩效管理[M].4版.北京:中国人民大学出版社.
[32] 方振邦,唐健,2018.战略性绩效管理[M].5版.北京:中国人民大学出版社.
[33] 风笑天,2016.社会调查方法[M].5版.武汉:华中科技大学出版社.
[34] 〔英〕弗朗西斯·凯,〔英〕海伦·吉纳斯,〔英〕尼古拉·史蒂文斯,2004.管理越简单越好[M].卢伟,译.北京:中国计划出版社.
[35] 高毅荣,崔沪,王乐杰,等,2015.绩效管理[M].大连:东北财经大学出版社.
[36] 郭京生,2007.绩效管理:制度设计与运作[M].北京:中国劳动社会保障出版社.
[37] 郝红,姜洋,2012.绩效管理[M].北京:科学出版社.
[38] 何盛明,1990.财经大辞典[M].北京:中国财政经济出版社.
[39] 〔美〕赫尔曼·阿吉斯,2008.绩效管理[M].刘昕,曹仰锋,译.北京:中国人民大学出版社.
[40] 胡君臣,宋源,2008.绩效管理[M].成都:四川人民出版社.
[41] 〔美〕加里·德斯勒,曾湘泉,2007.人力资源管理(中国版)[M].北京:中国人民大学出版社.
[42] 姜定维,蔡巍,2002.奔跑的蜈蚣:如何以考核促进成长[M].北京:京华出版社.
[43] 姜定维,蔡巍,2004.KPI,"关键绩效指标"指引成功[M].北京大学出版社.
[44] 〔美〕杰克·韦尔奇,〔美〕苏茜·韦尔奇,2017.赢[M].余江,玉书,译.北京:中信出版社.
[45] 况阳,2020.绩效使能:超越OKR[M].北京:机械工业出版社.
[46] 李宝元,王文周,何建华,2014.现代组织绩效管理[M].北京:北京师范大学出版社.
[47] 李业昆,2007.绩效管理系统研究[M].北京:华夏出版社.
[48] 李晔,龙立荣,2003.组织公平感研究对人力资源管理的启示[J].外国经济与管理,25(2):12—17.
[49] 廖泉文,2003.人力资源管理[M].北京:高等教育出版社.
[50] 林筠,胡莉莉,王锐,2006.绩效管理[M].西安:西安交通大学出版社.
[51] 林新奇,2016.绩效管理[M].3版.大连:东北财经大学出版社.
[52] 马工程教材编写组,2020.组织行为学[M].北京:中国人民大学出版社.
[53] 彭剑锋,伍婷,王鹏,等,2008.绩效指标体系的构建与维护[M].上海:复旦大学出版社.
[54] 钱德勒,2002.战略与结构[M].昆明:云南人民出版社.
[55] 饶征,孙波,2003.以KPI为核心的绩效管理[M].北京:中国人民大学出版社.
[56] 石金涛,魏晋才,2007.绩效管理[M].北京:师范大学出版社.
[57] 〔美〕斯蒂芬·罗宾斯,〔美〕蒂莫西·贾奇,2012.组织行为学[M].14版.孙建敏,李原,译.北京:中国人民大学出版社.
[58] 唐军,1997.现代人事心理学[M].北京:北京经济学院出版社.
[59] 王怀明,2004.绩效管理[M].济南:山东人民出版社.

[60] 王艳艳,2011.绩效管理的理论基础研究:回顾与展望[J].现代管理科学,(6):95—97.
[61] 吴向京,2011.成熟组织的绩效变革[M].北京:中国人民大学出版社.
[62] 武欣,2001.绩效管理实务手册[M].北京:机械工业出版社.
[63] 萧浩辉,1995.决策科学辞典[M].北京:人民出版社.
[64] 许树柏,1988.实用决策方法:层次分析法原理[M].天津:天津大学出版社.
[65] 颜世富,2008.绩效管理[M].北京:机械工业出版社.
[66] 杨杰,方利洛,凌文辁,2000.对绩效评价的若干问题的思考[J].中国管理科学,(4):75—81.
[67] 杨学成,陈章旺,2014.网络营销[M].北京:高等教育出版社.
[68] 余凯成,1997.人力资源开发与管理[M].北京:企业管理出版社.
[69] 中国社会科学院语言研究所词典编辑室,2015.现代汉语词典[M].5版.北京:商务印书馆.

教辅申请说明

　　北京大学出版社本着"教材优先、学术为本"的出版宗旨，竭诚为广大高等院校师生服务。为更有针对性地提供服务，请您按照以下步骤通过**微信**提交教辅申请，我们会在 1~2 个工作日内将配套教辅资料发送到您的邮箱。

◎扫描下方二维码，或直接微信搜索公众号"北京大学经管书苑"，进行关注；

◎点击菜单栏"在线申请"—"教辅申请"，出现如右下界面：

◎将表格上的信息填写准确、完整后，点击提交；

◎信息核对无误后，教辅资源会及时发送给您；
如果填写有问题，工作人员会同您联系。

温馨提示： 如果您不使用微信，则可以通过以下联系方式（任选其一），将您的姓名、院校、邮箱及教材使用信息反馈给我们，工作人员会同您进一步联系。

联系方式：

北京大学出版社经济与管理图书事业部

通信地址：北京市海淀区成府路 205 号，100871

电子邮箱：em@pup.cn

电　　话：010-62767312 /62757146

微　　信：北京大学经管书苑（pupembook）

网　　址：www.pup.cn